Günter Lange / Doris Marquardt / Leander Petzoldt / Werner Ziesenis

Textarten – didaktisch

Eine Hilfe für den Literaturunterricht

3. unveränderte Auflage

Schneider Verlag Hohengehren GmbH

Umschlaggestaltung:
Wolfgang H. Ariwald, BDG, 59519 Möhnesee

Gedruckt auf umweltfreundlichem Papier (chlor- und säurefrei hergestellt).

Textarten – didaktisch : eine Hilfe für den Literaturunterricht /
Günter Lange … – 3. Aufl. –
Baltmannsweiler : Schneider-Verl. Hohengehren, 2001
ISBN 3-89676-438-1

Printed in Germany – Druck: Druckhaus West, Stuttgart

Inhaltsverzeichnis

Vorwort

„Textarten – didaktisch“ entstand während der gemeinsamen Arbeit am Lesebuch „Lesezeichen“ (Grundausgabe und C 7–10), das im Ernst Klett Schulbuchverlag erschienen ist. Die hier vorliegenden Textartenartikel sind dort Bestandteil der Lehrerbände und dienen der fachlichen Orientierung und als didaktische Hilfe für die Lehrer beim Umgang mit dem Lesebuch.

Diese Textartenartikel sind alle nach demselben Prinzip aufgebaut: Sie beginnen mit einer literaturwissenschaftlichen Phänomenbeschreibung der Textart, die unter diaktischem Aspekt erfolgt, und es schließen sich didaktische Überlegungen zur Verwendung dieser Textart im Unterricht an. Die Auswahl der Textarten orientiert sich an den geltenden Richtlinien für das Fach Deutsch in den einzelnen Bundesländern.

Mit diesen Textartenartikeln ist seit dem Erscheinen des Lesebuchs aber auch intensiv in der 1. und 2. Phase der Lehrerausbildung sowie in der Lehrerfort- und -weiterbildung gearbeitet worden. Dabei wurde der Wunsch von vielen Studierenden, Referendaren und Lehrern geäußert, diese Textartenartikel als Kompendium zur Verfügung gestellt zu bekommen, um sie als Grundlage und Hilfe für das Studium und den eigenen Literaturunterricht nutzen zu können. Die Artikel in den Handbüchern und Nachschlagewerken erweisen sich dafür wegen ihrer Kürze oder Komplexität als wenig brauchbar. Zudem besitzen diese Textartenartikel die von Studierenden und Lehrern so erwünschte didaktische Komponente. „Textarten – didaktisch“ füllt also eine bisher deutlich empfundene Lücke und möchte Anregungen und Hilfen für das Studium und den eigenen Literaturunterricht bieten: fachlich fundiert und didaktisch reflektiert.

Abenteuergeschichte

Die Abenteuergeschichte hat in ihrer langen Entwicklung vielfältige Ausformungen gefunden. So kommt es, daß Texte ganz verschiedenen Charakters und ästhetischer Qualität, von der Hoch- bis zur Trivialliteratur, darunter subsumiert werden können. Der Begriff „Abenteuer" wird aus dem vulgärlateinischen „adventura" abgeleitet und bedeutet ein „unerwartetes, außergewöhnliches Ereignis", dessen Ausgang ungewiß bleibt.

Die Geschichte des Abenteuerbuchs reicht in die Anfänge der literarischen Tradition zurück. Das gilt für Teile der alttestamentarischen Erzählungen (Josephsgeschichten), die Odyssee, die höfischen Epen des Mittelalters. Unmittelbare Vorläufer heutiger Abenteuergeschichten entstanden im 16./17. Jahrhundert mit den noch immer zur Weltliteratur zählenden Romanen von Cervantes („Don Quijote"), Grimmelshausen („Simplicissimus") und Defoe („Robinson Crusoe"). Sie machen deutlich, wie sich das Abenteuerliche mit bedeutsamen Gehalt verbinden und zur großen Literatur ausformen kann.

Der Versuch, die Fülle der Abenteuergeschichten nach Stoff- und Motivkreisen zu klassifizieren, stößt auf Schwierigkeiten, da Überschneidungen häufig auftreten und an den Rändern Unschärfen entstehen. So markieren z.B. der Detektivroman, die Science-fiction-Literatur, der Reise- und Forschungsbericht solche Grenzbereiche.

Zur Form der Abenteuergeschichte gehören folgende Merkmale: Handlungsreichtum, wechselnde Schauplätze in geographischer, historischer oder sozialer Ferne, Gefahr, Kampf und Sieg, im Zentrum der überragende Held mit seinen Gefährten und Gegenspielern. Häufig liegt dem Handlungsablauf ein Episodenschema zugrunde, so daß sich unter einem Gesamtspannungsbogen Abenteuer an Abenteuer mit je eigenem Spannungsaufbau und -abbau reiht, zusammengehalten durch die Figur des Helden.

Als Lesealter wird der Zeitraum zwischen dem 11. und 15. Lebensjahr angegeben, was gewiß nur mit Einschränkungen gilt, wenn man an die vielen Erwachsenen denkt, die von Abenteuerbüchern gleichermaßen gefesselt sind oder ihr ganzes Leben dabei verharren. Immerhin ist es sicher berechtigt, im Alter der Vorpubertät und Pubertät eine starke Affinität zu Abenteuergeschichten festzustellen, beginnt der jugendliche Leser in ihr doch, nach Idealen zu suchen, Werte zu entwikkeln, Selbständigkeit anzustreben und sich selbst ebenso wie andere kritisch zu beobachten. Die eigene schwankende, von heftigen Emotionen bedrängte Gefühlswelt sucht nach Ausdruck. Beidem, der Idealvorstellung wie dem Drang nach gesteigerten Lebenszuständen, kommt das Abenteuerbuch entgegen. Hier liegt neben seiner positiven Wirkung in der Befriedigung solcher Bedürfnis aber auch die Gefahr, daß sich falsche Vorstellungen entwickeln und verfestigen. Gerade mindere Sensationslektüre kann nachteilig wirken, wenn sie zur ausschließlichen Lektüre wird.

Neben der alterspsychologischen Begründung liegt ein weiterer Antrieb auch in der Alltäglichkeit, Normalität und dem durch Beruf und Familie begrenzten Lebenszuschnitt der Leser von Abenteuergeschichten. Ihnen bietet die Lektüre Kompensation und ermöglicht in der Phantasie, was die Wirklichkeit versagt.

Unter literaturpädagogischem Aspekt ergeben sich aus der Abenteuerliteratur aber auch Probleme. Die Überlebensgröße der Helden kann zur Idolbildung führen, Phantasie und Wirklichkeit geraten durcheinander, die eigene Lebenssituation erscheint, gemessen an der Exotik und Sensationalität der Texte, ärmlich, und das alles um so mehr, je geringer der literaturästhetische Wert der Lektüre ist. Hier ist Toleranz und Geduld vonnöten. Ein Unterricht, der auf die Lesebedürfnisse der Schüler eingeht und vorsichtig ihr Urteilsvermögen weckt, ihnen Literatur anbietet, die ihre Leselust befriedigt und sie nicht ausschleißlich mit „Sorgenbüchern“ – so ein 14jähriger in einem Radio-Interview – verschreckt, wird dem am ehesten gerecht.

Für die Abenteuerbücher, die der Deutschlehrer im Unterricht vorstellt oder als Privatlektüre empfiehlt, gelten bei aller Toleranz gegenüber dem freien Leseverhalten der Schüler dennoch die Maßstäbe, die auch sonst an Jugendbücher anzulegen sind: einwandfreie sprachliche Gestaltung, Glaubwürdigkeit im Sachlichen, Überschaubarkeit des Aufbaus, deutliche Figurenzeichnung, Handlungs- und Spannungsverläufe, die bei aller Dynamik den Figuren angemessen und hinsichtlich der Raumgestaltung kontrollierbar bleiben.

Der literaturdidaktische Wert der Abenteuergeschichten ergibt sich zum einen aus der für die Textart günstigen Lesebereitschaft der Schüler, zum anderen aus der Fülle des Angebots gerade unter den Taschenbüchern. Die Spannung des Inhalts hält auch den Leseungeübten bei der Stange und trainiert so seine Fähigkeit, größere Textmengen zu bewältigen.

Zu den methodischen Möglichkeiten nur einige Hinweise: Neben der gemeinsamen Lektüre eines Buches, was vielleicht am Zeitaufwand und aus finanziellen Gründen scheitert, ist an Vorstellung von Büchern durch Lehrer und Schüler mit ausgewählten Leseproben zu denken. Auch die gelegentliche Vorlesestunde, in der das Genießen im Vordergrund steht, sollte nicht mißachtet werden. Außerdem sind eine Menge produktiver Aufgaben denkbar (Erfinden einer Episode, Weiterschreiben, Schreiben von verändertem Standpunkt aus, Parodie, Brief, Hörspielszene usw.), die neben der Eigentätigkeit der Schüler genaue Textbeobachtungen und Reflexion erfordern.

Literatur

Hasubek, Peter: Abenteuerbuch. In: Lexikon der Kinder- und Jugendliteratur, Bd. 1. Doderer, Klaus (Hrsg.). Weinheim, Basel 1975.

Krüger, Anna: Die erzählende Kinder- und Jugendliteratur im Wandel. Frankfurt am Main 1980.

Pleticha, Heinrich: Das Abenteuerbuch. In: Kinder- und Jugendliteratur. Haas, Gerhard (Hrsg.). Stuttgart [3]1984.

Schack, Walter von: Das Abenteuerbuch. In: Das Buch in der Schule. Dahrendorf, Malte; Schack, Walter von. Hannover 1969.

Doris Marquardt

Anekdote

Der Begriff „Anekdote“ stammt aus dem Griechischen und bedeutet „das nicht Herausgegebene“. Gemeint sind Aufzeichnungen, die aus Gründen der Geheimhaltung (noch) nicht veröffentlicht wurden. Erstmals taucht dieses Wort in den ‘Anecdota’ des Prokop von Cäsarea auf, der unter diesem Titel um 560 n. Chr. das lasterhafte Leben am Hofe Justinians beschrieb. Doch erst um die Mitte des 18. Jahrhunderts fand der Begriff Eingang in die deutsche Sprache, obwohl die Textart unter anderen Bezeichnungen (Fazetie, Apophthegma, Schwank) längst vorhanden war. In der Literatur des 16. Jahrhunderts ist die schwankhafte Anekdote fester Bestandteil aller Schwankbücher. Im 18. Jahrhundert sammelte man Anekdoten von berühmten Künstlern, Ärzten, Gelehrten usw. und nutzte sie in der Konversation, und „ein Mann mit einem guten Vorrat an Anekdoten konnte seiner Stellung in der Gesellschaft sicher sein …“ (R. Friedenthal). Im 19. und 20. Jahrhundert erlebte die Anekdote durch Dichter wie Kleist und Hebel, Gotthelf und Rosegger, Wilhelm Schäfer, Paul Alverdes, Erich Kästner u. a. eine neue Blüte, und ihre Beliebtheit dokumentiert sich in zahlreichen Anekdotensammlungen. Nach wie vor schildert eine Anekdote eine unbekannte (unveröffentlichte) Begebenheit, einen bezeichnenden Vorfall, der meist historisch ist.

Ihr (vorwiegend) historischer Charakter und die Bindung an eine Persönlichkeit sind definitorische Merkmale der Anekdote. Durch die Schilderung einer merkwürdigen Begebenheit, eines denkwürdigen Ausspruchs oder Dialogs ist sie geeignet, das charakteristische Moment einer Zeitepoche, Gesellschaftsschicht oder Persönlichkeit blitzlichtartig zu erhellen. Dazu gehört, daß also Kürze ebenfalls eines ihrer wesentlichen Merkmale ist. Dabei muß der berichtete Sachverhalt oder Ausspruch nicht unbedingt den historischen Tatsachen entsprechen, entscheidend ist die „innere Wahrheit“, durch die eine Person oder ein Sachverhalt treffend charakterisiert wird.

Die Anekdote ist also eine kurze, einepisodige, pointierte Erzählung, die an einem typischen Fall das Bild einer Persönlichkeit entwickelt. Ihre Nähe zu anderen Textarten bedingt, daß die Übergänge oft fließend sind, so zum Schwank, der ebenfalls charakterisierende Tendenz hat, so daß oft die Anekdote zu den komischen Gattungen gerechnet wird. Die Beispiele von J. P. Hebel und Wilhelm Schäfer zeigen zudem, daß Anekdoten leicht mit Kalendergeschichten verwechselt werden können.

Die charakterisierende Tendenz und ihre exemplarische Aussage machen die Anekdote zu einer didaktischen Textart. Auch die Beschränkung auf das Wesentliche und die Ausrichtung auf eine Pointe sind wichtige stilistische Kriterien. Ihre Offenheit für alle möglichen Vorgänge, Verhaltensweisen, Charaktere, wie auch ihre Zeitlosigkeit und ihre eigentliche Lebensform im Gespräch weisen auf den gesellschaftlichen, sowohl unterhaltsamen als auch affirmativen oder kritischen Aspekt der Anekdote hin.

Wenn die Anekdote sich anheischig macht, Personen, Zeiten, Verhältnisse schlaglichtartig zu charakterisieren, so setzt dies beim Zuhörer oft ein Allgemeinwissen und eine Kenntnis der Hintergründe voraus, die heute nicht immer vorhanden sind. Daher sollte der Lehrer sich hinreichend über die gesellschaftlichen oder historischen Verhältnisse oder Persönlichkeiten orientieren, auf die sich eine Anekdote bezieht. Nur so kann es gelingen, die oft nur indirekten Aussagen oder Anspielungen und ihren didaktischen Charakter zu erkennen und sichtbar zu machen. Von wesentlicher Bedeutung ist es, die Pointe zu erschließen und ihren „Witz", d.h. ihren geistigen Gehalt, die Eleganz einer Formulierung oder die metaphorische Bedeutung einer Aussage zu erkennen und damit den Schülern etwas von der ursprünglichen Funktion der Anekdote im unterhaltenden Gesprach zu vermitteln.

Literatur

Bausinger, Hermann: Beispiel und Anekdote. In: Formen der Volkspoesie. Bausinger Hermann. Berlin [2]1980.

Der Deutschunterricht (1978), H. 6: Kleine literarische Gattungen.

Grothe, Heinz: Anekdote. Stuttgart [2]1984.

Hein, Jürgen (Hrsg.): Deutsche Anekdoten. Stuttgart 1976.

Schäfer, Rudolf: Die Anekdote. Theorie – Analyse – Didaktik. München 1982.

Schäfer, Walter Ernst: Die Anekdote im Literaturunterricht der Bundesrepublik Deutschland und der DDR. Wirkendes Wort (1973), H. 4.

Schäfer, Walter Ernst: Anekdote – Antianekdote. Stuttgart 1977.

Schrader, Monika: Epische Kurzformen. Königstein/Taunus 1980.

Walther, Heinrich: Fabeln und Anekdoten im 5. und 7. Schuljahr. Der Deutschunterricht (1979), H. 4.

Leander Petzoldt

Ballade

Nachdem es lange Zeit so aussah, „als habe die Ballade in Deutschland ihre Geschichte gehabt" (Müller-Seidel), erlebt sie nun in Literaturwissenschaft und Didaktik eine erstaunliche Renaissance, ebenso wie mit dem Erscheinen neuer Anthologien auf dem Buchmarkt. Die Gründe sind sowohl in der „Erneuerung" der Textart zu sehen wie auch in der Wiederentdeckung der geschichtlichen, literarischen und didaktischen Bedeutung der „traditionellen Ballade", indem der Begriff aus seiner Verengung auf den Typus der Ritter- und Heldenballade gelöst wurde, der die Textart in Verruf gebracht hatte.

Der Aktualität der Ballade entspricht die offene Bedeutung, in der das Wort heute gebraucht wird. Es bezeichnet eine Vielzahl von Spielarten, wie sie sich in der Geschichte herausgebildet haben und heute nebeneinanderstehen. In der Sammlung von Beate Pinkerneil umfaßt der Begriff „Ballade": die Volksballade des späten Mittelalters, das Zeitungslied und den historischen Bänkelsang,die Kunstballade seit Ende des 18. Jahrhunderts, die „Kabarett-Ballade" des frühen 20. Jahrhunderts, die Textauswahl, die Piontek in den sechziger Jahren als „moderne Erzählgedichte" zusammenfaßte, die moderne

Form des Bänkelsangs, den Protestsong und die Texte der heutigen Liedermacher. Literaturwissenschaft und Didaktik sollten bemüht sein, „der Dichtart Ballade die Vielfalt und Offenheit zu erhalten, die sie so schwierig und so reizvoll macht" (Henze u. Röbbelen).

Das Wort „Ballade" geht auf das italienische *ballata* und das provencalische *ballada* (Tanzlied) zurück und hat den Weg über das französische *ballade* und das englische *ballad* schließlich auch ins Deutsche genommen. Lieder, nach denen man tanzte, sind aber weder die altfranzösischen Kunstformen, auf die der Name angewandt wurde, noch die englischen volkstümlichen Balladen, die für die Entstehung der deutschen Kunstballade von großer Bedeutung waren.

Die Geschichte der deutschen Ballade beginnt im Mittelalter mit der Weiterbildung der Heldenlieder und Heldenepen in historische Erzähllieder und erzählende Volkslieder. Diese „Volksballaden" sind gekennzeichnet durch eine Handlung, die einen Konflikt enthält oder ein auffallendes Ereignis beschreibt, durch eine sprunghaft aussparende Erzählweise, durch ihre dialogische Struktur und volkstümliche Sprache. Als Themen nennt Beate Pinkerneil: „Kindesmord, Unschuld und Verführung, Treue und Verrat, ständische Herrschaft und Unterdrückung, soziale Not und Erniedrigung, religiöse Gegensätze zwischen Juden und Christen, Recht und Rechtlosigkeit sowie soziale Vergehen aller Art."

Im 17. und 18. Jahrhundert sank das erzählende Volkslied zum Zeitungslied und zum Bänkelsang herab. Umherziehende Schausteller und Jahrmarktsänger verbreiteten die neuesten Nachrichten und Schauergeschichten und sangen ihre *Moritaten* von Verbrechen und Katastrophen. Charakteristisch für den Bänkelsang ist die Verbindung von Lied und Bild. „Erst aus der Kombination von Gesang und dem Vorzeigen von Bildern ergab sich das neuartige Phänomen des Bänkelsangs." (Petzoldt) Zu den Utensilien der Bänkelsänger gehört, wie der Name sagt, die Bank, das erhöhte Podest, auf dem die Darbietungen vorgetragen werden. Auf Elemente des Bänkelsangs greifen bewußt moderne gesellschaftskritische Chansons und zeitgenössische Balladen zurück, aber auch die Kunstballade des 18. und 19. Jahrhunderts ist ihm verpflichtet.

Die *Kunstballade* entsteht um 1770, als Hölty und Bürger, vom erzählenden Volkslied und vom Bänkelsang ausgehend, eine neue Gedichtform schaffen, die in Bürgers „Lenore" ihre richtungsweisende Ausprägung fand. Die neuen Kunstballaden übernahmen Merkmale der Volksballade, zeigen als neue Elemente aber die „Zeitnähe, Individualisierung und symbolische Durchdringung der einzelnen Vorgänge" (Pinkerneil).

Nach Kayser ist die Ballade ein Gedicht, das eine „Begegnung des Menschen mit dem Draußen gestaltet", die als schicksalhaft erlebt wird. In der Anfangszeit der Kunstballade gewinnen vor allem die geheimnisvollen und magischen Kräfte der Natur und des Totenreichs Gestalt, die der Mensch als feindlich und bedrohlich erfährt. Bürgers „Lenore", Goethes „Der untreue Knabe" und in spielerisch abgewandelter Form „Der Totentanz" sind Beispiele für die totenmagische Ballade. Goethes „Fischer" und „Erlkönig" bilden die Anfänge der naturmagischen Ballade. Beide Spielarten zusammen werden auch als *numinose Ballade* bezeichnet (das Numinose verstanden als zugleich faszinierende und Schauer erweckende Macht des Überwirklichen).

Die *natur- und totenmagische Ballade* bildet einen großen Entwicklungsstrang der Kunstballade, der von Bürger und Goethe über die Romantik bis zu Mörike und Droste-Hülshoff („Der Knabe im Moor") reicht. Davon abgehoben werden können die beiden Entwicklungslinien der Ideenballade und der historischen Ballade.

Als *Ideen- oder Schicksalsballaden* werden die Balladen Schillers eingestuft, die darauf zielen, das Allgemeine an einem besonderen Fall zu verdichten und das der Gattung anhaftende „Populäre" zu „veredeln". Indem sie das Besondere als Handlung und Entscheidungssituation fassen, stehen sie für Schiller im Vorfeld des Dramas und werden zu dramatischen Kurzgeschichten. In der „Bürgschaft" z. B. wird die Idee der Freundestreue inszeniert, der Held immer wieder mit Grenzsituationen und extremen Aufgaben konfrontiert. Schillers Balladen sind „moralische Erprobungsspiele", in denen die Geltung von Handlungsnormen überprüft wird (Mecklenburg). Dieser Modellcharakter rückt sie durchaus in die Nähe der späteren sozialkritischen Ballade.

Die *historische Ballade* (Uhland, Fontane, C.F. Meyer), die sich in der zweiten Hälfte des vorigen Jahrhunderts auf den Typus der Heldenballade verengt, nimmt schließlich so überhand, daß sie mit der Textart überhaupt gleichgesetzt und mit dem Heroismus, den sie propagierte, verworfen wurde. Ein Musterbeispiel für diese Form ist „Das Herz von Douglas" von Strachwitz. Bilder des heldischen Gegentyps, die heute noch ihre Gültigkeit haben, werden aber mit Fontanes „John Maynard" und C. F. Meyers „Die Füße im Feuer" geschaffen.

Die „Erneuerung" der Ballade beginnt um 1900 mit der „Kabarettballade" von Wedekind, erfolgt vor allem aber durch Bertolt Brecht. Er hat mit seinen Balladen und Songs bewiesen, daß es möglich ist, auch heute noch komplizierte Zusammenhänge in eine einfache Fabel zu bringen, Erkenntnisse in modellhafte Geschichten zu übersetzen, auf den „Faden der Erzählung" aufzureihen, wie es die Textart verlangt. Lakonische Einfachheit, Verfremdung und gewählte Stilisierung in ihrem Kontrastgefüge sind die Kennzeichen dieses neuen Balladentons. Die Ballade wird, wie andere Textarten der Moderne, zu einer offenen Form. Unter den neuen Liedermachern sind vorab Biermann und Degenhardt zu nennen, die die Tradition der balladesken Vermittlung lebendig erhalten und neue Akzente setzen. Der von Piontek vorgeschlagene Terminus „Erzählgedicht" zur Kennzeichnung moderner Formen der Ballade hat sich nicht durchgesetzt.

Die Frage zu beantworten, was eine „Ballade" ist, erscheint angesichts der beschriebenen Vielfalt, Wandelbarkeit und Erneuerungsfähigkeit der Textart schwierig und auch verfehlt. Genaue Definitionen, die immer wieder versucht wurden, würden nur einengen und den Blick auf die Möglichkeiten der Textart verstellen. Dennoch können einige konstitutive Merkmale herausgehoben werden, die sowohl für die „traditionelle" wie die „moderne Ballade" Geltung haben.

Goethes Feststellung, daß in der Ballade die Elemente des Epischen, Lyrischen und Dramatischen „noch nicht getrennt, sondern wie in einem lebendigen Ur-Ei zusammen sind", hat trotz aller gegenteiligen Argumente ihren Aussagewert nicht verloren, sofern sie auf den erzählerischen und handlungsorientierten Grundzug der Textart und ihre Darbietung in Versform zielt. Seine spätere Definition war der verbindliche Ausgangspunkt für alle weiteren Versuche, den Gehalt der Kunstballade des 18. und 19. Jahrhunderts zu charakterisieren: „Der Ballade kommt eine Behandlung zu, durch welche das Gemüt und die Phantasie des Lesers in diejenige ahnungslose Stimmung versetzt wird, wie sie sich der Welt des Wunderbaren und den gewaltigen Naturkräften gegenüber im schwächeren Menschen entfalten muß ... Die Ballade hat etwas Mysteriöses, ohne mystisch zu sein ... Das Geheimnisvolle der Ballade entspringt aus der Vortragsweise."

Daran anknüpfend entwickelten Wolfgang Kayser den Antagonismus von Mensch und Natur in der Ballade, Rudolf Otto die These vom Numinosen. Das „Geheimnisvolle" und „Wunderbare", das „Dunkle" und „Hintergründige", das Mysteriöse" und „Dämonische" wurde immer wieder als das bezeichnet, was den balladischen Gehalt der Textart ausmache. Die Beziehung der Balladenthemen zum Mysteriösen hat die Theorie der Ballade in Forschung und Didaktik bis in unsere Zeit bestimmt. Problematisch werden mußte sie durch ihre Verallgemeinerung. Ihren Wert behält sie im Blick auf die Entwicklungslinie der numinosen, der natur- und totenmagischen Ballade.

In einr neueren Untersuchung werden die folgenden *Merkmale* als konstitutive Eigenschaften der herkömmlichen wie der modernen Ballade herausgestellt: ihre „Aktionsbestimmtheit", der „narrative Grundzug" und die „dominant epische Grundhaltung", die „Wiedergabe eines als objektiv vorgestellten Geschehens in Versform, inszeniert von einem Erzähler, dessen in der Regel auktoriale (d.h. allwissende) Vermittlerfunktion immer spürbar bleibt", die „spezifische Art der Zeitdarbietung", nämlich die Vorliebe für „große Raffungsintensität", der „Charakter des Komprimierten und Spannungsvollen" (Freund). Hinzugefügt werden muß, daß die Ballade durch die Jahrhunderte immer wieder dazu tendiert, mit Musik unterlegt und gesungen zu werden.

Daß die Ballade in besonderer Weise als Schullektüre geeignet sei, war Jahrzehnte lang eine unbezweifelte Ansicht. Die Begründung dafür lieferte die entwicklungspsychoglogische Theorie vom „Balladenalter", die den Gehalt und die Struktur der Textart in unmittelbaren Zusammenhang mit der Pubertät brachte. Die „Hintergründigkeit" der Ballade und die „seelische Gefährdung" des Jugendlichen wurden direkt aufeinander bezogen. Er spüre das „Schaurige, Unheimliche, Dämonische, Verführerische ... in sich selbst wirksam", und so bedeute ihm die Ballade unbewußt „Selbstdarstellung", „Mahnung" und „Selbstbefreiung" (Ulshöfer). Die Literaturdidaktik ist längst von der entwicklungspsychologischen Phasentheorie abgerückt. Ulshöfers Affinitätslehre trug dazu bei, daß die Textart Ballade insgesamt als Vehikel von Ideologien kritisiert und auch didaktisch zunehmend als antiquierte Form betrachtet wurde. Daß eine Ballade wie der „Erlkönig" gleichwohl „Gelegenheit zum Gespräch über bedrängende psychische Erfahrungen der Heranwachsenden" geben kann, hat neuerdings Hassenstein wieder zu bedenken gegeben.

Nach der Neuorientierung der Literaturdidaktik, indem sie sich literatursoziologischen, sozialkritischen und rezeptionsästhetischen Fragestellungen öffnete, zeichnet sich wieder eine deutliche Hinwendung zur Ballade ab, zugleich aber die Gefahr einer neuen Einseitigkeit, dann nämlich, „wenn man für die Schule nur noch die sozialkritische, zur gesellschaftsverändernden Tat auffordernde Ballade ... zuläßt" (Henze u. Röbbelen) oder sie ausschließlich unter ideologiekritischen Vorzeichen interpretiert. Die Arbeiten von Freund und Köpf z. B. zeigen in diese Richtung.

Was die Textart Ballade heute didaktisch interessant und wichtig macht, ist dreierlei:

- ▷ Ihre Aktionsbestimmtheit und narrative Grundhaltung hat den Vorteil, daß sie zunächst von der Handlungsspannung her gelesen bzw. gehört werden kann.
- ▷ Ihre vielfältigen Erscheinungsformen „bieten jeweilige Sichtweisen des Menschen und der Welt, sie sind Entwürfe der Weltdeutung" (Henze u. Röbbelen), sie haben, indem sie das Allgemeine am besonderen Fall exemplifizieren, Modellcharakter, der den Rezipienten in seiner Welt angeht.
- ▷ Die paradigmatische Struktur, die Doppelbödigkeit und Verfremdung, die formale Verknappung und vereinfachende Reduktion verlangen genaues, denkendes und aufschlüsselndes Lesen. Die Beschäftigung mit der Ballade vermittelt dem Schüler in besonderer Weise auch literarische Grunderfahrungen.

Literatur

Pinkerneil, Beate (Hrsg.): Das große deutsche Balladenbuch. Königstein/Taunus 1978.

Nussbächer, Konrad (Hrsg.): Deutsche Balladen. Stuttgart 1980.

Freund, Winfried: Die deutsche Ballade. Theorie, Analysen, Didaktik. Paderborn 1978.

Freund, Winfried: Ballade. Stuttgart 1982 (= Reclams Arbeitstexte für den Unterricht).

Hassenstein, Friedrich: Die deutsche Ballade. Grundlagen und Beispiele. Hannover 1986.

Henze, Walter; Röbbelen, Ingrid: Ballade. Praxis Deutsch (1979), H. 35.

Hinck, Walter: Die deutsche Ballade von Bürger bis Brecht. Kritik und Versuch einer Neuorientierung. Göttingen 1968.

Köpf, Gerhard: Die Ballade: Probleme in Forschung und Didaktik. Kronberg/Taunus 1976.

Moritz, Karl: Deutsche Balladen. Analysen für den Deutschunterricht. Paderborn 1972.

Müller-Seidel, Walter (Hrsg.): Balladenforschung. Königstein/Taunus 1980.

Werner Ziesenis

Brief

Briefe sind Mittel der Kommunikation in schriftlicher Form als Ersatz mündlichen Verkehrs. Diese simple Feststellung enthält bereits einen Teil der Probleme, die die Einordnung und Bestimmung der Schriftform Brief in einen Textartenkanon erschweren.

So berühren Briefe als schriftliche Äußerungen einmal den Bereich dessen, was wir als Literatur im engeren Sinne bezeichnen. Dem steht jedoch die Tatsache entgegen, daß die ungezählte Menge der meisten aller Briefe private Mitteilungen sind, die keinen Anspruch darauf erheben, Literatur zu sein, und kaum je durch Veröffentlichung diese Grenze überschreiten werden. Andererseits besteht ein großer Teil der veröffentlichten Briefe aus solchen ursprünglich privaten Mitteilungen, deren Zugehörigkeit zur Literatur von niemandem angezweifelt wird. Der Übergang von der pragmatischen in die literarische Dimension ist fließend. Und um die Verwirrung voll zu machen, gibt es auch noch den im eigentlichen Sinne literarischen Gebrauch der Briefform, z. B. im Briefroman, wobei es sich dann um fiktive Briefe handelt.

Diese Andeutungen mögen genügen, um das unübersichtliche Feld vorzustellen, auf dem die nachfolgenden Überlegungen sich bewegen. Weitere Komplikationen ergeben sich, sofern Briefe nach Inhalt und Funktion zu unterscheiden sind.

Wenn literarische Lexika das Stichwort Brief überhaupt enthalten, so handelt es sich immer um den Brief in der Literatur und als Literatur. Dafür fehlt so gut wie jeder Hinweis auf den Brief als alltägliches Verständigungsmittel des Nicht-Literaten.

Der Brief kann eine stattliche Ahnenreihe vorweisen. Das belegen archäologische Funde ebenso wie die Bibel (z.B. der Urias-Brief Davids im Alten Testament, 2. Sam. 11–14; oder die Apostelbriefe des Neuen Testaments) und Zeugnisse aus dem griechischen und römischen Altertum. Doch setzt die Entfaltung brieflicher Korrespondenz erst mit weiterer Verbreitung der Schreibfähigkeit richtig ein. Hier spielte das 14. Jahrhundert eine wichtige Rolle. Soziale Umschichtungen führten zur Beteiligung der Bürger am politischen Leben, ein lebhafter weiträumiger Handel machte schriftliche Verständigung notwendig, die Herrschaft des Lateinischen wurde durch den Gebrauch der Volkssprachen abgelöst, vom klerikalen und wissenschaftlichen Bereich abgesehen.

Der größte Teil dieser Briefe gehört in die Sparte „öffentlicher Brief“, handelt es sich doch vorwiegend um Staats-, Handels- und Wissenschaftskorrespondenzen.

Im Zeitalter des Absolutismus zeigen die Briefe alle Merkmale der höfischen Kultur, von wenigen Ausnahmen abgesehen. Berühmt wurden die Briefe der Madame de Sévigné und die ganz anders gearteten der Lieselotte von der Pfalz. Aber die große Zeit der Briefkultur setzt erst mit der Epoche der Empfindsamkeit ein. Voraussetzung dafür waren die rasche Ausbreitung der Schreibfähigkeit, größere Mobilität (Privat- und Bildungsreisen), die zu brieflichem Austausch führte (viele Reisebriefe), gesteigertes Selbstgefühl und das neue Ideal der Natürlichkeit, das den Brief von den höfischen Fesseln befreite und ihn zum Ausdruck individuellen Lebensgefühls befähigte. In engem Briefkontakt versicherte man sich der Freundschaft, tauschte Erlebnisse und Gefühle untereinander aus. „Herzensergießungen“ ist ein treffendes Wort für einen großen Teil der damals entstandenen Briefe. Dies ist der Augenblick, wo auch die Eignung des Briefs zur Verwirklichung bestimmter literarischer Absichten entdeckt wird (z.B. Goethes Briefroman „Die Leiden des jungen Werthers“, 1774) und zur Verbreitung literaturkritischer und philosophischer Abhandlungen (z. B. Schillers Briefe „Über die ästhetische Erziehung des Menschen“, 1793).

Daß in der Romantik gerade eine Reihe von Frauen durch ihre Briefe berühmt wurden (u. a. Bettina von Arnim, Caroline Schlegel, Rahel Varnhagen), mag mit der besonderen Situation der Frau zu tun haben, für die Objektivation in einem literarischen Werk noch immer erschwert war. So wurde der Brief zu einem Ausweg und auf diese Weise zum Kunstwerk.

Aus dem späteren 19. Jahrhundert stammen die umfangreichen Briefsammlungen der bedeutenden Dichter (z. B. Mörike, Meyer, Keller, Storm, Fontane), die Aufschluß über Person, Zeit und Werk geben.

Auch wenn das 20. Jahrhundert noch eine ganze Reihe wichtiger Briefsammlungen von Autoren kennt (z. B. Hofmannsthal, Heinrich und Thomas Mann), so scheint die große Zeit des Briefs ans Ende gelangt zu sein. Deutlicher wird diese Entwicklung im Privatbereich ablesbar: Telefon und die besprochene Kassette sind konkurrierende Medien.

Der historische Überblick läßt erkennen, welchen Gewinn ein Leser aus dieser Textart ziehen kann. So können Briefe nicht nur Aufschluß über geschichtliche und persönliche Entstehungsbedingungen literarischer Werke geben, das Werkverständnis vertiefen oder allgemein das Weltbild des Lesers bereichern, wie Biographien und Reiseliteratur es auch tun. Für den Liebhaber der Werke eines bestimmten Autors bringt die Lektüre seiner Briefe die fast intime Bekanntschaft mit einem Menschen zustande, wie sie sich aus dem Werk allein nicht ergibt.

Briefe sind so vielfältig wie ihre Schreiber und Adressaten, ihre Inhalte und Intentionen, ihre Entstehungszeit und formale Gestaltung. Um sie einer geordneten Untersuchung zugänglich zu machen, bedarf es der Klassifizierung. Die Vielfalt ihrer Bedingungsfaktoren macht das schwierig, da verschiedene Ordnungsmuster denkbar wären. Für die Arbeit in der Schule scheint eine Dreiteilung nach dem Öffentlichkeitsgrad von Briefen praktikabel:

- der private Brief
- der offizielle Brief (Schreiben an Behörden, Institutionen usw.),
- der offene Brief

Die Schüler sollten diese drei Arten von Briefen unterscheiden können, ihre Bedingungen und Funktionen erkennen lernen. Das ist eine hilfreiche Vorbereitung ihrer Lebenspraxis, denn zumindest die beiden erstgenannten Formen werden sie selbst schreibend anwenden müssen.

Hier zeigt sich, daß das Thema Brief über die unterrichtlichen Grenzen eines Lesebuchs und des Literaturunterrichts hinaus in den Lernbereich „Texte verfassen" (Aufsatzunterricht) hinübergreift.

Dabei ist schnell zu klären, daß der offizielle Brief schon lange von der Schule als Aufgabe wahrgenommen worden ist (z. B. Bewerbungsschreiben). Die Probleme beginnen mit dem privaten Brief, der aus leicht verständlichen Gründen, sofern sein Name ernstgenommen wird, eben nicht in der Schule, einem Raum der Öffentlichkeit, gelehrt und geübt werden kann. Hier muß die Schule sich aus Taktgründen mit der Betrachtung veröffentlichter Privatbriefe begnügen, für das aktive Erproben muß sie in die Fiktion ausweichen. Schüler können in angenommenen Rollen aus vorher erarbeiteten Situationen heraus an fiktive Adressaten Briefe schreiben, die den Charakter des Privatbriefs tragen.

Daß das Schreiben privater Briefe sich heute oft auf die paar üblichen Gedenktage beschränkt und auch da häufig der Vordruck die eigene Formulierung ersetzt, sollte kein Hinderungsgrund sein, die Schüler zum individuellen Schreiben zu ermuntern. Allerdings müßten sie dazu die Erfahrung gemacht haben, welche Bedeutung für Schreiber wie Empfänger ein Brief haben kann. Das wird am ehesten gelingen, wenn sie beim Lesen von Briefen anderer erleben, daß ihnen immer Menschen begegnen, ein Stück Lebens- und Zeitgeschichte sichtbar wird, daß Briefe Ausdruck der Person und ein Mittel auch der Selbstdarstellung sind. Deshalb sollte bei der unterrichtlichen Beschäftigung mit der Textart neben die funktionale und faktorenorientierte (Leser, Adressat, Intention, Inhalt) Betrachtung immer auch die des Schreibers als Person mit seinem Umfeld treten.

Für die Auswahl der Texte kommen zu den üblichen Kriterien (z.B. Schwierigkeitsgrad / Altersstufe, Repräsentativität, Inhalt) einige für den Brief spezifische hinzu:

- ▷ Bekanntheit des Autors (oder erwünschte Begegnung mit ihm),
- ▷ Verknüpfungsmöglichkeiten mit anderen Unterrichtszielen (z.B. Aufsatzunterricht, Literaturgeschichte, Aufschlüsse über ein Werk),
- ▷ Briefart (privat, offiziell, offener Brief).

Zum Teil orientiert sich dann auch die Unterrichtsarbeit an diesen Kriterien. Einige Leitfragen mögen verdeutlichen, welche Richtungen im Unterricht eingeschlagen werden können:

- ▷ Zu welcher Gattung gehört der Brief?
- ▷ Was ist über den Autor bereits bekannt? Was muß man zum Verständnis wissen (u. U. Informationen einholen)?
- ▷ Welche Absicht geht aus dem Text hervor?
- ▷ Welche Aufschlüsse gibt der Brief über die Situation des Schreibers / des Empfängers?
- ▷ Spiegelt sich die Entstehungszeit in Form oder Inhalt des Briefes?

So wie es keine strikte Reihenfolge für derartige Fragen gibt, gibt es auch unterschiedliche konzeptionelle Möglichkeiten, Briefe im Unterricht heranzuziehen. Sie mögen ihren Platz in kleinen Vorhaben finden (Funktionen und Formen untersuchen, Ergänzung durch Briefe bei der Beschäftigung mit einem Autor oder einer Epoche) oder, wie das Lesebuch es tut, einem thematischen Schwerpunkt zugeordnet werden.

Auf jeden Fall kann den Schülern mit der Arbeit an dieser Textart ein Zugang zu einem reichen Gebiet der Literatur eröffnet werden, das dem Leser, wie sich gezeigt hat, Bereicherung in mancherlei Hinsicht verspricht.

Literatur

Kohlschmidt, Werner; Mohr, Wolfgang: Reallexikon der deutschen Literaturgeschichte. Bd. 1. Berlin, New York ²1958.

Müller, Wolfgang: Der Brief. In: Prosakunst ohne Erzählen. Die Gattungen der nicht-fiktionalen Kunstprosa. Weissenberger, Klaus (Hrsg.). Tübingen 1985.

Nickisch, Reinhard M. G.: Brief. Stuttgart 1991 (= SM 260).

Wilpert, Gero von: Sachwörterbuch der Literatur. Stuttgart ⁷1989.

Briefsammlungen

Haider, Hans (Hrsg.): An mein Kind. Briefe von Vätern. München 1984.

Helbich, Wolfgang (Hrsg.): Amerika ist ein freies Land ... Auswanderer schreiben nach Deutschland. Neuwied 1985.

Radel, Jutta (Hrsg.): Liebe Mutter – Liebe Tochter. Frauenbriefe aus drei Jahrhunderten. Berlin 1980.

Sperr, Monika (Hrsg.): Liebe Mutter, liebe Tochter. Frauenbriefe von heute. Berlin 1981.

Doris Marquardt

Chanson

Der Maler Rodolphe Salis hatte am 18. November 1881 in Paris am Fuße des Montmartre ein „Cabaret“ eröffnet, dem er nach Poes Kurzgeschichte den Namen „Chat noir“ (Schwarze Katze) gab. „Cabaret“ hieß bis dahin jede Kneipe. Salis machte sein Lokal zu einem Treffpunkt für Pariser Künstler und Studenten, indem er zunächst eine Bildergalerie einrichtete, dann regelmäßig freitags Soireen veranstaltete, bei denen Gedichte, Lieder, Couplets rezitiert bzw. gesungen wurden. Der Hauptteil des Programms bestand aus rezitierten Gedichten und Liedern, den *Chansons*. Es war ein Glücksfall, daß Salis in Aristide Bruant und Yvette Guilbert Interpreten fand, die dem „Cabaret artistique“ und dem Chanson die verpflichtende Form gaben. Von Beginn an waren diese Soireen antibürgerlich und sozialkritisch eingestellt, und die Chansons bewegten sich zwischen Sarkasmus und sozialer Anklage.

Eines der berühmtesten Chansons von Aristide Bruant war „La Roquette“, in dem er die letzten Stunden eines Mörders darstellt, der im Gefängnis „La Roquette“ auf seine Hinrichtung wartet:

„Die Nacht war lang. Herein zu mir scheint bleich der Morgen.
Bald sind die Herrn vor meiner Tür, die mich besorgen.
Gendarmen stehn in Reih' und Glied Rings um die Stätte.
Das Volk heult – ein Begräbnislied auf La Roquette.“

Die inhaltlichen Schwerpunkte des Chansons lagen zunächst ähnlich verteilt wie bei dem Bänkelsang: Es waren Lieder aus dem Verbrechermilieu, Liebeslieder und makabre Stoffe. Der wesentliche Unterschied zum Bänkelsang bestand jedoch (unter anderem) in der kämpferischen, kritischen Haltung des französischen Chansons. Der Literaturkritiker Alfred Kerr beschrieb die Anfänge des Pariser Cabarets: „Was an Empörung und was an holder Daseinsseligkeit lebt, das singen sie. Was am Morgen geschehen ist, das singen sie. Schon am Abend. Die Zensur bekommt solche Lieder am Mittag, gibt rasch ihren Spruch. Und um neun, wenn die Laternen brennen, ist es auswendig gelernt ... In diesen Liedern ist alles, Kot und Glorie: Himmlisches und Niederstes. Mit einem Wort: Menschliches, Menschliches, Menschliches ...“.

Chanson und Gedicht waren die wichtigsten Unterhaltungsformen des französischen Cabarets. Dabei hatte die kulturelle Atmosphäre der Großstadt mit einer räumlich konzentrierten (oppositionellen) Künstlerschaft und einem aufnahmefähigen Publikum, das in der Lage war,

„die vielfach verschlüsselten politischen und kultur-politischen Anspielungen dieser Sonderform der komischen Kunst zu begreifen und begreifend zu genießen" (Müller u. Hammer), wesentlichen Anteil an dem Erfolg des Cabarets.

In Deutschland waren solche urbanen, kulturellen und geistigen Voraussetzungen in München und Berlin gegeben. 1899 gründete Ernst Freiherr von Wolzogen sein „Buntes Theater" in Berlin, dem er den Namen „Überbrettl" gab. Formal hielt er sich an das Pariser Cabaret, brachte Gedichte und Chansons von Bierbaum, Morgenstern, Liliencron und eigene Lieder, doch fehlte das Element der Improvisation und die aktuelle politische und soziale Satire. Da ihn auch die Berliner Literatur-Boheme im Stich ließ und die Konkurrenz immer stärker wurde (allein im Jahr 1901 wurden in Berlin 42 Konzessionen für Kabaretts beantragt), scheiterte Wolzogen, und bald darauf löste sich das Ensemble auf. Zweifellos besaß München die günstigeren Voraussetzungen; in Schwabing, dem Zentrum des (zu seiner Zeit) revolutionären Jugendstils, wurde im April 1901 das Kabarett „Die 11 Scharfrichter" gemeinsam von Schriftstellern, Malern, Musikern, Literaturkritikern und Architekten gegründet. Im Gegensatz zu Wolzogens „Überbrettl" engagierte man sich hier politisch-weltanschaulich und traf auch auf ein engagiertes Publikum. Mit Frank Wedekind besaßen die „Elf Scharfrichter" einen Dichter, der die intellektuelle Pointe und das „chonson macabre" liebte.

Das unverwechselbare Gepräge, die spezifische Note des Lokals der „Elf Scharfrichter" und ihr Publikum ist von H. Kreuzer treffend analysiert worden als „ins Groteske spielend, die den Künstlern erlaubt, originelle Einfälle zu realisieren, aber zugleich den Zweck und den Effekt hat, großbürgerliches Publikum mit Sinn für Spleen und Exzentrik anzulocken, ein Publikum, das sich von der 'Kleinkunst'-Mischung volkstümlich naiver und romantischer Elemente mit parodistischen, zynischen und sozialkritisch impertinenten Elementen ebenso faszinieren ließ wie von der Lokalgemeinschaft mit der Boheme".

Otto Julius Bierbaum veröffentlichte 1901 die repräsentative Auswahl der Kabarettlyrik in seinen „Deutschen Chansons" mit dem Untertitel 'Brettl-Lieder'. Von Wedekind war hier erstmals „Brigitte B." und „Der Tantenmörder" neben „Ilse" und ähnlichen Gedichten abgedruckt. Das Bändchen, das bereits im November 1901 eine Auflage von über fünfzigtausend Exemplaren erreichte, enthielt außerdem Chansons von Dehmel, Holz, Liliencron, Wolzogen und dem Herausgeber selbst. Diese Dichtungen waren alle bereits geschrieben, bevor Wolzogens „Überbrettl" und die „Elf Scharfrichter" eröffnet wurden, sie sind Zeichen eines „zur Boheme erwachten neuen Lebensgefühls", das sich aus der kulturellen Erstarrung der zweiten Hälfte des 19. Jahrhunderts als Gegenbewegung entwickelte.

1903 erschienen Hans Ostwalds „Lieder aus dem Rinnstein", Lieder aus dem Dirnen- und Verbrechermilieu der Großstadt. Sie hatten anregende Wirkung auf die frühexpressionistische Lyrik und das literarische Chanson; in beiden Gattungen wurde die Großstadt zum lyrischen Motiv.

Im Jahre 1920 erschien dann, sozusagen als Summe der Strömungen im deutschen

Chanson der Jahre vor und nach dem ersten Weltkrieg Eric Singers „Bänkelbuch“, nach Bierbaums „Chansons“ die umfassendste Anthologie zeitgenössischer Chansons und Kabarettlyrik. Der Herausgeber begründet die Wahl des Titels mit dem Argument, „daß alle von ihm hier gesammelten, an und für sich höchst verschiedenartigen Gedichte das gemeinsame Grundelement dessen enthalten, was er den Bänkelton in der modernen Lyrik nennen möchte.“

Man kann die zwanziger Jahre unseres Jahrhunderts als die Blütezeit des deutschen Chansons bezeichnen; es ist eine populäre, aber zugleich auch eine mondäne (weltläufige) Gattung. Interpreten wie Otto Reuter und Claire Waldoff in Berlin gaben ihm ihr eigenes Gepräge; Dichter und Komponisten von Wedekind bis Brecht, Hanns Eisler und Friedrich Hollaender schufen unverwechselbare Melodien.

Es liegt in der Natur der Sache, daß Chansons mit aktuellen politischen oder sozialen Bezügen schnell veralten. Daher sind es vorwiegend allgemeine Themen, bei denen auf amüsante und geistreiche Weise, witzig und salopp menschliche Schwächen oder Zeittendenzen aufgegriffen werden, die über Jahrzehnte hinaus Bestand haben. Aus diesem Grund haben nur wenige Chansons aus den Anfängen überlebt.

Nach dem Ersten Weltkrieg verliert die durch den Bänkelsang beeinflußte Ballade in Deutschland an Bedeutung. Das Chanson – und in der weiteren Entwicklung der Song – nehmen ihren Platz ein. Dabei spielt neben dem Aufblühen des deutschen Kabaretts auch die relativ freie Form des Chansons eine Rolle, das weder eine feste Sprachstruktur, wie das Sonett, noch einen bestimmten Gehalt, wie etwa die Elegie, hat.

Die wichtigste und alle Aspekte des Chansons erfassende Untersuchung ist Wolfgang V. Ruttkowski zu verdanken. Er charakterisiert das Chanson nach seiner Darbietungsform, die wie der Bänkelsang die Medien vereint: Sprache (Sprechgesang), Musik, Mimik (Sprachgebärde). Es gibt vier Haupttypen des Chansons, die durch die jeweils verschiedene Sprechhaltung bestimmt werden:

(1)	Selbstdarstellung	(Rollengedicht)	1. Person
(2)	Handlungsdarstellung	(wie in Bänkellied	3. Person
(3)	Reflexion	und Ballade)	„man, es“
(4)	Stimmungs- oder Zustandsschilderung	(Couplet)	

Die Interpreten des Chansons bedienen sich charakteristischer Haltungen. O. J. Bierbaum gefiel sich in der Attitüde des modernen Troubadours, des Spielmanns unter der Dorflinde; ein Dichter wie Wedekind fühlte sich, wenigstens zeitweise, als moderner Bänkelsänger. Ein wesentliches Stoffgebiet des Chansons jener Jahre ist die Großstadtlyrik, die in Julius Hart, Bruno Wille, Reinhold Fuchs, Richard Dehmel und Karl Henkell ihre wichtigsten Vertreter hatte.

Was das literarische Chanson von anderen Vortragsgattungen wie z. B. dem Song abhebt, ist zunächst die interpretierende mimische und gestische Darbietung. Ungeachtet dessen verlangt (oder ermöglicht) die Vortragssituation Distanz vom Vortragsstoff, Nähe zum Publikum, eine reflektierende und emotional distanzierte Haltung. Mit dem Bänkelsang hat das Chanson den intensiven Hörerkontakt und die Ausrichtung auf das Publikum gemeinsam, außerdem eignet beiden die relative Aktualität und die demonstrative Geste.

Neben den vier Formtypen des Chansons stellt Ruttkowski drei inhaltliche Typen heraus: das volkstümliche, das politische und das mondäne Chanson. Während ersteres heute kaum mehr Interpreten findet und das politische Chanson wegen seiner aktuellen Thematik meist schnell veraltet, ist das mondäne Chanson, das auf amüsante Weise menschliche Eitelkeit und Dummheit, aber auch ernste Themen traktiert, von überzeitlicher Wirkung. Kästner, Nelson, Tucholsky und Hollaender sind wohl die wichtigsten Vertreter des mondänen Chansons, wobei zugleich festzustellen ist, daß sie in den beiden anderen Gattungen ebenso hervorragende Leistungen brachten.

Während das französische Chanson seine politische und kulturkritische Wirkung im wesentlichen einbüßte und auch Ende der sechziger Jahre keine neuen Impulse aufnahm, erlebte das Chanson in Deutschland in den fünfziger und sechziger Jahren eine Renaissance. Mit Franz Josef Degenhardt, Hannes Wader, Dieter Süverkrüp und vor allem Wolf Biermann erreichte das politische und gesellschaftskritische Chanson einen neuen Höhepunkt: Themen waren die Wiederaufrüstung, die Friedensbewegung und die Anti-Atombewegungen. Die direkte Kritik an Mißständen in der DDR führte zur Ausbürgerung Wolf Biermanns. Die Chansons dieser Generation von „Liedermachern", wie sie sich selbst nennen, sind teilweise aggressiv, aber auch oft von einer „distanzierten Ironie" (Schmidt), die zugleich ihre Distanz zu der saturierten Wohlstandsgesellschaft anzeigt. Während die Vertreter dieser Richtung ihre Lieder selbst nicht als Chansons bezeichnen, obwohl sie in dieser Tradition stehen, sondern sie wohl eher „Protestsongs" nennen würden, knüpft Ute Lemper ganz bewußt an das französische Chanson an und führt, indem sie auch bekannte ältere Texte neben modernen singt, diese Tradition fort.

Im Unterricht bietet die Behandlung des Chansons verschiedene didaktische und methodische Möglichkeiten. Zunächst einmal sollte die thematische und stoffliche Spannweite dieser Liedgattung geklärt werden, ihre Nähe zum Schlager, aber auch das, was sie von diesem unterscheidet. Es sollte deutlich werden, daß das Chanson eine unverwechselbare persönliche und intime Form der Darstellung menschlicher Situationen ist, die zudem poetisch überhöht, aber nicht verklärt ist. Und es sollte nicht vergessen werden, daß das Chanson eigentlich nur in dem Moment der Darbietung durch den Interpreten, im Zusammenwirken von Musik, Gesang und gegebenenfalls Gestik existiert. Es bietet sich an, falls die Zeit dazu vorhanden ist, Text und Lied eines französischen und eines deutschen Chansonsängers vergleichend zu betrachten, Gemeinsamkeiten und Unterschiede herauszuarbeiten und die Schüler zu veranlassen, sich selbst einmal mit diesem Genre zu versuchen.

Literatur

Bierbaum, Otto Julius: Deutsche Chansons („Brettl-Lieder"). Leipzig 1901.

Müller, Wolfgang; Hammer, Konrad: Narren, Henker, Komödianten. Geschichte und Funktion des politischen Kabaretts. Berlin 1956.

Petzoldt, Leander (Hrsg.); Frank Wedekind: Gedichte und Chansons. München 1979.

Petzoldt, Leander: Bänkelsang. Vom historischen Bänkelsang zum literarischen Chansons. Stuttgart 1974.

Ruttkowski, Wolfgang Viktor: Das literarische Chanson in Deutschland. Bern, München 1966.

Schmidt, Felix: Das Chanson. Herkunft, Entwicklung, Interpretation. Frankfurt am Main [2]1982.

Singer, Eric (Hrsg.): Bänkelbuch. Deutsche Chansons. Zürich, Frankfurt 1966.

Wiener, Otto: Arien und Bänkel aus Altwien. Leipzig 1914.

Leander Petzoldt

Comics

Der Name „Comics", eigentlich „Comic Strips", verweist auf den Ursprung dieser Textart, nämlich auf das Komische, Witzige, durchaus auch Karikaturistische. Der Begriff wurde früher im Wortsinn, d. h. inhaltlich verstanden; heute hat sich die Bedeutung auf die strukturellen Merkmale verschoben: Man versteht unter Comics eine literarische Gattung, die als Bildfolge im Zusammenspiel von Bild und Sprache („Synechie") ihr Charakteristikum besitzt. Im Gegensatz zur Bildergeschichte, die ausschließlich auf der Bildebene abläuft, tritt bei den Comics die Sprache als zusätzliches Ausdrucksmittel hinzu. Der Text ergänzt, was bildlich nicht darstellbar ist; er besitzt aber auch eine eigene Ausdrucksebene in den Dialogen und Gedanken und erfährt schließlich in der Annäherung von Sprache und Bild in dem comiceigenen Zeichensystem eine zusätzliche integrale Dimension.

Wie die Bildergeschichte stellen die Comics ihre Inhalte in einer Bilderfolge dar, die mindestens zwei Bilder umfaßt. Als weiteres Charakteristikum gelten der serienhafte Charakter (zentrale, immer wiederkehrende typisierte Figuren sind die Handlungsträger), die periodische Erscheinungsweise und die Art der Publikation als Fortsetzungen in Zeitungen / Zeitschriften oder als Hefte und Bücher.

Das größte Gewicht als Charakteristikum besitzt freilich das comiceigene Zeichensystem, das im Laufe der Zeit immer weiter entwickelt worden ist. So haben Texteinblendungen in eckigen Klammern am oberen oder unteren Bildrand epische Funktion, denn sie informieren den Leser über die Handlungssituation; Texteinblendungen in der Bildmitte in Blasen mit Spitze zu einer der Personen hin gelten als Aussagen dieser Person, sie besitzen also dialogischen Charakter. Diese Blasen, in unterschiedlicher Form gestaltet, haben jeweils andere Aussagefunktionen: So bedeutet etwa eine gestrichene Blase „Flüstern", eine stachelige „Schreien", eine blasenartige Umrandung „Gedachtes" usw.

Daneben gibt es eine allgemein verständliche Bildzeichensprache. Flüche werden durch Rufzeichen, Bewegungen durch Bewegungslinien (speed lines), K.-o.-Schläge durch Sterne, Verliebtsein durch Herzen dargestellt. Außerdem haben sich in der Comicsprache eine Reihe von Onomatopöien (lautmalende Neuwörter) herausgebildet: z.B. CHRRR für Schnarchen, SCHMATZ für Essen, KNIRSCH, KRACH, ZACK usw. Die Bilder selbst besitzen ebenfalls eine stark funktionalistische Aussage: Die Personen in ihrer Darstellung und Physiognomik sind im Sinn der Schwarzweißmalerei eindeutig decodierbar; die Landschaften, Städte, Häuser und Wohnungen sind typisiert.

Die Konsequenz dieses Zeichensystems der Comics ist es, daß der nur einigermaßen geübte „Leser" diese Literatur in kürzester Zeit eindeutig lesen und verstehen kann. Ihre Inhalte und die Darstellungsweisen bereiten den Lesern aller Altersstufen viel Spaß und Spannung; Comics wollen ihre Leser unterhalten.

Als Inhalte haben die Comics inzwischen alle gängigen und gut verkäuflichen Genres adaptiert: Neben den Tiercomics finden sich Abenteuer-, Ritter- und historische Comics, neben den Wildwest- die Seefahrt- und Seeräuber-Comics, neben den Detektiv- und Krimi-Comics die Science-fiction- und die Kriegs-Comics. Diese Reihe ließe sich fortsetzen. Daneben wurden zahlreiche Werke der klassischen Literatur und sogar die Bibel als Comics bearbeitet.

Unterschieden werden heute in der literaturwissenschaftlichen Diskussion meist zwei Grundtypen: die „funnies" als die humorvoll-humoristischen Comics und die „Abenteuer-Comics", in denen es um Kampf, Spannung und Dramatik geht. Während die „funnies" in ihrer Darstellungsart den sehr zurückgenommenen Bildergeschichten (z.B. e.o. plauen) entsprechen, erscheinen die „Abenteuer-Comics" ausgemalt und bombastisch.

Die Comicsgeschichte beginnt im letzten Jahrzehnt des 19. Jahrhunderts, sie ist eng verbunden mit der Entwicklung der Tages- und Wochenzeitungen, in denen Comics zuerst abgedruckt waren. In Deutschland gewinnen sie erst nach dem Zweiten Weltkrieg an Bedeutung, als sich die Comics der amerikanischen Zeitungen und Zeitschriften den deutschsprachigen Raum eroberten. Trotz massiver Kritik, die in den fünfziger Jahren vorwiegend mit ästhetischen, moralischen, bildungspolitischen und pädagogischen Argumenten vorgetragen wurde, konnte die Verbreitung der Comics nicht aufgehalten werden. Ende der 80er Jahre erschienen sie in der Bundesrepublik in einer Auflage von ca. 16 Millionen Heften pro Monat (Dolle-Weinkauff).

Die pädagogische und didaktische Diskussion um die Comics war in den fünfziger Jahren geprägt von massiver Ablehnung. Drei Argumente spielten hierbei vornehmlich eine Rolle:

(1) Die Lektüre von Comics beeinträchtigt und schadet dem Lesevermögen der Kinder; es droht ein Analphabetismus.

(2) Comics bewirken eine innere Verarmung der Menschen, denn sie verhindern eine intensive und tiefer greifende Auseinandersetzung des Menschen mit seiner Wirklichkeit.

(3) Comicslektüre kann seelische Schäden, wenn nicht sogar Kriminalität zur Folge haben.

Erst in der Mitte der sechziger Jahre wurde diese vorurteilshafte Kritik an Comics durch eine sachliche Auseinandersetzung abgelöst. Wissenschaftliche Untersuchungen haben die oben aufgeführten Argumente teils widerlegt, teils als unbeweisbar zurückgewiesen. Die neue Diskussion, die im Zusammenhang mit der Erweiterung des Literaturbegriffs gesehen werden muß, geht nicht von Wertungsfragen aus, sondern versucht das Phänomen Comics erst einmal zu beschreiben, zu analysieren und hinsichtlich seiner Wirkung zu untersuchen. Ein wesentliches Ergebnis dieser Arbeiten ist es, daß man Comics nicht mehr von vornherein ablehnt, sondern sie als ein literarisches Genre betrachtet, das innerhalb der eigenen Grenzen wertend begriffen werden kann. Comics können sowohl reizvoll, interessant und anregend sein als auch in ihrer Welt- und Menschensicht ideologisch problematisch.

Da Comics bei Kindern zu der beliebtesten Lektüre zählen, gehören sie auch in den Unterricht und speziell in den Deutschunterricht. Es geht aber nicht darum, sie den Schülern auszureden, sondern vielmehr um eine sachliche und reflektierte Auseinandersetzung mit dem Gegenstand:

- ▷ um eine Auseinandersetzung mit den Inhalten,
- ▷ um ein Durchschauen der Eigenart, Machart und Wirkung,
- ▷ um ein Kennenlernen der verschiedenen Arten (im Sinne einer Sachkunde),
- ▷ um Kenntnisse über die Produktion, Distribution und Verbreitung in der Bundesrepublik Deutschland,
- ▷ um Reflexionen über die ablehnenden und positiven Comics-Urteile und deren Hintergründe.

Verschiedene methodische Verfahrensweisen haben sich im unterrichtlichen Umgang mit Comics bewährt: Fächerübergreifender Unterricht zusammen mit dem Fach Kunst schafft die Möglichkeit einer intensiveren Auseinandersetzung mit dem Bildbereich der Comics. Analysen einzelner Comics wie Comicarten bieten sich an. Die Einbindung von Comics in thematischen Unterrichtseinheiten ist ebenfalls erfolgreich erprobt worden. In jüngster Zeit steht vor allem der kreative Umgang mit Comics im Unterricht in der Diskussion: Das Umschreiben, Ergänzen, Verändern und Selbstverfassen könnte den Schülern neue Durchdringungs- und Verarbeitungsmöglichkeiten bieten.

Literatur

Baumgärtner, Alfred Clemens: Die Welt der Abenteuer-Comics und andere Beiträge zu einem Massenmedium. Bochum [6]1979.

Baumgärtner, Alfred Clemens: Comics. In: Taschenbuch des Deutschunterrichts, Bd. 2. Lange, Günter; Neumann, Karl; Ziesenis, Werner (Hrsg.). Baltmannsweiler [4]1990.

Dolle-Weinkauff, Bernd: Comics. Geschichte einer populären Literaturform in Deutschland seit 1945. Weinheim, Basel 1990.

Fuchs, Wolfgang J.; Reitberger, Reinhold: Comic-Handbuch. Reinbek 1983.

Grünewald, Dietrich: Comics. Kitsch oder Kunst? Die Bildgeschichte in Analyse und Unterricht. Ein Handbuch zur Comic-Didaktik. Weinheim, Basel 1982.

Grünewald, Dietrich: Wie Kinder Comics lesen. Frankfurt am Main 1984.

Grünewald, Dietrich: Vom Umgang mit Comics. Berlin 1991.

Reitberger, Reinhold C.; Fuchs, Wolfgang J.: Comics. Anatomie eines Massenmediums. Reinbek 1973.

Waldmann, Günter: literatur zur unterhaltung, Bd. 1: unterrichtsmodelle zur analyse und eigenproduktion von trivialliteratur, Bd. 2: tex-

te, gegentexte und materialien zum produktiven lesen. Reinbek 1980.
Watzke, Oswald (Hrsg.): Bildergeschichten und Comics in der Grundschule. Unterrichtsvorschläge. Donauwörth 1980.
Watzke, Oswald (Hrsg.): Bildergeschichten und Comics in der Sekundarstufe 1. Unterrichtsvorschläge. Donauwörth 1981.

Günter Lange

Dokumentarliteratur

Dokumentarliteratur ist eine Textart, deren Gegenstandsbereich weit ist und die bisher kaum präzise bestimmt werden konnte. Sie ist durch eine Formenvielfalt gekennzeichnet, die eine schlüssige typologische, formale oder inhaltliche Definition zu formulieren schwierig macht.

Dokumentarische Literatur gab es schon, bevor man sie mit diesem Begriff bezeichnete. Erinnert sei an Heinrich Heines journalistische Prosatexte „Lutetia“, die zwar zunächst publizistische Dokumente darstellen (d.h. Artikel über Paris, die Heine für die „Augsburger Allgemeine“ schrieb), die jedoch, wie Preisendanz formuliert, einen „literarischen Mehrwert“ enthalten (Miller). Auch Egon Erwin Kisch, der „rasende Reporter“, schrieb eine Prosa, die ästhetische Brillanz mit dokumentarischer Sachlichkeit vereint. Nicht zuletzt muß Alfred Döblins Roman „Berlin Alexanderplatz“ genannt werden, jener exemplarische und dokumentarische Bericht über das Leben des Arbeiters Franz Biberkopf, der das Berlin der Vorkriegszeit in einmaliger Weise lebendig werden läßt. Döblin durchsetzt seinen Roman mit Reklamezitaten und Ereignisberichten im Stil der epischen Montage und gibt ihm so dokumentarisches Gewicht.

In der Dokumentarliteratur werden zum Teil sehr heterogene Textarten eingesetzt: das Interview, die Reportage, der dramatische Text, der Roman, der Zeitungstext, die öffentliche Rede, das Tagebuch und die Autobiographie usw. Es gibt darüber hinaus den Dokumentarfilm, das dokumentarische Fernsehspiel, das Dokumentartheater. Gerade letzteres ist in der Gegenwart zu einer der wichtigsten Aussageformen der modernen engagierten Literatur geworden, die sich mit den Namen von Heinar Kipphardt, Peter Weiss und Erich Fried verbindet.

So entsteht die Frage, ob man Dokumentarliteratur überhaupt als Textart begreifen kann; denn es scheint, daß dokumentarische Literatur sozusagen „die Sache selbst“ ist (Heinrichs). Dabei scheint es wichtig zu sein festzustellen, inwieweit die „reine“ Dokumentaristik mit ästhetischen Zielsetzungen arbeitet und wieweit die Texte durch subjektive Wertungen oder fiktionale Formen gebrochen sind.

Im Vordergrund der Dokumentarliteratur steht der Anspruch auf Authentizität und dokumentarische Wahrheit, während die formale Seite bzw. die Verfahrensweise und Methode des Autors sich am Stoff orientieren muß und deshalb vielgestaltig sein kann. Das Dilemma aber bleibt bestehen, denn die Forderung nach Authentizität, Wissenschaftlichkeit und Faktizität stößt sich mit dem Anspruch auf Konkretheit, Lesbarkeit und Einfachheit.

Dabei wird deutlich, daß der Versuch, etwa das gesprochene Wort tonbandgetreu aufzuzeichnen und somit „unverstellte Lebenswelt“ (Heinrichs) zu geben, zwangsläufig an der Oberfläche der Phänomene bleiben muß und die eigentliche soziale, ökonomische, zwischenmenschliche Problematik nur unvollkommen erfassen kann: „Literatur muß hier eingreifen und nicht naiv ‘dokumentieren’“, wie Heinrich Heine schreibt. Es geht um die Darstellung der hinter den alltäglichen Dingen liegenden Strukturen; sie müssen sichtbar gemacht und hinterfragt werden.

Erika Runges „Bottroper Protokolle“ und Günter Wallraffs Industriereportage „Am Fließband“ sind Beispiele für den Versuch, Lebenswirklichkeit literarisch zu vermitteln. Aber bereits die oftmals sprachstilistisch unvollkommene Form der Protokolle und ihr Anspruch, die „ganze Wahrheit“ zu geben, wo sie doch nur die „Vermittlung spezifischer Lebensverhältnisse und -probleme“ (Heinrichs) leisten können, schränkt ihre Wirkung ein. Wallraffs „Industriereportagen“ leiden unter dieser Schwierigkeit, „einfache Faktizität“ zu vermitteln, und einer „losen, wissenschaftlichen Ansprüchen ... nicht genügenden empirischen Analyse“ (Heinrichs), denn „die dokumentarischen Gattungen (erreichen) keineswegs den Informationsgrad sozialwissenschaftlicher Erhebungen; das dürfte sie als Übermittler konkreter Informationen für die Ausarbeitung von konfliktkanalisierenden Herrschaftstechniken auch relativ unbrauchbar machen und ihnen höchstens den Charakter von erste Aufmerksamkeit weckenden ‘Stimmungsbildern’ geben. Insbesondere die Interviewgattungen, die Protokolle und Lebensberichte gehorchen Stilprinzipien und erfüllen eher Funktionen, die stets schon bürgerlicher Kunst zukamen.“ (Pallowski)

Daß eine rein empirische Datenerhebung im Sinne einer Sozialenquete nicht Dokumentarliteratur sein kann, da ihr die literarästhetische Komponente abgeht, wird niemand bestreiten. Trotzdem wird der Begriff Dokumentarliteratur, insbesondere wenn er sich thematisch auf die Arbeitswelt, Leben in der Großstadt, Krieg und Katastrophen bezieht, von Literaturwissenschaftlern relativ selbstverständlich gebraucht, obwohl es weder eine hinreichend tragfähige Theorie noch eine umfassende Begrifflichkeit auf diesem Gebiet gibt.

Zweifellos ist Dokumentarliteratur ein „Zwischengenre“ (Miller), das zwischen Fiktion und Non-Fiktion bzw. zwischen Ästhetik und Pragmatik anzusiedeln ist. Miller versucht, zu einer Poetik und damit zu einer „kohärenten Definition der Dokumentationsliteratur“ zu kommen, wobei er feststellt, „daß das Formprinzip der Dokumentarliteratur – die Dokumentenmontage – die Adaption heterogener Gattungsformen – Roman, Drama, Gedicht – impliziert“. Die traditionellen, vorgegebenen literarischen Gattungen assimilieren den dokumentarischen Stoff, d.h. „der dokumentarische Stoff wird jedesmal in einen fiktionalen Zusammenhang transformiert“ (Miller). Faktengerechtigkeit und Richtigkeit wird durch die „dichterische Wahrheit“ ersetzt.

Das ästhetisch leitende Prinzip ist das der Gestaltung; es transponiert Faktentreue in eine über die Tatsachen hinausgehende „poetische Wahrheit" und läßt sie zu einem „fiktionsgebundenen Erlebnis" werden. Durch die Einkleidung wird das der Dokumentarliteratur zugrundeliegende Montageprinzip verschleiert, und die Dokumente gewinnen „literarischen Eigenwert" (Miller). Im Unterschied zum belletristischen Roman dient die Autorenrolle des jeweils im Mittelpunkt stehenden Erlebnissubjekts nicht dem Aufbau einer fiktionalen Welt, sondern lediglich der Präsentation des Stoffes.

Dokumentarische Literatur umfaßt, wie Miller schreibt, „die Felder der 'tatsachenorientierten Gestaltung', der 'Dokumentenmontage' und der 'Publizistik'" (Berichterstattung). Er beschreibt drei Phasen der historischen Entwicklung der Dokumentarliteratur: von den „dokumentarischen Genres, wie Briefe, Reiseberichte, Reportagen", über den Reportageroman (Döblin) und das Gerichtsdrama (Kipphardt) hin zu „dokumentarisch-ästhetischen" Formen, wie wir sie bei Erich Fried, Peter Weiss und Erika Runge finden. „Erst in diesem Stadium", bemerkt Miller, „kann von Dokumentarliteratur als einem eigenständigen literarischen Bereich gesprochen werden".

Bei der Behandlung dokumentarischer Literatur im Unterricht kommt es darauf an, den Schülern die besondere literarische Qualität eines solchen Textes deutlich zu machen. Wenn diese ästhetische Qualität fehlt, kann man nicht von Dokumentar-„Literatur" sprechen, sonst wäre jedes Geschichtsbuch ein literarisches Werk.

Daher sind dokumentarische Texte unter zwei Gesichtspunkten zu beurteilen:

▷ im Hinblick auf ihren dokumentarischen Wert,

▷ im Hinblick auf ihre literarisch-ästhetische Qualität.

Da sich Dokumentarliteratur verschiedener Formen bedient, sind zunächst einmal die für die jeweilige Textart (Reportage, Brief, Drama, Roman) relevanten Kriterien anzulegen. Dabei muß berücksichtigt werden, in welcher Art das dokumentarische Element in diese Form einbezogen ist und wie es sich mit dieser verbindet. Auch hier gibt es verschiedene literarische Techniken (z.B. Collage). Erst wenn durch die Verbindung von Dokument und Literatur etwas Neues entstanden ist, sollte man von Dokumentarliteratur sprechen.

Es empfiehlt sich daher, von einem bekannten Text auszugehen, dessen literarische Qualität unbestritten ist, und ihn auf seinen dokumentarischen und ästhetischen Wert hin zu prüfen. Die Frage, was ein solcher Text, etwa von Kisch oder auch ein lyrischer von Fried, an Information im Sinne einer Aufhellung des gesellschaftlichen oder politischen Hintergrundes bietet, kann hilfreich sein. Die zweite Frage wäre die nach der Darbietungsform bzw. wie der Text bei den Lesern „ankommt": Ist er verständlich, eingängig, regt er zum Nachdenken an, setzt er Diskussionen in Bewegung, vermag er bekannte oder vermutete Sachverhalte in einem neuen Licht zu zeigen? Kurz: Fühlt sich der Leser (Hörer) vom Autor angesprochen und in die Problematik einbezogen?

Dokumentarliteratur darf oder muß sogar die persönliche Stellungnahme oder Interpretation widerspiegeln – soweit sie sich mit dem Anspruch auf Authentizität vereinbaren läßt. Insofern ist Dokumentarliteratur engagierte Literatur, die nicht um ihrer selbst willen, nur unter dem Gesichtspunkt ihrer ästhetischen Qualität zu sehen ist, sondern die etwas bewirken will, die dem Leser Denkanstöße und Einsichten vermitteln will.

Literatur

Arnold, Heinz-Ludwig; Stephan Reinhardt: Dokumentarliteratur. München 1973.

Barton, Brian: Das Dokumentartheater. Stuttgart 1987 (= SM 232).

Heinrichs, Hans-Jürgen: Dokumentarliteratur – die Sache selbst?. In: Dokumentarlisteratur. Arnold, Heinz-Ludwig u. a.. München 1973.

Miller, Nikolaus: Prolegomena zu einer Poetik der Dokumentarliteratur. München 1982.

Pallowski, Katrin: Die dokumentarische Mode. In: Literaturwissenschaft und Sozialwissenschaften. Stuttgart 1971.

Leander Petzoldt

Drama

Das Drama nimmt unter den Textarten in zweifacher Hinsicht eine Sonderstellung ein. Läßt man die grundlegende gattungspoetische Dreiteilung zwischen Lyrik, Epik und Dramatik gelten, so fällt hier die Textartenbezeichnung mit der Gattungsbezeichnung zusammen. Diese Besonderheit hat ihren Grund in der strukturellen Eigenart des Dramas. Dramatische Texte unterscheiden sich dadurch von lyrischen und epischen, daß in ihnen eine Handlung (griech. drama = Handlung) unmittelbar gegenwärtig wird: durch die objektivierte szenische Darstellung auf der Bühne. Der dramatische Text als Worttext bleibt „inkomplett“ (Hofmannsthal), seine Realisierung erfährt er erst auf dem Theater, das ein eigenes außersprachliches Zeichensystem hervorbringen muß, um die Textpartitur des Dramatikers zum Schauspiel werden zu lassen.

Daß der dramatische Text erst durch die Inszenierung zum Drama wird und daß Drama und Theater sich wechselseitig bedingen, ist weder von der Fachwissenschaft noch von der Didaktik immer genügend berücksichtigt worden. Eine Literaturwissenschaft, die den dramatischen Text auf die gesprochenen Dialoge und Monologe reduziert und es versäumt, diese in ihren Relationen zu den außersprachlichen Zeichen darzustellen, greift ebenso zu kurz wie eine Theaterwissenschaft, die das theatrale Ereignis für sich reklamiert, ihr Augenmerk auf die jeweiligen Inszenierungen richtet und dabei den dramatischen Text wie die Dramentheorie vernachlässigt. Für die Didaktik gilt, daß die Einseitigkeit traditioneller Dramen*lektüre* zugunsten einer umfassenden Beschäftigung mit dem *aufgeführten* Stück überwunden werden muß.

Die wechselseitige Bedingung von Drama und Theater gibt sich in prägnanter Weise an drei Schwerpunkten der europäischen Dramengeschichte zu erkennen: an der antiken Tragödie, am bürgerlichen Trauerspiel und am epischen Theater (vgl. Geiger u. Haarmann). Jedesmal verbindet sich die Entstehung der dramatischen Werke mit einer poetischen Theorie, die zugleich Theorie des Dramas wie des

Theaters ist, und an allen drei Stellen zeigt sich die historische Bedingtheit der Vorgänge und die eminente gesellschaftliche Funktion, die dem Drama als Aufführung zukommt, die ihm als öffentliche Veranstaltung zu Recht zugeschrieben wird.

Das Drama der Antike, besonders in der Gestalt der griechischen Tragödie, gilt bis heute als zeitloses Muster und Vorbild. Es ist nicht nur so, daß die Figuren des griechischen Theaters – Ödipus, Iphigenie, Elektra, Orest, Antigone – in späteren und modernen Stücken weiterleben. Auch die Theaterpraxis und Theatertheorie sieht sich immer wieder an die Antike zurückgebunden, ob nun Gedanken und Leitvorstellungen aufgenommen und weitergeführt werden, wie bei Lessing, oder ob versucht wird, sich kritisch dagegen abzusetzen, wie bei Brecht.

Das *Drama der Antike* verbindet sich mit der Poetik des Aristoteles, dem ersten überlieferten Versuch der Systematisierung der Dichtkunst, in deren Mittelpunkt die griechische Tragödie steht. Der Ursprung wie die Aufgabe aller Kunst liegt nach Aristoteles in der Nachahmung, der Mimesis. Für die Tragödie fordert er die Nachahmung von Handlungen, in denen sich Lebensweisen und menschliche Urkonflikte abbilden. Das Widerspiel „von Glück und Unglück“ sollte die Tragödie zeigen, insbesondere aber habe sie „Nachahmung von Furcht- und Mitleiderregendem“ zu sein, damit sich ihre reinigende, kathartische Wirkung einstelle. Im Begriff der Katharsis erklärt sich der historische Sinn der aristotelischen Poetik: Ihre Wirkung zielt auf „die Reinigung von Affekten, damit der von Furcht und Mitleid angerührte Polisbürger im Miterleben des dramatischen Geschehens zum affektfreien, d.h. ... auch autarken Individuum sich läutere“ (Geiger u. Haarmann). Damit ist die gesellschaftliche Funktion des griechischen Dramas und Theaters angesprochen. Das dramatische Geschehen ist unmittelbar auf die Wirklichkeit der Polis bezogen. Das Theater ist öffentliches Ereignis und wird zum Forum öffentlicher Diskussion. Die Zuschauer erfahren sich in der Gemeinsamkeit der Polisbürger. Das Drama gestaltet die eigene Vergangenheit und Gegenwart in der Form des Götter- und Heldenmythos. Das nacherlebte Geschehen weckt Interesse am Gemeinwesen und bewirkt verantwortungsvolles Handeln. Drama und Theater dienen so der Stabilisierung und Weiterentwicklung der Polis.

Die große Zeit der deutschen Tragödie – die über Schiller und Goethe, Kleist, Grillparzer, Büchner, Grabbe bis Hebbel reicht – beginnt mit Lessing. Er widerspricht der französichen Deutung des Aristoteles und setzt gegen die vorherrschende normative Poetik das *bürgerliche Trauerspiel* durch. Statt der Vernunftskonstruktion der tragédie classique, die in formalen Regeln erstarrte, fordert er die Darstellung des ganzen, fühlenden Menschen im Sinne Shakespeares. Mit Lessing erhält die deutsche Geistesgeschichte einen hervorragenden Repräsentanten bürgerlicher Aufklärung. Seine Dramentheorie und -praxis vereinen ästhetische und politische Elemente. Das Theater wird „zur Tribüne der neuen bürgerlichen Ideen, zum Forum der Auseinandersetzungen zwischen Bürgertum und Feudalabsolutismus“ (Hammer).

Lessings Dramen- und Theatertheorie findet ihren Niederschlag in der „Hamburgischen Dramaturgie“, die im engen

Zusammenhang mit seiner Arbeit am Hamburger Nationaltheater zu sehen ist. Zentrale Ziele sind die Überwindung der standesmäßigen Festschreibung der Dramatik – die Vornehmen und die Großen bildeten nach der normativen Poetik das Figurenarsenal der Tragödie, Leute von mäßigem Stand das Personal der Komödie (Gottsched) –, die Relativierung der Einheitentheorie – die Lehren von der Einheit der Zeit und der Einheit des Ortes seien nicht konstitutiv, sondern nur Folgeerscheinungen aus der „Einheit der Handlung", dem „ersten dramatischen Gesetz der Alten" – sowie die Erneuerung des aristotelischen Katharsisbegriffs.

Man habe Aristoteles falsch übersetzt, er spreche nicht von Mitleid und Schrecken, sondern von Mitleid und Furcht. Die Furcht aber besteht darin, „daß wir der bemitleidete Gegenstand selbst werden können. Mit einem Worte: diese Furcht ist das auf uns selbst bezogene Mitleid". Die „Reinigung" der Tragödie beruht demnach in nichts anderem „als in der Verwandlung der Leidenschaften in tugendhafte Fertigkeiten". Diese tugendhaften Fertigkeiten verstehen sich nun vor allem als „bürgerliche Absetzung von den Verlockungen des Adels" (Geiger u. Haarmann), d. h. bürgerliche Tugend steht im Drama gegen die höfische Unmoral und die Menschenverachtung des Adels. Ein Musterbeispiel dafür ist Lessings „Emilia Galotti". Gefordert ist der vorbildhafte Held. Zur Verstärkung der Identifikation mit dem positiven Helden besteht Lessing auf der inneren Wahrscheinlichkeit der dramatischen Handlung, die zugleich wieder Voraussetzung ist für die Erzeugung der Illusion im Theater. Für Lessing ist das Illusionstheater also die Bedingung der kathartischen Wirkung, die den Bürger als freie Einzelpersönlichkeit zur Bewältigung seiner gesellschaftlichen Aufgabe befähigen soll.

Die Reihe der bürgerlichen Trauerspiele, die in radikaler Form gegen den Adel Stellung nehmen, findet ihren Höhepunkt in Schillers „Kabale und Liebe". Die zweite Stufe des bürgerlichen Trauerspiels setzt mit Hebbels „Maria Magdalena" ein, kleinbürgerliche Moral und pedantisches Pflichtgefühl führen zu Konflikten innerhalb desselben Standes. Auf der dritten Stufe deckt der Naturalismus gesellschaftskritisch die Lebenslüge des selbstzufriedenen Bürgertums auf (von Wilpert).

Für das *epische Theater*, die ästhetische und gesellschaftliche Herausforderung der Dramengeschichte im 20. Jahrhundert, steht in Theorie und Praxis der Name Bertolt Brecht. Nach Brecht wird die vom traditionellen Illusionstheater geforderte Einfühlung, „ein gesellschaftliches Phänomen, das für eine bestimmte geschichtliche Epoche einen großen Fortschritt bedeutete", „zunehmend ein Hindernis für die weitere Entwicklung der darstellenden Künste". Denn vom Standpunkt der Einzelpersönlichkeit aus könnten die entscheidenden Vorgänge unseres Zeitalters nicht mehr begriffen werden.

Diese Einschätzung muß vor dem Hintergrund von Brechts marxistischem Denken gesehen werden. So wie der historische Materialismus die gesellschaftliche Wirklichkeit nicht nur beschreibt, sondern sie in ihrem Wesen zu erklären versucht, beabsichtigt Brecht, sein Theater in dem Sinne einzusetzen, „daß er vorführt nicht, *was* ist, sondern, *warum* es so ist" (Geiger u. Haarmann). Die so vollzogene Kritik der gesellschaftlichen Wirklichkeit zeigt deren Veränderbarkeit auf und ist auf Veränderung gerichtet.

Brechts episches Theater ist in deutlicher Absetzung zu Aristoteles konzipiert. Es organisiert das Verhältnis von dramatischem Text und Theater neu unter der Maxime der Aktivierung des Zuschauers, der nicht nur punktuell beeinflußt, sondern dazu angeregt werden soll, sein Denken und Handeln perspektivisch zu verändern. Im Unterschied zum bürgerlichen Theater, das letztlich doch auf Harmonisierung angelegt sei, geht es dem epischen Theater darum, Widersprüche offenzulegen. Deshalb verwirft Brecht die Identifikation mit dem einfühlbaren Helden, womit zugleich der für die bisherige Dramatik konstitutive Begriff des Schicksals fällt. An die Stelle der Einfühlung tritt – durch eine „neue Technik des Dramenbaus, des Bühnenbaus und der Schauspielweise" – die Verfremdung und damit die zum kritischen Denken auffordernde Desillusionierung.

Die *Bauelemente des Dramas* sind in Abhängigkeit von seiner Funktion sowie den historischen und situativen Bedingungen des Theaters zu sehen. Sie verändern sich im Laufe der Geschichte, haben bei allem historischen Wandel jedoch auch elementare gleichbleibende Züge.

Die Eigengesetzlichkeit der Dramatik wird seit der Antike in Abgrenzung zur Epik, also zu den Erzählformen bestimmt. Aristoteles hatte die Tragödie als die Form der Nachahmung definiert, in der selbst gehandelt und nicht über Figuren berichtet wird. D. h. dramatische Texte unterscheiden sich dadurch von narrativen, „daß sie durchgehend im Modus der Darstellung stehen". „Sieht sich der Rezipient eines dramatischen Textes unmittelbar mit den dargestellten Figuren konfrontiert, so werden sie ihm in narrativen Texten durch eine ... Erzählerfigur vermittelt" (Pfister). Dramatischen Texten fehlt also ein „vermittelndes Kommunikationssystem" (Pfister). Das bedingt erstens die Absolutheit des Dramas, seine Abgeschlossenheit sowohl gegenüber dem Autor wie gegenüber dem Publikum. Das Fehlen der vermittelnden Kommunikation bringt zweitens die zeitliche Vergegenwärtigung des Geschehens hervor. Daß die Dramenfiguren sich selber als Redende darstellen, macht drittens die dialogische Grundstruktur des Dramas aus.

Das alles würde als Unterscheidungskriterium jedoch nicht ausreichen. Es gibt auch dialogische Texte, die nicht für eine Aufführung bestimmt sind. Entscheidend ist die *„plurimediale Darstellungsform"* des Dramas (Pfister). Der dramatische Text ist der szenisch realisierte Text. Der „aufgeführte" Text bedient sich im Gegensatz zum rein literarischen nicht nur sprachlicher Mittel, sondern auch außersprachlicher Zeichen: der „Sprache" des Bühnenbilds, der Masken und Kostüme, der Beleuchtung, der Requisiten, der Gestik und Mimik der Schauspieler, der Choreographie ihrer Bewegungen, der Musik und des Gesangs. Das bedeutet immer auch einen verändernden Eingriff in die Wortvorlage des Autors. Der inszenierte Text stellt mit Notwendigkeit „eine konkretisierende Interpretation des literarischen Textsubstrats dar" (Pfister).

Ein entscheidendes Medium für die szenische Realisierung des dramatischen Textes ist die Bühne selbst bzw. der jeweilige Theaterbau. Die Orchestrabühne des griechischen Freilichttheaters verlangt eine andere Spielweise und dramatische Konzeption als die elisabethanische Bühne, deren drei Spielflächen die Mehrsträngigkeit der Handlung und die Kurzszenentechnik in Shakespeares Stücken ermöglichten. Die Guckkastenbühne, die sich im europäischen Hoftheater des 17. und 18. Jahrhunderts herausbildete, erwies sich als die ideale Form für das Illusionstheater, das seine konsequenteste Ausprägung im naturalistischen Drama erfuhr. Um die Illusionswirkung der Guckkastenbühne aufzuheben, hat das moderne Theater u. a. die Spielfläche wieder geöffnet: durch Vorziehen der Bühne in den Zuschauerraum, durch Verzicht auf den Bühnenvorhang, der mit der Guckkastenbühne eingeführt wurde, durch Sichtbarmachen der Umbauten zwischen den Szenen, so daß das Theater als Stätte des Spiels wieder bewußt hervorgehoben wurde.

Wichtig ist in diesem Zusammenhang, daß sich aus der plurimedialen Darstellung des Dramas sowohl die Kollektivität der Produktion wie der Rezeption ergibt. An der Bühnenrealisierung sind eine Vielzahl von Personen beteiligt, und eine Aufführung wird erst durch das Theaterpublikum zur Aufführung. Beides hat wieder Rückwirkungen auf die Strukturen der dramatischen Texte.

Das Drama als dargestellte Handlung hat unterschiedliche *Handlungstypen* und Konfliktformen hervorgebracht. Dramatische Konflikte sind, wie immer der Widerstreit im einzelnen angelegt ist, ein vermitteltes Spiegelbild realer Konflikte. D.h. die szenische Darstellung geht, nachahmend im Sinne des Artistoteles, von wirklichem Geschehen aus und richtet sich wieder auf die Wirklichkeit, mit dem Ziel, zu beeinflussen, zu deuten, zu appellieren, zu verändern. Der Konflikt im Drama kann auf verschiedene Weise zustandekommen, als Zusammenstoß widersprüchlicher gesellschaftlicher Kräfte, als Kampf zweier Parteien um die politische Macht oder um die Gunst und Liebe einer dritten Person (= äußerer Konflikt) oder als Widerstreit entgegengesetzter Forderungen und Ansprüche in den Figuren selbst (= innerer Konflikt).

Je nach dem Ort des für die Spielhandlung entscheidenden Ereignisses bzw. der Art, wie der Konflikt herbeigeführt wird oder in Erscheinung tritt, entstehen die beiden Handlungstypen des Zieldramas und des analytischen Dramas. Im Zieldrama bewegt sich die Handlung auf das entscheidende Ereignis zu, es steuert auf einen von den Akteuren selbst herbeigeführten (gewaltsamen oder versöhnlichen) Ausgang. Im analytischen Drama liegt das entscheidende Ereignis schon vor dem Beginn des Stücks, das Konfliktpotential wird im Verlauf der Handlung aufgedeckt.

Das Zieldrama – mitunter wird dafür allein die Bezeichnung Konflikt- oder Entscheidungsdrama in Anspruch genommen – ist der dominierende Handlungstyp innerhalb der Dramatik. Häufig zitierte Beispiele für das analytische Drama oder das Entdeckungsdrama sind „König Ödipus“ von Sophokles und „Der zerbrochene Krug“ von Kleist, zugleich Belege dafür, daß dieser Handlungstyp in der Tragödie wie in der Komödie anzutreffen ist. Der analytische Vorgang vollzieht sich allerdings mit umgekehrten Vorzeichen. Ödipus fördert die Entdeckung seines Vergehens, des Vatermords und des Inzests mit der Mutter, in Unkenntnis seiner Schuld. Der Dorfrichter Adam dagegen weiß von Anfang an, daß er der Schuldige ist, und versucht die Aufdeckung seines Vergehens zu verhindern.

Von den Handlungstypen des Dramas muß die *Handlungsgliederung* unterschieden werden. Akt und Szene bilden die elementaren Gliederungsformen. Die klassische Einteilung des Dramas in fünf Akte entstammt der römischen Tragödie. Daneben gibt es Vierakter, die häufig aus drei Akten bestehende Komödie, im modernen Drama Zweiakter und Einakter sowie Stationen und Bilder, die den neuen Intentionen der Darstellung eher entsprechen.

Es wurde häufig versucht, die Akteinteilung prinzipiell mit der Funktion dramatischer Texte in Übereinstimmung zu bringen. Das Musterbeispiel dafür ist Gustav Freytags „Technik des Dramas“ (1863). Er postulierte den fünfgliedrigen Dramenaufbau und schrieb den einzelnen Teilen, der Einleitung, der Steigerung, dem Höhepunkt, dem Fall bzw. der Umkehr und der Katastrophe, konstitutive Bedeutung zu. Aber weder die griechische Tragödie noch die Stücke Shakespeares kannten die Akteinteilung. Statt dessen bildete die szenische Gliederung das dramatische Prinzip. In der Geschichte des Dramas steht dem Kompositionsprinzip der normativen Akteinteilung das kleingliedrige und variablere der Szenenreihung gegenüber.

Mit dem Kompositionsprinzip der Akteinteilung korrespondiert die *Einheiten-Theorie*. Daß das Drama sich an der Forderung der drei Einheiten zu orientieren habe, an der Einheit der Handlung, des Ortes und der Zeit, war einseitig aus der Poetik des Aristoteles abgeleitet worden. Wo im Sinne dieser Regel verfahren wurde, entstand der Grundtypus der geschlossenen Form des Dramas. Aus der Opposition gegen die Einheitenpraxis entwickelte sich der Formtyp des offenen Dramas. Diese Unterscheidung trifft Volker Klotz, der die jeweiligen Merkmale an exemplarischen Beispielen idealtypisch beschreibt.

Prägnante Beispiele der geschlossenen Form finden sich im klassizistischen französischen Drama sowie in der deutschen Klassik, z. B. in Goethes „Iphigenie“ oder Schillers „Maria Stuart“. Geschlossene und offene Form des Dramas stehen sich jedoch nicht in historischer Abfolge gegenüber. Der Typus der offenen Form reicht von Shakespeare über das Drama des Sturm und Drang (Goethe und Schiller sind also mit beiden Formen vertreten), über Büchner, Grabbe und Wedekind, das Stationendrama Strindbergs und des Expressionismus bis in die Moderne. Das moderne Drama kennt aber durchaus auch die geschlossene Form.

Klotz gewinnt die Unterscheidungsmerkmale jeweils aus der Gestaltung der Handlung, der Zeit, des Raums, der Personen, der Komposition und der Sprache.

Für die *geschlossene Form des Dramas* gilt:

▷ Eine eindeutige Haupthandlung bestimmt das Geschehen. Dargestellt wird eine in sich geschlossene Geschichte mit voraussetzungslosem Anfang und endgültigem Schluß.

▷ Die Zeit erfüllt sich nicht als bedeutungsvoller dramatischer Augenblick, sondern als reine Sukzession. Ebenso gibt es keinen dramatisch wirksamen Ortswechsel. Zeit und Raum sind nur Rahmen, in dem sich die Handlung vollzieht.

- ▷ Das Kompositionsprinzip ist die hierarchisch organisierte Struktur, wobei die grundlegende Idee das Ganze und die Teile bestimmt. Die Handlung präsentiert sich als architektonisches Gefüge mit starker Betonung des Aktes und geringem Eigengewicht der Szenen.
- ▷ Mit diesem Kompositionsprinzip korrespondieren die Beschränkung des Personenkreises sowie die symmetrische und antithetische Personengruppierung. (In Goethes „Iphigenie" agieren fünf Personen. Iphigenie steht im Mittelpunkt, kontrastiv auf beiden Seiten befinden sich Thoas und Arkas sowie Pylades und Orest.) Die Personen sind hohen Standes, da das Drama der geschlossenen Form in der höfischen Sphäre spielt.
- ▷ Die hierarchische Strukturierung reicht hinein bis in die sprachliche Gestaltung. Dominant sind die hypotaktische Syntax, die begriffliche Transparenz der Sprache und die wohlgefügten Redegebäude.

Für die *offene Form des Dramas* gilt:

- ▷ Die lineare Finalität der Handlung wird aufgebrochen. An die Stelle der Einheit tritt die Vielfalt. Es gibt mehrere Handlungsstränge, die nicht kontinuierlich verlaufen. Die Geschichte präsentiert sich als ein Ensemble von Einzelsequenzen.
- ▷ Wie die Handlung bietet die Zeit das Ganze in Ausschnitten. Der Zeiterstreckung sind keine Grenzen gesetzt. Die Zeit wird eine selbständige, in die Ereignisse eingreifende Wirkungsmacht. Das Geschehen ereignet sich nicht in der Einförmigkeit eines gleichbleibenden Raumes, sondern in der Mannigfaltigkeit des Ortswechsels. Der spezielle Raum charakterisiert und schafft Bedeutung.
- ▷ Die Stückkomposition erfolgt vom Einzelteil der Szene aus und nicht mehr vom hierarchisch gegliederten Ganzen. An die Stelle der geschlossenen, tektonischen Bauform tritt die offene, atektonische.
- ▷ Entsprechend der Mehrschichtigkeit der Handlung ist die zahlen- wie auch die standesmäßige Beschränkung der Personen aufgehoben. Die Tragik bleibt nicht einer privilegierten Klasse vorbehalten. Eine Vielzahl von Figuren komplettiert das Figurenarsenal. Die Personen handeln nicht wie die des geschlossenen Dramas im steten kontrollierten Bewußtsein ihres Tuns.
- ▷ Mit der Vielfalt und Offenheit des Geschehens korrespondiert die Pluralität heterogener Sprachhandlungen.

Mit der offenen Form des Dramas stimmen in weitem Umfang die Bauelemente des epischen Theaters überein. Seine Besonderheit, die auf Veränderung sowohl der Spielweise wie auch der Zuschauerhaltung abzielt, liegt jedoch, wie es der Name sagt, in der *Episierung*. Um die „Spannung auf den Ausgang" in eine „Spannung auf den Gang" zu verwandeln, um den Zuschauer zum Betrachter zu machen, statt ihn illusionierend in die Bühnenaktion zu verwickeln, bezieht Brecht erzählerische Mittel in seine Theaterpoetik ein und bricht damit sogar die prinzipielle Unterscheidung zwischen dramatischen und narrativen Texten auf. Erzählerisch vermittelnd und zugleich verfremdend wirken Szenenüberschriften und Einleitungstexte, die bei der Aufführung auf die Bühne projiziert werden, die Einführung einer Erzählerfigur, die durch das

Geschehen führt, die Songs, die die Handlung begleiten und kommentieren, der Rückgriff auf ältere dramatische Stilmittel wie Prolog, Epilog und Chor, die eine unmittelbare Anrede an das Publikum ermöglichen, und anderes mehr.

Episierende Tendenzen zeigen sich an vielen Stellen des modernen Dramas, im absurden Theater ebenso wie im Dokumentartheater. Denn die Konzentration auf Handlungen weicht vielfach der Darstellung von Zuständen und Bewußtsein, von Milieu und gesellschaftlichen Zusammenhängen.

Die *Didaktik des Dramas* ist durch die folgenden Aspekte gekennzeichnet:

▷ die Erörterungen um die Einführung in das große Bühnenstück
Bis weit in die sechziger Jahre hinein galten sie der unterrichtlichen Bewältigung der literarischen Großform, den Problemen der pädagogischen Verfrühung und der richtigen Methode und immer wieder der Frage nach dem ersten Drama, die zum Tell-Problem wurde, nachdem jahrzehntelang Schillers „Wilhelm Tell" den selbstverständlichen Beginn der Dramenlektüre in allen Schularten bedeutet hatte. Unter diesen Vorzeichen spielte das Drama im Literaturunterricht der Sekundarstufe I eine nachgeordnete Rolle.

▷ die Bemühungen um einen stufenmäßigen und zusammenhängenden Aufbau des Umgangs mit den dramatischen Formen.
Ein solcher Lehrgang hätte schon in der Grundschule mit dem Puppenspiel und dem Stegreifspiel zu beginnen. Er sollte „Spieltext des Kinder- und Jugendtheaters ... zu kindgemäßen Stufen auf dem Weg zur poetischen Form des Dramas" werden lassen (Müller-Michaels). Er müßte das Hörspiel wie den Spielfilm und das Fernsehspiel einbeziehen. Er sollte über Kurzformen des Dramas schließlich zum mehraktigen Drama führen.

▷ die Gegensätze einer strukturorientierten und einer handlungsbezogenen didaktischen Begründung
Während der eine Ansatz darauf zielt, in einem Curriculum systematische Kenntnisse über die Gattung zu vermitteln, intendiert der andere, daß die Alltagserfahrungen der Schüler mit den dramatisierten Konflikten in Beziehung gesetzt werden, daß die ästhetischen Erfahrungen als Gegenentwurf zur Alltagswirklichkeit erfahrbar werden, daß die Schüler das Werk selbst als einen Teil gesellschaftlichen Handelns verstehen (vgl. Müller-Michaels, 1978).

▷ die Tendenzen, einen nur am Text orientierten Umgang mit dem Drama in eine umfassende Theaterpädagogik zu überführen
Hier liegen, im Zusammenhang mit den handlungs- bzw. dem erfahrungsorientierten Ansatz, die vordringlichen Aufgaben einer heutigen Dramendidaktik. Die Einseitigkeit traditioneller Dramenlektüre muß überwunden werden zugunsten einer umfassenden Beschäftigung mit dem aufgeführten Stück.
Der dramatische Text, der seine Realisierung erst auf der Bühne erfährt, verlangt die Einbeziehung der theatralischen Zeichensprache in die Interpretation. Das bedeutet zweierlei. Die Schüler hätten einerseits die verbale Vorlage eines Stücks im Blick auf potentielle Aspekte seiner Inszenierung zu ergänzen, d. h. sie müßten Vorstellungen ent-

wickeln und in Spielversuchen erproben, welche Gestalt ein Dialog, eine Szene auf der Bühne annehmen könnte, um darauf ihre Deutung zu gründen. Andererseits dürfte der Besuch einer Theateraufführung nicht die unverbindliche Zugabe zur textlichen Arbeit bleiben, sondern die Aufführung müßte selbst konsequent unter den Gesichtspunkten der theatralischen Zeichensprache gedeutet werden.

Beides verspricht erst den gewünschten Erfolg, wenn die Schüler das Theater als Institution und die Bedingungen und Vorgänge einer konkreten Inszenierung kennenlernen. Sie hätten vor Ort die Aufgabe des Theaters, die Spielplangestaltung, die Situation der Schauspieler, auch die Organisation und Finanzierung des Theaters zu erkunden. Sie sollten die Werkstätten und den Fundus besichtigen können, um einen Einblick in die Entstehung des Bühnenaufbaus und des Bühnenbildes, also in die Technik des Theaters zu gewinnen. Sie sollten Gelegenheit haben, den Regisseur, die Schauspieler, die Techniker, die Bühnenarbeiter zu befragen und bei ihrer Arbeit, vor allem bei der Probenarbeit, zu beobachten. Sie könnten im günstigsten Fall einen Schauspieler, Maskenbildner u. a. zur Hilfe für ihre eigenen schulischen Spielversuche gewinnen.

Literatur

Beimdick, Walter: Theater und Schule. Grundzüge einer Theaterpädagogik. München [2]1980.

Brauneck, Manfred: Theater im 20. Jahrundert. Programmschriften, Stilperioden, Reformmodelle. Reinbek bei Hamburg 1982.

Brauneck, Manfred; Schneilin, Gérard: Drama und Theater. Bamberg 1987.

Geiger, Heinz; Haarmann, Hermann: Aspekte des Dramas. Opladen [2]1982.

Göbel, Klaus (Hrsg.): Das Drama in der Sekundarstufe. Kronberg/Taunus 1977.

Henze, Walter: Dramen lesen – Dramen spielen. Dramentexte in der Sekundarstufe I. Hannover 1987.

Klotz, Volker: Geschlossene und offene Form im Drama. München 1969.

Lesch, Hans-Wolfgang: Das Theater als Gegenstand und Medium des Deutschunterrichts. In: Taschenbuch des Deutschunterrichts. Lange, Günter; Neumann, Karl; Ziesenis, Werner (Hrsg.). Baltmannsweiler [4]1990.

Müller-Michaels, Harro: Dramatische Werke im Deutschunterricht. Stuttgart [2]1975.

Müller-Michaels, Harro: Drama. Praxis Deutsch (1978), H. 31.

Payrhuber, Franz-Josef: Das Drama im Unterricht. Rheinbreitenbach 1991.

Pfister, Manfred: Das Drama. Theorie und Analyse. München [4]1984.

Scheller, Ingo: Szenisches Interpretieren. Georg Büchner: Woyzeck. Oldenburg 1987.

Szondi, Peter: Theorie des modernen Dramas. Frankfurt am Main 1963.

Werner Ziesenis

Essay

Die Textart gehört zu den offenen Formen, d.h. sie ist von lockerer Struktur, biegsam und anpassungsfähig (wie z.B. auch der Brief), weshalb sie sich einem festen Gattungsschema entzieht. Sie wurde von dem französischen Moralisten Montaigne (1532–1592) geprägt, der 1580 unter dem Titel „Essais" Gedanken und Betrachtungen aus ganz persönlicher Erfahrung herausgab; seitdem gilt er als „Erfinder" der Gattung „Essay". Sein Beispiel hat vor allem in England, bald aber auch in Deutschland Schule gemacht. Selbst die Bedeutung des französischen Begriffs schwankt: „Versuch, Übung, Probe" werden als deutsche Übersetzungen angeboten. Sie umschreiben weniger eine Textart als eine methodische Möglichkeit im Umgang mit der Erfahrungs- und Geisteswelt, im Unterschied z.B. zur wissenschaftlichen Abhandlung. So hat sich im Deutschen schließlich die Bezeichnung Essay für diese freie Form gedanklicher Auseinandersetzung eingebürgert.

Als Essay wird eine kürzere Abhandlung in ästhetisch ansprechender Prosa bezeichnet, die Themen von allgemeinem Interesse auf eine auch dem Laien zugängliche Weise bearbeitet. Zu ihren Voraussetzungen zählt die Ausbildung der Kunstprosa und die Entdeckung des Individuums als unabhängiger geistiger Kraft, die Lösung von normgeleitetem Weltverständnis. So wird verständlich, daß mit dem Beginn der Neuzeit, der Befreiung aus der mittelalterlichen Ordnung, auch der Essay möglich wurde.

Gegenstände des Essays sind wissenschaftliche und künstlerische Probleme, Fragen des gesellschaftlichen und politischen Lebens, die von den Autoren frei gewählt werden, ohne daß Aktualität eine dringende Voraussetzung wäre. Darin unterscheiden sich Essays von der benachbarten Textart des Feuilletons. Zu ihren Merkmalen gehören neben der thematischen Vielfalt die Subjektivität der Beleuchtung, der Verzicht auf systematische Durchdringung und erschöpfende Analyse; statt dessen dominiert eine lockere Gedankenführung, die durchaus auch Sprunghaftes haben kann, die den Texten aber Lebendigkeit verleiht. Im Unterschied zur wissenschaftlichen Veröffentlichung schlägt immer die Subjektivität des Autors durch. Gerade sie ermöglicht dem Leser neben der Begegnung mit einem bedeutsamen Gegenstand zugleich die mit dem Autor. Darin liegt auch begründet, daß Essays nicht so leicht veralten, sofern nur der Autor noch von Interesse ist.

Über den Essay als Medium der Vermittlung schreibt Haas: „Die Funktion und spezifische Leistung des Essays: die geistige Überlieferung einer Kultur und das Wissen einer Zeit immer wieder zur Diskussion zu stellen und auf ihren Lebenswert für Gegenwart und Zukunft zu befragen, wurde in den Krisen und Brüchen der Zeit nach 1900 von besonderer Bedeutung – dementsprechend läßt sich ein gestiegener geistiger Aktualitätswert und eine Verstärkung der Position des Essays in der modernen Literatur feststellen ..." (Haas, S. 23). Er fährt ein paar Zeilen später fort: „Mit dieser Funktion, Anschauungs- und Lebenskrisen zu artikulieren und durch Markierung der möglichen Positionen zur Klärung beizutragen, verbindet sich eine andere Aufgabe, die ebenfalls für das 20. Jahrhundert kennzeichnend geworden ist. Die unerhörte Spezialisierung in allen Bereichen der Wissenschaft hat in manchen Fällen die betreffenden Wissenschaftler in eine starke Isolierung hineingeführt, in dieser Situation bot sich nicht zuletzt auch für die Naturwissenschaften der Essay als eine Möglichkeit an, diese Isolierung zu durchbrechen. Er vermittelt im genauen Sinn des Worts und hält so das Gespräch zwischen Wissenschaft und Gesellschaft in Gang oder knüpft es überhaupt erst wieder an."

Das Wort „Gespräch" liefert einen wichtigen Hinweis. Da der Essay nicht Systematik und erschöpfende Darstellung eines Themas anstrebt, sondern den Prozeß der Auseinandersetzung nachzeichnet, dialogisch verfährt, Denkmöglichkeiten, Positionen, Anschauungen vorführt, wendet er sich von vornherein an einen gleichberechtigten Partner, an einen Leser, der seine Umwelt mit wachem Sinn, mit Neugier wahrnimmt. Der Essay ist eine Einladung zum Gespräch der Zeitgenossen. Diese Funktion macht sich auch die erzählende Literatur zunutze. In unterschiedlichem Maße bedienen sich moderne Autoren essayistischer Verfahren, um dem schieren Handlungsmuster eine Schicht gedanklich-reflexiven Zusammenhangs hinzuzufügen, die – nicht immer zur Freude jedes Lesers – den Texten eine neue Dimension verleiht und zum Mitdenken herausfordert.

Im Bereich der Schule, schon gar in der Hauptschule, hat die Textart Essay bisher kaum Beachtung gefunden. Das ist wegen des Anspruchs der abgehandelten Themen und des stilistischen Niveaus auch durchaus verständlich. Macht man sich aber klar, daß Essays keineswegs immer Buchumfang haben, sondern heute häufig selbst in Tageszeitungen erscheinen, und, worauf Heimrath verweist, „zumeist Vertrautes in einem neuen Licht erscheinen (zu) lassen und ungewöhnliche Perspektiven (zu) eröffnen ...", so liegt hier ein ergiebiges Arbeitsgebiet. „Der Essay kann somit dazu beitragen, Denkklischees abzubauen, die Vorstellungswelt zu erweitern, kritische Distanz und Eigenüberlegungen der Schüler zu fördern." (Heimrath)

Ein Versuch mit dieser Textart wird weniger auf formale Untersuchungen und Bestimmungen auszurichten sein, statt dessen, um den Schülern Mut zu machen, zunächst einmal Gegenstände und Themen auswählen, die ihnen nahe liegen oder durch den kritisch hergestellten Zusammenhang wichtig werden können. Dafür wäre sogar nicht einmal nur der Deutschunterricht zuständig; gemessen an der Vermittlungsfunktion des Essays z. B. im Bereich der Naturwissenschaften könnten die betroffenen Fächer sehr gut Gebrauch von ihm machen. Doch bleibt dem Deutschunterricht genügend Spielraum und vor allem die Aufgabe des methodischen Zugangs.

Orientiert an den Fähigkeiten, die der erwachsene Leser im Umgang mit der Textart nötig hat, scheinen folgende Schritte wichtig:

▷ Klärung des gedanklichen Verlaufs,
▷ Herausarbeiten der Position des Autors,
▷ Markieren der kritischen Gedanken,

▷ Entwicklung eigener Fragestellungen, Gegenmeinungen, Argumente.

Das unterscheidet sich alles nicht wesentlich vom sonst angestrebten Umgang mit Texten, bei dem ja immer der mitdenkende, kritische Leser Modell gestanden hat. Die Schwierigkeit liegt eher darin, daß diese Textart bisher kaum in den Gesichtskreis der Schüler getreten ist und das Lesebuch wegen der Länge der Texte nur ein schmales Angebot machen kann. Dem ließe sich aber begegnen, wenn im Unterricht hin und wieder einschlägige Essays, auch Ausschnitte, herangezogen würden; sie könnten auch zur Gruppenarbeit oder für Referate genutzt werden. Da Vergleiche immer ergiebig sind, wäre auch die Arbeit mit themengleichen Essays verschiedener Autoren nützlich.

Literatur

Haas, Gerhard: Essay. Stuttgart 1964 (= SM 83).

Heimrath, Ulrich (Hrsg.): Deutsche Essays des 20. Jahrunderts. Stuttgart 1980 (= Arbeitstexte für den Unterricht).

Kayser, Wolfgang (Hrsg.): Kleines literarisches Lexikon. Bern [2]1953.

Koszyk, Kurt; Pruys, Karl Hugo (Hrsg.): dtv Wörterbuch zur Publizistik. München [2]1970.

Martini, Fritz: Essay. In: Reallexikon der deutschen Literaturgeschichte, Bd. 1. Kohlschmidt, Werner; Mohr, Wolfgang (Hrsg.). Berlin, New York [2]1958.

Weissenberger, Klaus: Der Essay. In: Prosakunst ohne Erzählungen. Die Gattungen der nichtfiktionalen Kunstprosa. Weissenberger, Klaus (Hrsg.). Tübingen 1985.

Wilpert, Gero von: Sachwörterbuch der Literatur. Stuttgart [7]1989.

Doris Marquardt

Fabel und Parabel

Fabel und Parabel sind Formen gleichnishafter Rede. Die ihnen gemeinsame parabolische Struktur hat Anlaß dazu gegeben, Unterscheidungsversuche als verfehlt zurückzuweisen, denn es gebe „keinen Unterschied zwischen Fabel und Parabel, der als grundsätzlich und allgemeingültig gelten“ könne (Dithmar). Mit der Zusammenfassung von Fabel und Parabel zu einer Textart ist das Problem aber nicht gelöst. Es bleiben Fragen im definitorischen Bereich wie bei der Zuordnung von Texten.

Das Wort „Fabel“ geht auf das lateinische „fabula“ zurück, das mit „fari“ = „sprechen“, aber auch mit „fateri“ = „bekennen“ verwandt ist. Noch ganz unscharf, lediglich bezogen auf alles, was „bloß erfunden“ ist, ist deshalb die Bedeutung in der Antike. Über das altfranzösische „fable“ im Sinne von „Märchen, Erzählung, unwahre Geschichte“ gelangte das Wort zu Beginn des 13. Jahrhunderts ins Mittelhochdeutsche. Allmählich kristallisiert sich dann ein fester Begriff heraus. Seit dem 18. Jahrhundert wendet man das Wort „Fabel“ als Gattungsbezeichnung auf die Form einer Erzählung an, in der Tiere, Pflanzen oder Dinge eine führende Rolle spielen und in der eine bestimmte Lehre verdeutlicht werden soll. Erhalten hat sich daneben die Bedeutung von „Fabel“ zur Bezeichnung der Handlungsstruktur dramatischer und erzählerischer Werke.

Das Wort „Parabel" geht auf das Griechische zurück. Das griechische Wort „parabole" aus „ballein = werfen" und der Präposition „para = daneben, jenseits" wäre etwa mit „das eine für das andere setzen" zu übertragen. Es wurde zu einem Terminus der antiken Rhetorik und bedeutete dort eine Weise des Sprechens, die nicht im eigentlichen und wörtlichen Sinne verstanden werden soll, sondern in der Weise der Übertragung. Doch blieb auch dieser Begriff durchaus allgemein und konnte sich so mit der Bezeichnung „Fabel" überlagern; er steht „nicht nur für Gleichnis und Parabel, sondern für alle Arten bildlicher Rede und noch für einiges mehr" (Dithmar). Bei der Übersetzung des Alten Testaments ins Griechische wurde das hebräische Wort „maschal", das für gleichnishafte Erzählungen steht, durch „parabole" wiedergegeben. Der biblische Bezug von „Parabel" ist sowohl für die Renaissance der Parabel in der modernen Dichtung wie für die Parabelforschung von Bedeutung.

Bei dem Versuch, Fabel und Parabel aufeinander zuzudenken, wie es Dithmar am konsequentesten unternommen hat, ergeben sich widersprüchliche Zuordnungen. Bei Doderer, der der Parabel keinen eigenen Gattungsstatus zuerkennt, erhält die Fabel die dominierende Position, die als „sprachliche Konstruktionseinheit ... gleichsam ihr Gehäuse den parabolischen Belangen zur Verfügung stellt." Bei Brettschneider wird genau umgekehrt die Fabel zur Subkategorie allen parabolischen Erzählens. So kann er in seinem Aufriß zur „Geschichte der deutschen Parabel" von den bekannten Stationen der „Fabelgeschichte" bis hin zu Lessing ausgehen, um dann die Strukturmerkmale der modernen, d.h. der zeitgenössischen Parabel zu beschreiben. Der Unterschied zwischen den beiden Textarten wird aus dieser Blickrichtung zu dem zwischen „alter" Parabel – Fabel in der äsopischen Traditon, die eine geschlossene Form aufweist, und „neuer" Parabel, für die Offenheit zum konstitutiven Merkmal wird.

Will man gemeinsame Merkmale für Fabel und Parabel angeben, so müssen die folgenden Grundzüge beschrieben werden: Grundlegendes Merkmal ist das uneigentliche, gleichnishafte Sagen, d.h. das Gesagte ist nicht bereits das Gemeinte, sondern es muß auf ein Gemeintes bezogen werden. Da das Gesagte und auf eine Wirklichkeit hin Gesprochene im Bild erscheint, ist es üblich geworden, hinsichtlich der gleichnishaften Rede zwischen „Bildhälfte" und „Sachhälfte" oder „Bildhälfte" und „Sinnhälfte" zu unterscheiden. Der vergleichende Bezug auf das Gemeinte erfolgt über das tertium comparationis: Der Löwe z.B. (als Bild) in der Fabel ist auf die Herrschenden (in der Wirklichkeit) über den Vergleichsfaktor „Eigenschaft des Mächtigseins" beziehbar. Reduktion der Sprache, Aussparung und Verfremdung sind formale Grundzüge von Fabel und Parabel. Daraus wiederum ergibt sich zweierlei: die dialogisch-argumentative Struktur sowie das Phänomen der Distanzierung als Grundzug parabolischer Rede. Im Bild wird eine Sache fremd und gleichzeitig ein Ich auf der Suche nach einer Sache. Diese doppelte Relation, „daß man fremdes Verhalten distanziert beurteilen kann und es dann als das eigene erkennen muß" (Dithmar), macht im Kern das reflexive Moment der parabolischen Rede aus. Damit ist gesagt, daß sie prinzipiell auf Erkenntnisgewinnung aus ist und potentiell immer auch eine „pragmatisch-appellative Dimension" (Gebhardt) aufweist. Lehrhaftigkeit und didaktische Grundtendenz im weitesten Sinne sind konstitutiv für Fabel und Parabel. Sie haben „problematischen Charakter" (Dithmar) in der Weise, daß sie durch einen Vorwurf („Problem" = das Vorgelegte, das Vorgeworfene) provozieren und mit Problemen konfrontieren.

Themen und Aussagetendenzen von Fabel und Parabel – das ergibt sich aus den eben skizzierten Merkmalsbestimmungen – sind im Kern immer didaktisch. Das macht, wie Doderer es ausgedrückt hat, ihr „Fundament" aus. Von dieser Basis her müssen dann weitere Differenzierungen vorgenommen werden.

Das Problemfeld ist umfassend: „Bosheit und Anstand, Zufriedenheit und Unzufriedenheit, Anmaßung und Bescheidenheit, Gier und Beherrschung, Falschheit und Ehrlichkeit, Schläue und Dummheit, Prahlerei und Zurückhaltung, Stärke und Schwäche" (Doderer) erscheinen als Merkmale des Menschen in der fabulosen Verkleidung. Für jeden nur möglichen Konflikt, für jede Störung scheint es schon gemachte Erfahrungen zu geben. Ins Bild gesetzt und als Abstraktion von einem jeweiligen Fall werden sie vermittelt.

Ausgangspunkt der Fabel ist nach Doderer gewöhnlich eine Zwangslage. Daran könne dreierlei demonstriert werden: daß der entstandene Zustand eine berechtigte Folge falschen Verhaltens ist, wie sich die Figuren aus der gegebenen Zwangslage befreien, die Unabänderlichkeit und Ausweglosigkeit einer Situation. Da die Zwänge in den verschiedenen Situationen als Oppositionen erscheinen, kann die *Macht* als ein Hauptmotiv der Fabel identifiziert werden und als Pendant zugleich der *Protest* sowie der in ihm sich manifestierende Glaube an bessere Möglichkeiten und Veränderung. Wenn die Fabel primär die Bewältigung von Zwängen ins Bild setzt, können in ihr nicht Motive wie Demut, Mitgefühl, Gläubigkeit und Glück wirksam werden, sondern gefragt sind „Schläue, Listigkeit, Klugheit, Einsicht" (Doderer).

Die Geschichte von Fabel und Parabel, die man zumeist mit dem phrygischen Sklaven Äsop beginnen läßt, der seine Fabeln jeweils in einer konkreten Situation der Unterdrückung, des Protests usw. erzählt haben soll, ist gekennzeichnet durch sogenannte „Aktualisierungs- und Latenzphasen" (Doderer). Latenzphasen sind solche, in denen die Fabel ohne wesentliche Versuche, sie zu verändern beziehungsweise sie provokatorisch einzusetzen, tradiert wird. Dies war im Mittelalter, im Barock, im 19. und auch im beginnenden 20. Jahrhundert weitgehend der Fall. Zeiten jedoch, in denen der Fabel größere Beachtung in der Öffentlichkeit geschenkt wird und in denen sie literarische Bedeutung erlangt, entsprechen Zeiten gesellschaftlicher Umstrukturierung. So fallen die Reformation, die Bauernkriege, die Entwicklung des Bürgertums im 15. und 16. Jahrhundert mit der Aktualisierung der Fabel bei Luther, Burkard Waldis, Erasmus Alberus, Hans Sachs u. a. zusammen. Die Zeit der Aufklärung bildet den geistigen, politischen und sozialen Hintergrund der Blütezeit der Fabel im 18. Jahrhundert mit Lessing als dem herausragenden Theoretiker und Verfasser von Fabeln.

Latenz- und Aktualisierungstendenzen stellt Koch auch für die schon totgesagte

Fabel im 20. Jahrhundert fest. Die jüngste Aktualisierungsphase, für die Autoren wie Schnurre, Arntzen, Thurber stehen, zeigt formal wie thematisch aber eine deutliche Umorientierung gegenüber der traditionellen Fabel. Die thematische Neuorientierung weist, grob umrissen, in drei Richtungen: in die der Umkehr bzw. der Negierung der hergebrachten Fabellehre und -moral, sie zeigt sich als Entlarvung „typischer Schwächen der modernen Gesellschaft und des Menschen", sie ist drittens explizite „zeitkritische Dichtung" (Dithmar).

Wenn Koch die „Wirktendenzen der modernen Fabeldichtung" herauszuarbeiten versucht, hat sie dabei diese am Typus der äsopischen Fabel (Fabeldichtung in der Nachfolge des Äsop bis zur Gegenwart) orientierten Umstrukturierungen im Blick. Davon abgehoben werden müssen noch einmal die vielfältigen Erscheinungsformen der „modernen Parabel", wie sie z. B. Brettschneider beschreibt, „die religiöse und metaphysische Parabel" etwa bei Buber, Kafka und Broch, „die politische Parabel" bei Brecht, Kunert, Kunze, „die phänomenologische Parabel", die auf Existenzdeutung angelegt ist, bei Musil, Dürrenmatt, Strittmatter, Meckel u. a. In ihr komme eine neue Art dichterischen Sprechens zum Ausdruck, die in ihrem Ursprung eben eine sehr alte ist, die sich wie die biblische Gleichniserzählung wieder vor letzten Endes unauflösliche Fragen gestellt sieht und die versucht, „ihre Fragen zu Bildern und Erlebnissen zu verdichten und in der Erdichtung Antwort zu finden" (Brettschneider).

Der historische Aufriß zu Fabel und Parabel hat deutlich werden lassen, daß neben der Betonung der Einheit der parabolischen Rede die Unterscheidung zwischen „äsopischer Fabel" und „moderner Antiform" in der zeitgenössischen Fabeldichtung und „moderner Parabel" sinnvoll zu sein scheint. Das zeigt sich noch einmal bei der Beschreibung der formalen Struktur von Fabel und Parabel.

Der Typus „äsopische Fabel" ist zugleich episch und dramatisch, „das in eine Erzählung eingefügte Drama in knappster Form" (Dithmar). In ihrer von Lessing geforderten ökonomischen Form beschränkt die Fabel das dramatische Geschehen auf einen Dialog als einmalige Rede und Gegenrede oder auf eine einmalige Handlung und Gegenhandlung. Dieses Grundschema kann variiert werden. Es stellt sich insgesamt als vierteilige Abfolge dar, nämlich von: Situation – actio (Rede / Handlung) – reactio (Gegenrede / Gegenhandlung) – Ergebnis. Der straffen Bauform entspricht die „Welt der Fabelfiguren". Doderer beschreibt sie als „außengesteuerte Konturwesen" in einem „stilisierten Bühnenraum". Die Fabelfiguren, zumeist in der verfremdeten Tiergestalt, sind keine realen Wesen, sondern typisierte Kontrastbilder. Die Kontrastierung ist als Abbild von Problemkonstellationen und Konfliktsituationen zu begreifen.

Die formale Umstrukturierung der „modernen Fabel" zu einer thematischen Antiform erfolgt zumeist durch die Potenzierung der traditionellen Faktoren, d. h. durch weitere Straffung und Pointierung der Form. Der szenischen Verkürzung zur zweigliedrigen Dialogfabel, die damit zum Aphorismus tendiert, entsprechen die sprachlichen Reduktionen: Rede und Gegenrede in knappster Form, Aussparungen, Andeutungen und Anspielungen, ironische Mehrdeutigkeit und Verrätselungen.

Die „moderne Parabel“ ist aufbaumäßig kaum mit den beiden Fabelvarianten zu vergleichen. Sie bleibt nicht an die Dialogstrukturen gebunden. Das heißt, das epische Moment wird formbestimmend, die sprachliche Reduktion muß nicht dominieren. Das traditionelle Figurenarsenal tritt nicht in Erscheinung. Die Tendenz zur offenen Form führt dazu, daß sich das Verhältnis von „Bildseite“ und „Sinnseite“ prinzipiell verschiebt. „Die Möglichkeit, das auf der Bildebene Gesagte eindeutig auf die Sinnebene zu übertragen, ist nicht mehr gegeben.“ (Brettschneider)

In der neuen Fabelforschung (teilweise unter Einschluß der Parabel) lassen sich zwei Richtungen unterscheiden, phänomenologisch-strukturalistische Ansätze auf der einen Seite, literatursoziologisch orientierte Arbeiten auf der anderen. Die phänomenologische Forschung versucht die Vielfalt der Erscheinungsformen beschreibend zu erfassen und läßt dementsprechend verschiedene originäre Funktionsfelder und Wirkungsmöglichkeiten der Fabel gelten. Dauderer nennt drei Gruppen: die der „religiösen Belehrung“, die der „politisch-sozialen Kritik“ sowie die der „lebensphilosophischen und moralischen Einflußnahme“. Aus dieser Auffächerung ergibt sich, daß die didaktische Form der Fabel sowohl für Anpassung wie für Widerstand in Anspruch genommen werden kann. Im Unterschied dazu hebt die literatursoziologische Fabelforschung eindeutig die sozialkritische Funktion der parabolischen Rede hervor. Die Fabel habe ihren Ursprung in der Rhetorik, d. h. gleichnishafte Rede werde ihrem Wesen nach in eine konkrete Situation hinein gesprochen. Das mache ihren „Sitz im Leben“ aus sowie ihre prinzipiell auf Veränderung gerichtete Intention. Aus dem Veränderungsaspekt ergibt sich folgerichtig die politische Bedeutsamkeit der parabolischen Rede (Dithmar).

Die Didaktik der Fabel ist wegen ihrer lehrhaften Grundtendenz so alt wie ihre Geschichte. Die Entwicklung der letzten Jahre ist dadurch gekennzeichnet, daß die Fabel nach einer Phase der Abstinenz didaktisch wieder großes Interesse gefunden hat und daß sich dieses Interesse parallel zu den genannten Forschungsrichtungen artikuliert. Eine literarästhetische Fabeldidaktik zielt im Kern auf die genaue und eindringliche Interpretation der Texte und tendiert zu einer pluralistischen Betrachtungsweise, indem sie der Fabel eine Vielfalt von Funktionen zuschreibt. Eine literatursoziologische Fabeldidaktik konzentriert sich auf den sozialkritischen Aspekt und will die Fabel als „Sprachform des kritischen Denkens“ (Dithmar) in besonderer Weise in den Dienst eines kritischen, d. h. gesellschaftskritischen Lesens stellen. Sie tendiert zu einer monistischen Betrachtungsweise.

Gefragt ist, um die Einseitigkeiten dieser didaktischen Konzeptionen zu überwinden, ein integrativer Umgang mit den parabolischen Texten, so daß zugleich ihre intelligible Wirkfunktion und ihr literarischer Modellcharakter zum Tragen kommen. Parabolische Erzählformen sind auf Erkenntnisgewinn angelegt, sie stellen eine gedankliche Herausforderung dar und verlangen die Übertragung auf Entscheidungs- und Handlungsbereiche des Lesers. Zu Modellen „für die Aufbaugesetze einer fiktiven Welt“ (Koch) und damit des literarischen Verstehens machen sie ihr Gleichnischarakter und ihre Bildhaftigkeit, ihre Verfremdungen und die besonderen artifiziellen Bauformen.

Literatur

Brettschneider, Werner: Die moderne deutsche Parabel. Berlin [2]1980.

Dithmar, Reinhard: Fabeln, Parabeln und Gleichnisse. München 1970.

Dithmar, Reinhard: Die Fabel. Geschichte, Struktur, Didaktik. Paderborn [7]1988.

Doderer, Klaus: Fabeln, Formen, Figuren, Lehren. München 1977.

Elm, Theo: Die moderne Parabel. Parabel und Parabolik in Theorie und Geschichte. München [2]1991.

Leibfried, Erwin: Fabel. Stuttgart [4]1982.

Leibfried, Erwin: Fabel. Bamberg 1984.

Payrhuber, Franz-Josef: Wege zur Fabel. Freiburg 1978.

Poser, Therese (Hrsg.): Fabeln. Stuttgart 1975 (= Reclams Arbeitstexte für den Unterricht).

Poser, Therese (Hrsg.): Parabeln. Stuttgart 1978 (= Reclams Arbeitstexte für den Unterricht).

Schrader Monika: Epische Kurzformen. Theorie und Didaktik. Königstein/Taunus1980.

Ziesenis, Werner: Epische Kurzformen: Märchen und Sage, Fabel und Parabel. In: Taschenbuch des Deutschunterrichts, Bd. 2: Literaturdidaktik. Lange, Günter; Neumann, Karl; Ziesenis, Werner (Hrsg.). Baltmannsweiler [4]1990.

Werner Ziesenis

Fantasy

Fantasy – das dürfte inzwischen ein geläufiger Begriff sein. Es gibt Fantasy-Buchreihen, Fantasy-Filme, die Medien sprechen von Fantasy, Tolkien ist Fantasy, und Michael Endes Bücher werden als Fantasy bezeichnet. Aber mit dem Begriff verbinden sich unterschiedliche Vorstellungen, und die wissenschaftliche Diskussion verläuft kontrovers. Der Auffassung, jede Form von Literatur, die nicht realistisch ist, sei Fantasy, steht gegenüber, daß Fantasy als ein bestimmtes Literaturgenre zu betrachten sei. Außerdem überlagern sich die Begriffe Fantasy-Literatur und phantastische Literatur.

Die Herausbildung der Begriffe des Phantastischen und der Fantasy unterliegt verschiedenen literarischen Entwicklungslinien, die dann auch die unterschiedlichen Forschungsansätze bestimmt haben. Der Begriff des Phantastischen leitet sich über das Französische aus den „Phantasiestükken" E.T.A. Hoffmanns, für die der Übersetzer das Adjektiv „fantastique" prägte, da es ihm schien, „daß 'fantasie' zu hübsch klinge, um etwas so Düsteres zu bezeichnen" (Klingberg). Die Tradition der „contes fantastiques" in Frankreich ist darum auch die des Unheimlichen, das in die Realität einbricht, und der existentiellen Verunsicherung. Eine dem angloamerikanischen Sprachraum eigene literarische Tradition, die etwa in der Mitte des vorigen Jahrhunderts beginnt, hat demgegenüber die Bezeichnung „Fantasy" hervorgebracht. Solche Romane zeigen eine glückliche mittelalterliche Welt, die völlig fiktiv, aber zugleich eine wirkliche Welt mit den Hoffnungen, Ängsten und Sehnsüchten wirklicher Menschen ist.

Die Gattungstypologische Diskussion um „Fantasy" und „phantastische Literatur" ist vielfältig und verwirrend. Zur Orientierung können einige thesenartige Bestimmungen, zunächst zum Aspekt des Phantastischen, dienen:

1. Phantastische Literatur ist dadurch gekennzeichnet, „daß der Bereich der Empirie um den der Ahnung, daß der der Rationalität um den der Irrationalität, der der Immanenz um den der Transzendenz erweitert wird." (Hetmann in Anlehnung an Haas) Das bedeutet, konkreter ausgedrückt, als phantastische Literatur kann alle Literatur betrachtet werden, die andere Welten entwirft, in der Geschehnisse, Figuren oder Requisiten vorkommen, die „den gegebenen Gesetzlichkeiten unserer Welt entgegenstehen und so in unserer realen Welt nicht vorkommen können" (Müller).
2. Das Erscheinungsbild der phantastischen Literatur ist durch die grundlegenden Relationen zwischen wirklicher und überwirklicher Welt geprägt. Es gibt drei mögliche Varianten (vgl. Müller):

▷ Eine reale und eine phantastische Welt existieren nebeneinander. Bestimmte Umsteigepunkte ermöglichen es, aus der realen in die phantastische Welt zu gelangen und auch wieder aus ihr zurückzukehren. Ein Beispiel dafür ist „Die unendliche Geschichte" von Michael Ende.

▷ Die Geschichte ist in der realen Welt angesiedelt. In die Realität greift die Überwirklichkeit ein, oder es finden sich in der realen Welt Figuren, Begebenheiten, Requisiten, die außerhalb der für die reale Welt zutreffenden Gesetzmäßigkeiten stehen. Diesem Prinzip entspricht Endes „Momo".

▷ Die Geschichte spielt durchgängig in einer phantastischen Welt, die ihre eigene fiktive Wirklichkeit und Gesetzmäßigkeit hat. Das ist bei Tolkien der Fall, in „Der kleine Hobbit" ebenso wie in „Der Herr der Ringe".

3. Aus diesen Bestimmungen ergibt sich, daß die literarischen Gattungsbegriffe für eine Diskussion des Phantastischen ungeeignet sind. Die viel diskutierte Frage z.B., ob das Märchen oder die Science-fiction phantastisch sind oder nicht, ist falsch gestellt. Das Phantastische ist eine ästhetische Kategorie wie das Schöne, das Erhabene, das Häßliche. (Holländer) Seine literarische Ausformung findet es in den verschiedenen Textarten: im Märchen, in der Sage, in Utopie und Science-fiction, in der Fantasy.

Nun kann weitergefragt werden, was Fantasy im Kontext anderer Spielarten der literarischen Phantastik zu einer spezifischen Textart mit den ihr eigenen Aussagemöglichkeiten macht.

Wunderlich sieht in der Fantasy eine Ausformung der phantastischen Literatur, „in der die Freiheit der Einbildungskraft besonders einfallsreich und phantasievoll poetische Gestalt in Form und Inhalt angenommen hat", und fügt hinzu: „Gemeint sind damit jene Geschichten, die den Leser in eine magisch-geheimnisvolle Welt entführen, wo er märchenhafte Zauberlandschaften durchstreift und mythischen Gestalten und Fabelwesen begegnet. Er wird in imaginäre Zeiten versetzt, wo archaische Sozialordnungen und Urkulturen unberührt sind von moderner Wissenschaft und Technik oder neuzeitlichen Staats- und Gesellschaftsidealen".

Hetmann leitet aus unterschiedlichen Definitionsansätzen drei Thesen ab, die in seinen Augen die Textart definieren:

1. „In Fantasy-Literatur wird immer eine Anderswelt dargestellt." Das kann im Zwei-Ebenen-Modell geschehen oder in der ausschließlich phantastischen Fiktion.
2. „In einer Fantasy-Geschichte findet fast immer offen oder verdeckt eine sogenannte 'Queste' statt", die „abenteuerliche Suche" des Helden, die zugleich eine „Sinnsuche oder Suche nach Werten" bedeutet.
3. „Fantasy hat es häufig, wenn nicht immer, mit der Wiederbelebung, Variation oder Paraphrasierung alter mythischer Stoffe zu tun."

Hetmanns Thesen, die nicht absolut gemeint sind, sondern heuristischen Charakter haben, und Wunderlichs Umschreibung lassen die Nähe der Textart Fantasy zu anderen phantastischen Formen erkennen, es können daran aber auch signifikante Unterschiede abgelesen werden. In literarischer wie didaktischer Hinsicht sind beide Aspekte wichtig.

In seinem Buch über Tolkien verwendet Petzold gleichsam die Kategorie der Anderswelt, um Utopie, Science-fiction, Sagen, und Schauergeschichten gegen Fantasy abzugrenzen. In diesen Textarten würden die unglaublichen Ereignisse doch in unserer Welt angesiedelt. Tolkien dagegen präsentiere eine völlig eigenständige Welt. Das lasse es zu, seine Hauptwerke als Kunstmärchen zu klassifizieren. Da der Begriff Märchen aber schon besetzt sei, spreche man im angelsächsischen Raum von Fantasy. Dem entspricht, daß Tolkien selbst seine Ansichten über Fantasy in einem Aufsatz mit dem Titel „On Fairy Tales" (Über Märchen) darlegt. Fantasy in Tolkiens Sprachgebrauch ist die Fähigkeit, eigene Welten zu erfinden.

Das Märchenhaft-Wunderbare als Charakteristikum von Fantasy ist augenfällig, und wie der Held der Fantasy-Geschichte ist der des Märchens ein Suchender. Denkt man jedoch an das europäische Volksmärchen, wie Lüthi es beschrieben hat, werden die Abweichungen greifbar. Im Volksmärchen bilden Wunderwelt und reale Welt eine Einheit, das macht ihre Eindimensionalität aus. In der Fantasy dagegen begegnen sich reale und phantastische Welt auf zwei Ebenen, oder die Anderswelt tritt als im ganzen phantastischer Gegenentwurf der realen Welt gegenüber. Das Volksmärchen lebt von Typisierungen, die Fantasy von detaillierten Charakterisierungen. Das Volksmärchen ist eine epische Kurzform, die Kürze ist die Bedingung für seine typischen Strukturen. Die Fantasy-Geschichte ist auf strukturelle Länge angewiesen, nur so läßt sich der Gegenentwurf der Anderswelt entfalten.

Der Unterschied zwischen Science-fiction und Fantasy, die häufig im engen Zusammenhang oder wechselseitig in zeitlicher Abhängigkeit gesehen werden (die eine Textart habe sich aus der anderen entwikkelt oder umgekehrt), wird wohl an der Kategorie des Archaischen am deutlichsten. Während die Anderswelten der Fantasy sich als neue Mythen darstellen und so gesehen vergangenheitsbezogen sind, entwickelt die Science-fiction-Literatur im Kern naturwissenschaftlich-technische Prognostik und damit den Entwurf zukünftiger Welten. Aber Anderswelten, wenngleich nicht im Sinne Hetmanns, sind auch sie.

Mit der Utopie im ursprünglichen Sinn,

die das Bild eines idealen Staates, einer idealen Gesellschaft zeichnet, kann die Wunderwelt der Fantasy nichts gemein haben. Wenn sie aber, statt Fluchtwelten und sensationelles Abenteuer anzubieten, wie es in der massenhaft verbreiteten trivialen Fantasy-Literatur geschieht, wirkliche Gegenentwürfe liefert, wenn die Phantastik der Anderswelt herausfordert, in Frage stellt, durch ihre irreale Bildlichkeit neue Sichtweisen auf unsere reale Welt eröffnet, dann ist sie utopisch. Als Utopien in diesem Sinn können Michael Endes Fantasy-Romane verstanden werden.

Eine interessante Rolle spielt in diesem Zusammenhang die Sage. Auf die mythische Wirklichkeit der Heldensage greift die Fantasy-Literatur unmittelbar zurück. Die Volkssage dagegen scheint nach den Thesen Hetmanns sehr weit von Fantasy entfernt zu sein. Auf die dämonologische Sage treffen aber genau die Kriterien zu, die die umfangreiche französische Forschung als konstitutiv für phantastische Literatur herausgearbeitet hat.

So heißt es bei Caillois (in Phaicon 1): „Das Märchen ist ein Reich des Wunderbaren, das eine Zugabe zu unserer Alltagswelt ist." „Das Phantastische dagegen offenbart ein Ärgernis, einen Riß, einen befremdenden, fast unerträglichen Einbruch in die wirkliche Welt." „Während die Märchen im allgemeinen glücklich ausgehen, vollziehen phantastische Erzählungen sich in einem Klima des Grauens." „Zum Wesen der Phantastik gehört die Erscheinung", nämlich der Gespenster, Geister, Dämonen. Caillois' Theorie des Phantastischen ist an französischen und englischen Traditionslinien des 19. Jahrhunderts orientiert. Tolkiens Mythos der „Mittelerde" würde aus dieser Definition herausfallen, da er wie das Märchen auf einer Ebene angesiedelt ist und so das zentrale Kriterium des Risses in der Wirklichkeit nicht aufweist.

Die Textart Fantasy als eine der möglichen Ausformungen literarischer Phantastik versucht Wunderlich vor dem Hintergrund der literarischen Bereiche bzw. Traditionen zu erhellen, aus denen sie schöpft. Zunächst sei da die Erzähltradition des Mythos, die sich in Märchen und Sagen niedergeschlagen hat. Fantasy erfindet archaische Welten und beschwört das Numinose. „Der Anderswelt begegnen die Fantasyhelden so unerschrocken und selbstverständlich wie die Märchenhelden, oder so erschüttert und verängstigt wie die Sagenfiguren." In dem Roman „Drachenblut" z. B. von Byrol Preiss und J. Michael Reaves handelt die Hauptfigur wie ein Märchenheld, Alan Garners Roman „Der Mond von Gomrath" dagegen bedient sich sagenhafter Elemente.

Die zweite Spur der Fantasyliteratur führe geradewegs ins Mittelalter. Mittelalterliche Heldenlieder dienen als Vorlage für phantastische Neuerzählungen, z. B. die irische Dreidresage, vor allem aber immer wieder die Artusepen. Die Handlungsstruktur der Abenteuerfahrt, die Queste, wird übernommen, die Sinnsuche durchzieht als roter Handlungsfaden die Romane. Zu nennen sind z. B. Mary Stewards „Flammender Kristall" und „Merlins Abschied", Vera Chapmans „König Artus' Tochter", Marion Zimmer Bradleys „Die Nebel von Avalon" und viele andere mehr.

Die dritte literarische Wurzel von Fantasy sei die phantastische Literatur in Gestalt der Geister- und Horrorgeschichten. Im deutschen Sprachraum geht diese literarische Entwicklung auf Tieck und E. T. A. Hoffmann zurück und hat eine Tradition, die sich bis zu Gustav Meyrink oder Franz Kafka verfolgen läßt. In der angloamerikanischen Literatur sind es die viktorianischen Gespenstergeschichten und Schauerromane (die gothic novels) und die phantastischen Erzählungen Edgar Allan Poes. Auch Lewis Carrols „Alice im Wunderland" und Bram Stokers „Dracula" ordnet Wunderlich hier ein.

Alle diese literarischen Strömungen fließen in jener Fantasy zusammen, die inzwischen zur klassischen Literatur des Genres avanciert ist: bei C. S. Lewis, J. R. R. Tolkien, Ursula Le Guin und anderen.

Eine Didaktik der Fantasy-Literatur wäre erst noch zu entwickeln. Andererseits könnte sie unmittelbar an die didaktischen Arbeiten zur phantastischen Kindergeschichte anschließen (vgl. dazu den Textartenartikel „Phantastische Kinder- und Jugendliteratur"). Der Rahmen, den sie abstecken müßte, reicht von den massenhaft verbreiteten Trivialformen der Fantasy-Literatur über Fantasy als Kinder- und Jugendliteratur bis zur sogenannten High-Fantasy.

Richtungsweisend für eine Didaktik der Fantasy können die Thesen sein, die Haas aus der Erörterung der Struktur und Funktion phantastischer Literatur, unabhängig von ihrer textartenspezifischen Ausformung, ableitet. Er stellt u. a. fest:

- Phantastische Literatur dient der Schaffung und Erhaltung eines Freiraums und Spielraums für das Nutzlose und Zweckfreie.
- Phantastische Literatur kann als Ersatz für verweigerte Realität dienen. Dann nämlich, wenn das monotone, enttäuschende, farblose Dasein mit dem Unerwarteten, Neuen und auch Unzulässigen in Berührung kommt.
- Phantastische Literatur ist in der Lage, eine Erweiterung des Wirklichkeitsverständnisses durch Entwurf einer nicht real einlösbaren, d. h. surrealen Gegenwirklichkeit zu bewirken.
- Phantastische Literatur kann die nicht-nur-rationalen Erfahrungen von dem, was der Mensch ist bzw. was die nicht nur materiell verstandene Wirklichkeit ist, aktivieren.
- Phantastische Literatur stellt eine Möglichkeit der Befreiung von den Zwängen eines in Rationalität erstarrten Bewußtseins dar. In diesem Sinn ist sie Protest und Hilfe bei der Auffindung von Alternativen.
- Phantastische Literatur als Ausdruck instrumental-sozialer Phantasie kann konkrete und direkte Anstöße zur Wirklichkeitsveränderung liefern.

Haas leitet die Funktion des Phantastischen wesentlich aus einer erkenntnistheoretischen Unterscheidung des Gegensatzes von „realistisch" und „phantastisch" ab. Denn „es gibt in der Geschichte des menschlichen Geistes zwei grundsätzlich verschiedene Weisen, zur Erkenntnis zu kommen: über das rational logische Schlußverfahren und über das intuitive komplexe Bild." Das Denken in erzählten Bildern verbindet Nichtzusammengehöriges und versucht durch die komplexe Bildhaftigkeit, durch die Vieldeutigkeit der Symbole, durch Verschlüsselung und surreale Verfremdung die Welt des Möglichen gegenüber dem nur Realen auszuloten.

Eine Didaktik der Fantasy müßte auf die spezifische „Ikonographie" (Holländer) der Textart gerichtet sein, Fantasy aber zugleich im Kontext anderer Spielarten der literarischen Phantastik sehen.

Literatur

Görden, Michael (Hrsg.): Das große Buch der Fantasy. Bergisch Gladbach 1982.

Haas, Gerhard: Struktur und Funktion der phantastischen Literatur. Wirkendes Wort (1978), H. 5.

Haas, Gerhard: Phantastische Literatur als Herausforderung. Praxis Deutsch (1982), H. 54.

Hetmann, Frederik: Die Freuden der Fantasy. Von Tolkien bis Ende. Frankfurt, Berlin, Wien 1984.

Holländer, Hans: Das Bild in der Theorie des Phantastischen. In: Phantastik in Literatur und Kunst. Darmstadt 1980.

Klingberg, Göte: Die phantastische Kinder- und Jugenderzählung. In: Kinder- und Jugendliteratur. Zur Typologie und Funktion einer literarischen Gattung. Haas, Gerhard (Hrsg.). Stuttgart 1974.

Müller, Helmut: Phantastische Erzählung. In: Lexikon der Kinder- und Jugendliteratur, Bd. 3. Doderer, Klaus (Hrsg.). Weinheim, Basel 1979.

Pesch, Helmut W.: Fantasy. Theorie und Geschichte einer literarischen Gattung. Passau 1984.

Petzold, Dieter: J..R.R. Tolkien. Fantasy Literature als Wunscherfüllung und Weltdeutung. Heidelberg 1980.

Thomson, Christian W.; Fischer, Jens Malte (Hrsg.): Phantastik in Literatur und Kunst. Darmstadt 1980.

Wunderlich, Werner: Mythen, Märchen und Magie. Ein Streifzug durch die Welt der Fantasyliteratur. Wirkendes Wort (1986), H. 1.

Zondergeld, Rein A. (Hrsg.): Phaicon 1, 2, 3. Almanach der phantastischen Literatur. Frankfurt 1974, 1975, 1978.

Werner Ziesenis

Feuilletontexte

Die Bezeichnung *Feuilleton* umgreift zwei unterschiedliche, aber benachbarte literarische Erscheinungsformen. Sie meint einmal eine „redaktionelle Sparte bei Zeitungen und Zeitschriften. Beim Hör- bzw. Sehfunk entspricht die Hauptabteilung ‘Kultur’ dem Zeitungsfeuilleton“ (dtv Wörterbuch zur Publizistik). Mit Feuilleton werden aber auch einzelne Beiträge in dieser Sparte bezeichnet.

Zur redaktionellen Sparte: Fast jede Zeitung gibt einen Feuilletonteil heraus. Er enthält Beiträge von allgemeinem Interesse zu allen Kulturbereichen, je nach Anspruch der Zeitung und ihrer Leser, auf deren Bedürfnisse das Feuilleton abgestimmt ist. So bezieht es sich einmal mehr auf regionale Ereignisse, ein andermal greift es weiter aus, bringt Beiträge überregionaler Art, häufig auch über weltweit wichtige Themen. Immer ist diese Sparte deutlich von den Nachrichten anderer Art abgesetzt, so daß der Leser sich in seiner Zeitung schnell orientieren kann. Das erinnert entfernt noch an die historische Entstehung, wo solche Beiträge „unter dem Strich“, als Zusatzangebote, erschienen.

Der Bestand des Feuilletons umfaßt Rezensionen (Bücher, Theater, Film, manchmal auch Fernsehen und Hörspiel), Berichte über Ereignisse der bildenden Kunst, Architektur, Archäologie, Musik, in zunehmendem Maße werden auch Themen der Ökologie und der Denkmalspflege behandelt, so daß das Feuilleton ein lebendiger Spiegel der kulturellen Interessen ist.

Häufig ist das Feuilleton, für das spezielle Redaktionen mit eigenen, fachlich vorgebildeten Mitarbeitern tätig sind, freier und unabhängiger, als das offizielle politische Programm der entsprechenden Zeitung vermuten läßt. Das hängt sicher mit dem Charakter dieser Sparte zusammen, die vom kritischen Sinn ihrer Mitarbeiter, von ihrem Anspruch auf subjektiv-interpretierende Aussagen, von ihren individuellen, wenn auch nicht unbegründeten Vorlieben und Abneigungen lebt. Unter ihnen finden sich auch viele freie Mitarbeiter, die dem Corpsgeist einer bestimmten Zeitung noch weniger ausgesetzt sind.

Historisch entwickelte sich die Sparte des Feuilletons in den „Moralischen Wochenschriften" des 18. Jahrhunderts durch Aufnahme der Buchkritik und der Nachrichten aus der „gelehrten Republik". Eine Reihe berühmter Namen kennzeichnet den Weg des Feuilletons (u.a. Möser, Lichtenberg, Claudius) bis heute.

Zur journalistischen Stilform: In einschlägigen Lexikonartikeln wird in diesem Zusammenhang auf die locker plaudernde Schreibweise der Feuilletonisten hingewiesen, die die „Kleinigkeiten des Lebens" zum Ausgangspunkt nehmen und ihnen eine „menschlich bewegende Seite" abzugewinnen versuchen (Das Fischer Lexikon Publizistik). Das trifft aber nur für einen Teil des Feuilletons zu, und nicht zuletzt haben die weniger gelungenen und nur harmlosen unter ihnen die Textart insgesamt in den Verdacht gebracht, belanglos zu sein. So ist es aus der Sicht seriöser Beurteiler zur Abwertung des Begriffs vor allem im adjektivischen Gebrauch („feuilletonistisch") gekommen.

Dabei umfaßt das Feuilleton, wie alle anderen Textarten auch, die ganze Bandbreite von anspruchsvollen bis hin zu dürftigen Beispielen. In seinen ernst zu nehmenden Erscheinungen beweist es, bei aller Bemühung um Zugänglichkeit in der Darstellung, Beobachtungsgabe, ernsthafte Auseinandersetzung mit dem Gegenstand, Argumentationsfähigkeit, Mut zur eigenen Meinung, Spontaneität und Witz. In diesem Sinn ist das Feuilleton eine Instanz kritischer Ermittlung kultureller Ereignisse und ihrer Vermittlung an die Öffentlichkeit.

Obgleich es als journalistische Form den Tagesereignissen verhaftet ist, gibt es nicht wenige Beispiele überzeitlicher Dauer. Das trifft vor allem dann zu, wenn der Autor auch sonst in der Literatur eine Rolle spielt; viele bedeutende Schriftsteller haben für das Zeitungsfeuilleton gearbeitet. Der Wert eines Feuilletontextes kann auch darin begründet sein, daß die literarische Qualität seiner Behandlung ihn aus der Verbrauchsliteratur heraushebt (z.B. Sammelbände bekannter Feuilletonisten).

Nach allgemein gültigen Stilmerkmalen zu fahnden wäre bei dieser freien Textart verfehlt, zu sehr hängt alles von Gegenstand, Mitteilungsabsicht, Adressatenkreis und Persönlichkeit des Autors ab. Eher lassen sich Grundbedingungen auf der Seite der Autoren benennen: Neugier, Wachheit der Beobachtung, Erlebnisfähigkeit, Urteilsvermögen und kritischer Sinn, Verantwortungsbewußtsein und Respekt gegenüber dem Leser, lebendige Darstellung, Verständlichkeit auch in der Erörterung komplizierter Zusammenhänge. Ist der Schreiber obendrein mit Humor, Witz, Ironie begabt, wird der Leser außer Unterrichtung auch noch Unterhaltung finden.

Der unverwechselbare Ton eines Feuilletons, an dem der Leser den Autor erkennt, noch bevor er dessen Namen gelesen hat, kann ein Qualitätsmerkmal guter feuilletonistischer Arbeit sein. Fühlt der Leser sich ernst genommen, umfassend informiert, zum Mitdenken angeregt, u. U. beraten oder auch zur Kritik herausgefordert, vielleicht durch Anmut der Darstellung ästhetisch befriedigt, so kann es wie beim Umgang z. B. mit erzählender Literatur zur Begegnung mit einem medialen Gesprächspartner kommen.

Daß das Feuilleton im Literaturunterricht auftritt, beruht auf der Absicht, Schüler in ihrer Schulzeit auf eine täglich verfügbare Sparte der Information über kulturelle Ereignisse und, wenn es gut geht, auch auf eine Quelle der Unterhaltung hinzuweisen.

Beim Feuilleton geht es häufig um die Literatur, für die bisher der Deutschunterricht sich verantwortlich fühlte. Sollten seine Bemühungen einigen Erfolg gehabt haben, so übernehmen andere Mentoren im Erwachsenenleben die Führung. Eine solche Rolle – und das ohne jede Nötigung! – kann auch das Feuilleton spielen, wobei hier an Druck- und Funkmedien gleichermaßen zu denken ist.

Bei der Beschäftigung mit der Textart (und der Sparte) sollten den Schülern folgende Einsichten vermittelt werden:

- ▷ Überblick über die vielfältigen Themen, Gegenstände, Berichtformen (Rezension, Glosse, Feuilletontext usw.),
- ▷ Möglichkeiten der Nutzung zur Information, Belehrung, Urteilsbildung, Unterhaltung,
- ▷ Anregung zu Lektüre, Film-, Theater-, Museums-, Ausstellungsbesuch usw.,
- ▷ kritische Teilnahme am kulturellen Leben.

Dazu bedarf es aber eines größeren Angebots an Texten und Beispielen. Deshalb sollten die Feuilletonbeiträge der örtlichen Zeitungen genutzt werden, was den Vorteil hat, daß sie die Schüler wahrscheinlich unmittelbarer betreffen. Doch wäre auch der Vergleich mit anderen, auch überregionalen Zeitungen wichtig, um Vergleichsmöglichkeit und Unterscheidungsfähigkeit zu gewinnen. Über die Arbeit am Einzeltext läßt sich nur von Fall zu Fall, konkret, entscheiden.

Besonders aufschlußreich wäre es natürlich, wenn die Schüler das Feuilleton zu Ereignissen in Verbindung bringen könnten, die sie aus eigener Anschauung kennen (Buch, Film, Theater u. a.), und dazu womöglich unterschiedliche Veröffentlichungen vergleichen könnten.

Der Versuch, selbst etwas Feuilletonähnliches zu schreiben, kann, bei richtiger Wahl des Gegenstandes, nützlich, vielleicht sogar lustbetont sein, da der Altersstufe in ihrem kritischen Bedürfnis eine zugespitzte Darstellungsweise naheliegt.

Literatur

Kayser, Wolfgang (Hrsg): Kleines literarisches Lexikon. Bern [2]1953.

R

Koszyk, Kurt; Pruys, Karl Hugo (Hrsg.): dtv Wörterbuch zur Publizistik. München [2]1970.

Noelle-Neumann, Elisabeth; Schulz, Winfried; Wilke, Jürgen (Hrsg): Fischer Lexikon Publizistik / Massenkommunikation. Frankfurt am Main 1989.

Wilpert, Gero von: Sachwörterbuch der Literatur. Stuttgart [7]1989.

Doris Marquardt

Gedankenlyrik

Gedankenlyrik bezeichnet Gedichte vorwiegend philosophischen oder religiösen Gehalts, die einen Gedanken, eine Idee unmittelbar als Erlebnis gestalten, ohne dabei diese Idee über ein Symbol zu vermitteln. Anders als das lyrische Gedicht in seinen verschiedenen Ausformungen (Liebeslyrik, Landschaftslyrik, Naturlyrik usw.) gestaltet die Gedankenlyrik weltanschaulich-gedankliche Inhalte in einer direkten sprachlichen Form, wobei innere, emotionale Beteiligung des Dichters durchaus zum Ausdruck kommen kann. Hier liegen die Unterschiede der Gedankenlyrik zur mehr nüchtern darstellenden und objektivierenden Lehrdichtung. Häufig beschäftigt sich Gedankenlyrik mit gegensätzlichen Ideen oder Idealen, so etwa im 17. Jahrhundert mit der Gegenüberstellung von barocker Lebenslust und Diesseitsbejahung und dem vanitas-Gedanken in einer vergänglichen, sündhaften Welt. Bevorzugte Formen der barocken Gedankenlyrik sind das Epigramm und das Sonett. In der Aufklärung tritt das didaktische Moment mehr in den Vordergrund; Themenkreise sind die Natur, Preis der Schöpfung und damit Rechtfertigung Gottes (Theodizee). Hier ist vor allem Albrecht von Haller mit seinen Gedichten „Über den Ursprung des Übels" und „Die Alpen" zu nennen.

Mit dem Lob Gottes aus seiner Schöpfung bietet G. H. Brockes in seinen Gedichten „Irdisches Vergnügen in Gott" ein heiteres und sich selbst genügendes Ideal der Naturbetrachtung, das aus dem Gegenstand heraus Reflexionen entwickelt.

Die volle Ausprägung und den Höhepunkt der Gedankenlyrik finden wir bei Friedrich Schiller. In seinen „philosophischen" Gedichten „An die Freude", „Worte des Glaubens", „Das Ideal und das Leben" werden Ideen Kants und Shaftesburys reflektiert und in einer ästhetisch anspruchsvollen Form präsentiert. Später nimmt Nietzsche die Gedankenlyrik erneut auf. Insgesamt ist in der modernen Lyrik eine Hinwendung zum Gedanklichen zu verzeichnen.

Für Schiller ist Schönheit kaum je allein physische Schönheit als vielmehr Ideal und Gedanke, der zur Vervollkommnung auffordert. Daneben entwirft er in seinem Gedicht „Die Glocke" ein bürgerliches Genrebild, eine lyrische Spiegelung des menschlichen Lebens und zugleich einen Hymnus auf die Schöpfungen der menschlichen Kultur. In „Der Spaziergang" umreißt er ein weites Panorama der den Menschen umgebenden Natur. Bei aller gedanklichen Dichte und Einfachheit des Ausdrucks gerät Schiller doch niemals in die Gefahr der Abstraktion. Ähnlich wie seine Dramen in ihrer einfachen prägnanten Sprache Sentenzen von allgemeiner Gültigkeit hervorbringen, die zu „geflügelten Worten“ geworden sind (etwa: „Der Starke ist am mächtigsten allein“, aus „Wilhelm Tell“), ist auch die Sprache seiner Gedankenlyrik voller treffender volkstümlicher Bilder, bildhafter Ausdrücke und Redewendungen („Doch mit des Geschickes Mächten / Ist kein ewger Bund zu flechten“, aus „Die Glocke“). Gerade dies macht den didaktischen Wert von Schillers Gedankenlyrik aus und gibt ihr eine überzeitliche Wirkung. Vom konkreten Bild führt der Dichter zum Gedanken und zur Idee hin. Dadurch ist die Gedankenlyrik im Unterricht weniger problematisch als eine metaphernreiche, esoterische und symbolisch verschlüsselte Lyrik, wie sie Hugo Friedrich in seinem Buch „Die Struktur der modernen Lyrik“ für die Moderne beschrieb. In der sogenannten „Postmoderne“ etwa seit 1970 finden wir wieder das Bedürfnis nach Direktheit, Einfachheit, nach genauer Beschreibung der jeweiligen „Szene“. Im Gegensatz zu Schillers „großen“ Gedanken vermittelt die Lyrik der Gegenwart alltägliche „kleine“ Gedanken und eine jeweils individuelle Problematik, eine „neue Subjektivität“.

In der neueren Diskussion wird der Begriff Gedankenlyrik eher kritisch gesehen. Während einige Theoretiker die Gedankenlyrik als höchste Form der Lyrik ansehen, halten andere, etwa Todorow, sie für eine restaurative, reaktionäre Gattung, die, wie die Entstehung des Begriffs im 19. Jahrhundert zeige, durch Konservativismus und Irrationalismus geprägt sei. Bernhard Asmuth kritisiert vor allem die Unschärfe des Begriffs und seine Vorbelastung durch die historische Entwicklung, die primär an Klopstocks und Schillers „große Gedanken“ denken läßt und damit, vor allem im schulischen Bereich, den Zugang von vornherein erschwert. Er schlägt daher vor, „Gedankenlyrik“ als einen „tendenziell zu engen bzw. irreführenden Fachbegriff aufzugeben und statt dessen von ‘gedanklichen Gedichten’ zu sprechen“. Er will damit alle gedanklichen Texte in „Gedichtform“ umfaßt sehen, ohne sie in irgendeiner Weise inhaltlich näher zu bestimmen.

Neben der auf Erkenntnis gerichteten Reflexion erwartet er von der gedanklichen Lyrik auch auf Wirkung abzielende Argumentation; neben den, wie wir bei Schiller sehen, generellen Aussagen von normativer Gültigkeit in der Form von Sentenzen will er auch den gedanklichen Diskurs, „Bekundungen des subjektiven Problembewußtseins“ in diese Textart einbeziehen. Damit öffnet er diesen Begriff und erweitert ihn in dem Sinne, daß man eher von einer inneren Haltung dieser Lyrik als von einer festumrissenen Gattung sprechen kann, einer Lyrik, die nicht inhaltlich bestimmt ist und deren äußere Form sich mit den Epochen wandelt.

Die Beschäftigung mit „gedanklicher Lyrik“ im Unterricht der Sekundarstufe I und II läßt sich didaktisch vor allem vom Thema her bzw. in Zusammenhang mit Problembereichen (Natur, Recht, Krieg, Tod) begründen. Historisch gesehen ist etwa Gryphius’ Gedicht über die „Vergänglichkeit“ ein hervorragendes Beispiel gedanklicher Lyrik, das den vanitas-Gedanken auf eine überindividuelle Ebene hebt und in der Verbindung von konkreter Bildlichkeit und Gedanklichkeit den Schülern zweifellos den Zugang erleichtert. Die Frage nach der „Eitelkeit alles Irdischen“ (Gryphius) und der Vergänglichkeit des Menschen, ist eine Frage von grundsätzlicher Bedeutung, die sich irgendwann jedem denkenden Menschen stellt. Es ist zweifellos ein Thema, das auch Schüler zur Reflexion über ihre eigene Beziehung zum Tod veranlassen kann. Das gedankliche Gedicht ermöglicht hier einen Zugang, der persönliche Betroffenheit und Emotionalität auf eine Reflexionsebene hebt, die zu allgemeingültigen Aussagen führen kann.

Bei allen diesen gedanklichen Gedichten ergibt sich aus der Gegenüberstellung von poetischem Text und Wirklichkeitserfahrung eine Spannung, die Anstoß ist für persönliche Betroffenheit des Lesers und zur Reflexion führt. Gerade wenn es sich nicht um „eingängige“ Formulierungen handelt, erhöht sich diese Spannung, ohne daß sie den Zugang verstellt; denn durch das konkrete Bild vermag der Jugendliche den Transfer vom Persönlichen zum Allgemeinen und von der subjektiven Emotion zur objektiven Gedanklichkeit zu leisten. Daß dies durchaus auch Selbstreflexion und damit zugleich einen Beitrag zur eigenen Identitätsfindung beinhalten kann, ist zweifellos ein didaktisch fruchtbarer Aspekt.

Die verschiedenen Gedichte erfordern jeweils verschiedene Zugänge, da ihre gedankliche Struktur unterschiedlich aufgebaut ist. Erzählende und beschreibende Passagen sind von rein gedanklichen abzusetzen, Bildlichkeit und transzendente Bezüge herauszuarbeiten, und natürlich ist die Gedankenfolge nach ihrer Logik, Wertigkeit und Gewichtigkeit zu analysieren. Auch die sprachlichen Mittel sowie die dichterischen Formen (Sonett, Ode, Epigramm) sollten besprochen werden, vor allem aber die Frage, aus welchem Lebenszusammenhang heraus der Dichter seine Gedanken entwickelt und in welchem Maße sie Allgemeingültigkeit beanspruchen können oder inwieweit sie seine subjektiven Empfindungen wiedergeben.

Literatur

Albertsen, Leif Ludwig: Das Lehrgedicht. Aarhus 1967.

Asmuth, Bernhard: Das gedankliche Gedicht. In: Neun Kapitel Lyrik. Köpf, Gerhard (Hrsg). Paderborn 1984.

Cysarz, Herbert: Gedankenlyrik. In: Reallexikon der deutschen Literaturgeschichte. Kohlschmidt, Werner; Mohr, Wolfgang (Hrsg.). Berlin, New York ²1958 ff.

Todorow, Almut: Gedankenlyrik. Die Entstehung eines Gattungsbegriffs im 19. Jahrhundert. Stuttgart 1980.

Leander Petzoldt

Heldensage

Mehr als die mündlich überlieferte Volkssage ist die Heldensage mit historischen Gestalten und Vorgängen verknüpft. Inhaltlich ist sie im wesentlichen auf elementare menschliche Konfliktsituationen beschränkt: Kampf, Verrat, Rache, Vertragstreue, Ehrverletzung, Brudermord und ähnliche Konstellationen, in denen sich ein Einzelner oder eine herausgehobene (aristokratische) Gruppe bewähren und entscheiden muß. Man spricht daher vom heroischen Zeitalter bzw. der Heldenzeit eines Volkes. Heldensagen sind, was sowohl ihre Themen als auch das durch sie vermittelte Menschenbild betrifft, von „internationalem" Zuschnitt. Dies hängt mit der Zeit ihrer Entstehung zusammen.

Die germanischen Heldensagen schildern, poetisch stilisiert, Vorgänge aus der Völkerwanderungszeit, also aus dem Zeitraum zwischen dem 4. und 6. Jahrhundert n. Chr. Der geschichtliche Zusammenhang besteht oft nur noch im Bericht über eine Heerfahrt, eine gewonnene Schlacht oder in den Namen der Helden (Theoderich von Verona = Dietrich von Bern), im übrigen verfügt die Heldensage sehr frei über Zeit und Raum und über die Beziehungen der Helden zueinander. Aus der zeitlichen Entfernung konzentrieren sich alle Helden und ihre Taten auf eine Heldengeneration und die heroischen zwei Jahrhunderte der Völkerwanderungszeit, auch wenn die einzelnen Helden verschiedenen Generationen angehören.

Die Heldensage ist die einzige gesamtgermanische Dichtungsgattung; dies ist durch die Zeit ihrer Entstehung bedingt, in der die einzelnen germanischen Sprachen sich noch nicht verselbständigt haben und im wesentlichen aus leichter untereinander verstehbaren Dialekten bestanden.

Sagenstoffe, die aus späterer Zeit stammen, etwa die Sage von „Herzog Ernst", von „Tannhäuser" oder dem „Rodensteiner", bezeichnen wir als „Historische Sagen". Diese werden in Ausgaben für die Jugend oft mit den Heldensagen vermischt, was vom didaktischen Standpunkt unerheblich erscheint. Von den „Historischen Sagen" werden wiederum die „Volkssagen" (auch dämonologische oder mythische Sagen) unterschieden.

Während die Heldensage sich in „europäischen Dimensionen" bewegt, auf bestimmte Themenbereiche, ein bestimmtes Ethos und einen relativ engen historischen Zeitraum festgelegt ist, weist die Historische Sage wie auch die Volkssage meist einen engen lokalen Bezug auf und ist im wesentlichen auf eine Episode und auf die Auseinandersetzung eines Menschen mit dem Außerordentlichen (Numinosen, Dämonischen) beschränkt.

Eine Sonderform bilden die isländischen „Sagas", die von der vorzeitlichen Besiedlung Islands berichten, im wesentlichen schriftlich fixiert wurden (Edda) und von den Taten und Untaten einzelner Siedlerfamilien erzählen.

Auch die antiken Heldensagen konzentrieren sich auf einen bestimmten historischen Zeitraum, die griechischen etwa auf die Kämpfe um Theben und die Eroberung Trojas. Die griechischen Helden werden zu Halbgöttern, und so läßt sich mit einer gewissen Berechtigung sagen, daß Heldensagen und Märchen eine gemeinsame mythische Wurzel besitzen.

Heldensagen wurden in den Anfängen mündlich überliefert, und zwar in der Form erzählender Lieder (Heldenlied, -epos), wie sich dies etwa im „Hildebrandslied" zeigt. Sie wurden jedoch schon früh auch schriftlich fixiert und zu Erzählzyklen (Sagenkreisen) zusammengeschlossen wie das Nibelungenlied, das die Siegfriedsage mit den Sagenkreisen um Dietrich von Bern, Attila und die Burgunden verbindet. Unter dem Einfluß des Christentums wurden die germanischen Volkshelden teils diabolisiert (Theoderich u. Dietrich) oder christianisiert und zu christlichen Kämpfern gegen Ungeheuer und Dämonen stilisiert. Mit der epischen Ausgestaltung gelangten auch Motive des Volksglaubens (Verständnis der Tierstimmen, Zauberschwert, Tarnkappe, Schlafdorn) in die Heldensage. Unsere Kenntnis der germanischen Heldensage (von der nordischen Überlieferung abgesehen) ist im wesentlichen den Heldenepen der mittelhochdeutschen Dichter und ihrer Entdeckung durch die Romantiker zu verdanken.

Was die Heldensagen auch für jugendliche Leser attraktiv macht, ist wohl neben dem Handlungsreichtum die „Vorbildhaftigkeit" des Helden, sind die heldischen Taten und vor allem wohl das dem jugendlichen Gefühl in dieser Entwicklungsphase nahestehende Ausschließlichkeitsdenken, das im Konflikt nur *eine* Entscheidung und nicht den Kompromiß kennt. Das weist zugleich auch auf die Gefahr hin, die die Rezeption der Heldensagen im Unterricht bietet. Sie soll weder zur „Heldenverehrung" noch, wie in vergangenen Epochen, zum Nationalismus (Chauvinismus) führen. Die Orientierung der Helden der Frühzeit an Werten und Normen einer vergangenen aristokratisch / feudalistischen Kriegerwelt, das gänzliche Fehlen einer ethischen und moralischen Bewertung ihres Verhaltens bzw. die Stellung der Helden oberhalb (d.h. außerhalb) aller sozialen und menschlichen Normen und Verhaltensregeln, die ihnen in verschiedenen Situationen durchaus widersprüchliche Haltungen einzunehmen erlaubt, muß als archaisch und in unserer Zeit nicht mehr nachvollziehbar relativiert werden. Auch ihre ideologische Funktion, nämlich Einstimmung in heldische und kämpferische, letztlich menschenverachtende Haltungen, die unter einem „schicksalhaften Gesetz" stehen, die im Dritten Reich bewußt zu diesem Zweck eingesetzt wurden, sollte den Schülern sichtbar gemacht werden.

Literatur

Betz, Werner: Die deutsche Heldensage. In: Deutsche Philologie im Aufriß, Bd. III. Berlin 1969.

Brackert, Helmut: Heldische Treue, heldische Tapferkeit, heldisches Schicksal. In: Mittelalterliche Texte im Unterricht. München 1973.

Hauck, Karl (Hrsg): Zur germanisch-deutschen Heldensage. 16 Aufsätze zum neuen Forschungsstand. Darmstadt 1965.

Petzoldt, Leander: Historische Sagen. Bd. 1 München 1976; Bd. 2 München 1977.

Psaar, Werner; Klein, Manfred: Sage und Sachbuch. Paderborn 1980.

See, Klaus von: Germanische Heldensage. Stoffe, Probleme, Methoden. Frankfurt am Main 1971.

Uecker, Heike: Germanische Heldensage. Stuttgart 1972.

Leander Petzoldt

Historische Erzählung

Die „Historische Erzählung“ kann als Ausschnitt aus dem „historischen Roman“ oder als selbständige Textart kleineren Umfangs verstanden werden, von der sich die „historische Novelle“ durch die geschlossene und straffere Bauform unterscheidet. Sie konzentriert sich auf einzelne historische Persönlichkeiten, Ereignisse oder die kulturhistorische Darstellung bestimmter geschichtlicher Epochen. Die historische Überlieferung bildet den Hintergrund für eine fiktive Handlung, die nicht unbedingt zu den historischen Tatsachen parallel verlaufen muß, deren „Wahrheit“ aber in einem höheren Sinn begründet sein muß, etwa im Sinn eines „so könnte es gewesen sein“.

Thematisch bezieht die Historische Erzählung nicht nur geschichtlich ferne Zeiten, sondern auch fremde Länder in historischen Zeiträumen ein. Voraussetzung dafür ist in der Regel ein sehr genaues Studium des historischen und kulturellen Hintergrunds, eine detaillierte Kenntnis des behandelten Zeitraums und der handelnden Personen durch den Autor. So entsteht ein annähernd realistisches Geschichtsbild, ein individueller Lebenslauf, deren Reiz in der erlebnishaften, mit dichterischer Freiheit ausgestalteten Darstellung besteht. Eine solche Darstellung, die Wissenschaftlichkeit mit Intuition verbindet, vermag eine geschichtliche Episode (Epoche, Persönlichkeit) mit mehr innerer Wahrscheinlichkeit und größerer Lebendigkeit zu vermitteln und damit zur Formung eines Geschichtsbildes beizutragen, als dies der dokumentarische Bericht leisten kann, der ohne den historischen Kontext zusammenhanglos bleibt. Dabei spielt es keine Rolle, ob der Autor sich streng an die tatsächlichen historischen Gestalten hält oder eigene Gestalten in den Vordergrund der Handlung stellt; wichtig ist allein die korrekte Wiedergabe des historisch-chronologischen Hintergrunds, der Fakten.

Die Historische Erzählung bedarf eines Autors, der aus zeitlichem Abstand sich in eine zurückliegende Zeit versetzt. Der Autor ist nicht Zeitgenosse, sondern Betrachter; oder er ist, wie die sogenannten „Professorenromane“ vom Ende des 19. Jahrunderts zeigen (F. Dahn, G. Freytag, W.H. Riehl u. H. Ebers), Forscher und Wissenschaftler, der historisch getreu Leben und Sitten der Vergangenheit in poetischer Form darzustellen bemüht ist.

Die Gestaltung zeitgenössischer Stoffe durch den Zeitgenossen bleibt dem Gesellschafts- oder Zeitroman überlassen. In diesem Sinne ist etwa Grimmelshausens „Simplizissimus“ kein historischer Roman, wohl aber Wilhelm Hauffs „Lichtenstein“. Diese formalästhetische Unterscheidung ist freilich für den Unterricht bedeutungslos.

Für die Schüler der Sekundarstufe gehört das historische Jugendbuch, die Historische Erzählung neben dem Abenteuerbuch (was oft gleichbedeutend sein kann) zur beliebtesten Lektüre, wie leserkundliche Untersuchungen nachwiesen, und in „keiner Sparte hängen Schule, Unterricht und Privatlektüre so kausal zusammen wie gerade beim historischen Jugendbuch“ (Pleticha). Hier wird Geschichte als Erlebnis dargestellt und damit den Jugendlichen unmittelbar zugänglich gemacht. Dabei ist freilich auf die Qualität der literarischen Nachgestaltung historischen Geschehens Wert zu legen, ob es, wie Pleticha schreibt, dem Autor gelingt, „dem jungen Leser den Geist einer Epoche oder das Wesen eines historischen Vorgangs lebendig werden zu lassen“, ob er den gesellschaftlichen Bezug berücksichtigt und ob er frei von tendenziöser Darstellung ist.

Die Historische Erzählung beginnt mit Walter Scott zu Anfang des 19. Jahrhunderts. Mit seinen auf intensivem Geschichtsstudium beruhenden Romanen über Themen aus der englischen und schottischen Geschichte hatte er in ganz Europa große Erfolge. Das in der Romantik aufkommende neue Geschichtsbewußtsein, verbunden mit der Hinwendung zur Vergangenheit des eigenen Volkes, wie auch die Hegelsche Geschichtsphilosophie bewirkten die Entstehung einer realistischen Geschichtswissenschaft. In fast allen europäischen Ländern wurden der Historische Roman und die Historische Erzählung gepflegt. Victor Hugo in Frankreich, Manzoni in Italien, Tolstoi in Rußland und nicht zuletzt die deutschen Romantiker und ihre Nachfolger Achim von Arnim, J.F. von Scheffel, Gustav Freytag, Hinrich Kurz und schließlich W.H. Riehl mit seinen „Kulturhistorischen Novellen“ waren Wegbereiter Historischer Erzählungen, Novellen und Romane, einer Thematik, die bis in unsere Zeit immer wieder große Autoren findet (Th. Mann, St. Zweig, H. Mann, A. Döblin u. v. a.).

Literatur

Bertlein, Hermann: Das geschichtliche Buch für die Jugend. Frankfurt 1974.

Dahrendorf, Malte: Veränderungen des Geschichtsbildes im Jugendbuch der Bundesrepublik. In: Jugendliteratur im Sozialisationsprozeß. Gärtner, Hans (Hrsg). Heilbrunn 1978.

Hengst, Heinz: Anmerkungen zu geschichtlichen und zeitgeschichtlichen Jugendbüchern. Deutschunterricht (1975), H. 1.

Lange, Günter: Das geschichtliche Jugendbuch. Überlegungen zu seiner Entwicklung, Funktion und Didaktik. Neue Sammlung (1987), H. 3.

Pleticha, Heinrich: Das Abenteuer im historischen Roman und im historischen Jugendbuch. Zeitschrift für Jugendliteratur (1968), H. 6-7.

Pleticha, Heinrich: Das historische Jugendbuch in einer „ahistorischen“ Zeit. In: Umstrittene Jugendliteratur. Fragen zur Funktion und Wirkung. Schaller, Horst (Hrsg). Bad Heilbrunn 1976.

Seubert, Josef: Die Zeit der Entdeckungen und der europäischen Kolonisation im geschichtlichen Jugendbuch. In: Kinder und Jugendlektüre im Unterricht, Bd. 2 Sekundarstufe. Karst, Theodor (Hrsg). Bad Heilbrunn 1979.

Leander Petzoldt

Hörspiel

Das Hörspiel ist eine junge literarische Textart, die eng mit der Erfindung und Entwicklung des Hörfunks verknüpft ist und auf keine literarische Tradition zurückgreifen kann. Zwar schien es gegen Ende der fünfziger Jahre so, als sei eine eindeutige Definition im Sinne des Literarischen Hörspiels möglich, aber die Entwicklung der verschiedenen Hörspielformen seitdem und die bisher nicht ausgeschöpften technischen Möglichkeiten des Hörfunks lassen eine derartig enge Begriffsbestimmung nicht zu.

Die Geschichte des Hörspiels in Deutschland begann in den frühen Jahren der Weimarer Republik mit Dichterlesungen, Gestaltung von Dialogpartien und Aufführungen klassischer Dramen, ohne daß die besonderen Möglichkeiten dieses Mediums durchschaut oder genutzt worden wären. Erste originale Hörspiele entstanden seit Mitte der zwanziger Jahre. Die Hörspiel-„Macher" erkannten, daß das Zusammenspiel von Sprache, realistischen Geräuschen und symbolischen Ausdrucksmitteln in der Lage ist, in der Vorstellung des Hörers eine „innere Bühne" aufzubauen. Die Entdeckung der Blende mit ihren verschiedenen Möglichkeiten des Aus-, Ein- und Überblendens gab Hörspielautoren und Regisseuren die Technik an die Hand, über Raum, Zeit und Wirklichkeit akustisch zu verfügen. Schließlich wurde der innere Monolog als Ausdrucksmittel verstärkt in das Hörspiel einbezogen. Das Hörspiel entwickelte sich zum *Literarischen Hörspiel*, dessen Blütezeit in den fünfziger Jahren lag. Das Hörspiel galt als Wortkunstwerk, worin die Sprache vornehmlich als Symbolsprache benutzt wurde, während Musik und Geräusche überwiegend lautsymbolische Funktion besaßen und der Unterstützung des Wortes dienten. Autoren wie Eich, Aichinger, Böll, Dürrenmatt, Frisch u. a. sind in diesem Zusammenhang zu nennen. Das Echo auf dieses Literarische Hörspiel war damals außerordentlich groß. Die anfängliche Kriegs- und Nachkriegsthematik veränderte sich zunehmend stärker ins Unpolitische und Restaurative.

Anfang der sechziger Jahre brachen Diskussionen auf, in denen sich zeigte, daß vor allem Autoren wie Eich, aber auch Kritiker wie Knilli mit der Entwicklung des Hörspiels und mit ihren eigenen Hörspielen nicht mehr einverstanden waren. Neue Experimente wurden gewagt; Schallspiele, in denen die Grenzen zwischen Geräusch, Musik und Sprache verschwammen, Sprachspiele und Hörcollagen entstanden. Vertreter der Konkreten Poesie versuchten ihre Sprachexperimente auf dieses Medium zu übertragen. Es entstand das *Neue Hörspiel*, das mehr und mehr auf eine durchgängige Fabel verzichtete, das Gesellschafts- und Sprachkritik zum Ziel hatte, das die Hörgewohnheiten seiner Rezipienten verändern und sie zum kreativen Mitspielen veranlassen wollte. Neue technische Möglichkeiten wie die Stereophonie setzten sich durch.

Letzter Entwicklungsschritt war schließlich in den siebziger Jahren das *Original-Ton-Hörspiel.* Authentische Tondokumente, öffentliche Sprache und Geräusche, Originaläußerungen verschiedenster Personen wurden zu Collagen zusammengebastelt. Neue Produktions- und Rezeptionsformen waren die Konsequenz. Ziel der Autoren war es, den Hörfunk zu einem Aussageinstrument für alle zu machen und auf die soziale Wirklichkeit zu reagieren, sie zu dokumentieren.

Neben diesen neuen Formen des Hörspiels blieben aber traditionelle Formen erhalten, so daß heute eine ganz heterogene Hörspielproduktion in den Studios zu beobachten ist. Die Schallplatten- und vor allem die Cassettenindustrie haben sich neben dem Hörfunk auf dem Hörspielsektor zu wesentlichen Multiplikatoren entwickelt, weniger freilich im Bereich der modernen Hörspielformen als im Bereich des Literarischen und vor allem des realistischen Kinder- und Jugendhörspiels. Hier überwiegen freilich die trivialen Formen im Vergleich zu den anspruchsvolleren Hörspielen von James Krüss, Otfried Preußler u. a.

Die didaktische Diskussion ist der Entwicklung des Hörspiels nur zögernd gefolgt. Das traditionelle Didaktikverständnis schlug sich auch in der Hörspieldidaktik nieder. Das „wertvolle literarische Hörspiel“ war gefragt, Einführung in den rechten Mediengebrauch durch literarische Geschmacksbildung war das Ziel. Das Hörspiel diente der Hinführung zur „hohen dramatischen Literatur“. Das Nachgestalten und produktive Schaffen wurde zwar schon von einzelnen Didaktikern propagiert, zum Teil aber wie von Helmers in Hör-, Sprach- und Sprechschulung umgebogen. Kinderschallplatten und Kinderfunk dienten als Vor- und Kontrastprogramm für das „poetische Hörspiel“. Bewahrpädagogisches Verhalten und Medienfeindlichkeit, zumindest -skepsis, wird in den didaktischen Ansätzen dieser Zeit deutlich spürbar.

Erst mit Beginn der siebziger Jahre gibt es auch in der Hörspieldidaktik Bewegung, wenn auch traditionelle Konzepte im veränderten Gewand ebenfalls noch in der Diskussion sind. Im Gegensatz zu diesen setzten Didaktiker wie Lermen und Würffel in ihren Überlegungen bei der Behandlung Neuer und sogar Experimenteller Hörspiele im Unterricht an. Sie halten den schulischen Rückgriff auf das Literarische Hörspiel für einen Umweg oder sogar für ungeeignet. Erste Hörerfahrungen und Einsichten sollen durchaus an modernen dadaistischen Produkten gewonnen werden, und an ihnen soll der kreative Umgang mit dieser Textart erprobt werden (Würffel).

Im Gegensatz zu diesen Didaktikern steht der gesellschaftskritisch-materialistische Ansatz. Seine Vertreter wollen vor allem die kritische Auseinandersetzung mit dem Hörfunk als gesellschaftlicher Institution. Ziel ihres Unterrichts ist die Aneignung von Produktionskompetenz, um mit Hilfe des Hörfunks seine individuellen und klassenspezifischen Interessen zu artikulieren und durchzusetzen.

Der didaktische Ansatz, der hier vertreten wird, setzt im Gegensatz zu den referierten Positionen sehr viel bescheidener an. Er geht von den konkreten Interessen der Schüler und ihrem Mediengebrauch aus. Wenn Schüler dem Hörspiel begegnen, dann im Grundschulalter der realistischen Dramatisierung von Märchen und Kinderliteratur, später in Form der realistischen Dramatisierung von spannender Jugendliteratur (Krimi, Abenteuer,

Science-fiction). Ziel des Unterrichts ist daher die sachgerechte und kritische Auseinandersetzung mit diesen Hörspielen und der in ihnen dargestellten Wirklichkeit. Die Schüler sollen am Beispiel ihre Beobachtungs- und Hörfähigkeit schulen, sie sollen Einblick gewinnen in die medienspezifische Darstellungsweise, ihre Faktoren und ihre Wirkungsmechanismen, sie sollen Kenntnis gewinnen von den auf dem Markt angebotenen Produkten und die Fähigkeit erwerben, begründet und sachgerecht ihre Auswahl vorzunehmen. Schließlich sollen sie Einblick erhalten in die Produktion, den Vertrieb und den Markt von Hörspielen.

Der didaktisch-methodische Zugriff auf das Hörspiel erfolgt über die Selbsttätigkeit und den kreativen Umgang mit Hörszenen und kleinen Hörspielen, vorgegebenen, umgeschriebenen und selbst verfaßten. Wichtige motivationale Voraussetzung und Grundlage der Hörspielarbeit sind das Interesse und der Spaß der Schüler.

Ziel dieses Unterrichts ist es, über Hörspiele auf Cassetten wie Stefan Wolfs „TKKG" oder Hitchcocks „Die drei ???" einzusteigen und in der Arbeit mit ihnen in theoretischer und praktischer Hinsicht die Grundlagen zu legen, zu Literarischen Hörspielen wie Hoerschelmanns „Das Schiff Experanza" (Reclam 8762 / Ton band: Klett Hörspiel Compact-Cassette 557870), Kloses „Ein Star wird gemacht" (Reclam 9526), Weyrauchs „Die japanischen Fischer" (Klett-Leseheft 260250, Tonband: Institut für Film und Bild in Wissenschaft und Unterricht) und Eichs „Träume" (Bibliothek Suhrkamp 16, Tonband: z. T. Institut für Film und Bild in Wissenschaft und Unterricht) überzugehen, um schließlich, wenn das Interesse der Schüler anhält, auch phonetische Sprachspiele, einfache Formen des Original-Hörspiels und Hörspielcollagen in den Unterricht einzubeziehen, empfehlenswert hier: Jandl / Mayröckers „Fünf Mann Menschen" (Klett Lesehefte 26133, dazu Klett Hörspiel Compact-Cassette 261331) und Jürgen Beckers „Häuser" (Reclam 9331, Schallplatte: Luchterhand Verlag / Deutsche Grammophon-Gesellschaft).

Literatur

Döhl, Reinhard: Das neue Hörspiel. Geschichte und Typologie des Hörspiels, Bd. 5. Darmstadt ²1992.

Dringenberg, Brunhilde: Das Hörspiel im Unterricht. In: Taschenbuch des Deutschunterrichts, Bd. 2. Lange, Günter; Neumann, Karl; Ziesenis, Werner (Hrsg). Baltmannsweiler ⁴1990.

Everling, Esther: Ein Hörspiel produzieren. Aneignung sprachlicher und technischer Gestaltungselemente in der Sekundarstufe 1. Frankfurt am Main 1988.

Haas, Gerhard: Das Hörspiel – die vergessene Gattung?. Praxis Deutsch (1991), H. 109.

Kliewer, Heinz-Jürgen: Texte zum Hören. In: Handbuch für Deutschlehrer. Baurmann, Jürgen; Hoppe, Otfried (Hrsg). Stuttgart u. a. 1984.

Klose, Werner: Didaktik des Hörspiels. Stuttgart ²1977.

Lermen, Birgit: Das traditionelle und das neue Hörspiel im Deutschunterricht, Paderborn ²1983.

Scheffner, Horst: Theorie des Hörspiels. Stuttgart 1978.

Schöning, Klaus (Hrsg): Neues Hörspiel. Essays, Analysen, Gespräche. Frankfurt am Main 1970.

Würffel, Stefan Bodo: Das neue Hörspiel im Deutschunterricht. In: Kommunikation. Wolfrum, Erich (Hrsg). Baltmannsweiler 1975.

Würffel, Stefan Bodo: Das deutsche Hörspiel. Stuttgart 1978 (= SM 172).

Günter Lange

Kalendergeschichte

Mit dem Versuch einer Definition der „Kalendergeschichte" begeben wir uns auf unsicheres Terrain. Schon die einfachste Bestimmung – „Kalendergeschichten sind Geschichten, die in Kalendern stehen" – trifft nicht zu, wenn wir an Brechts 1949 veröffentlichte „Kalendergeschichten" denken, die nie in einem Kalender standen. Ähnliches gilt für Kalendergeschichten von Oskar Maria Graf und Erwin Strittmatter.

Die wissenschaftliche Beschäftigung mit der Kalendergeschichte als einem literarischen Genre ist recht jung und geht nicht über Hebel hinaus, wenn man dessen „unabgefordertes Gutachten über eine vorteilhaftere Einrichtung des Kalenders" (gemeint ist der spätere „Rheinländische Hausfreund") von 1806 als eine erste Auseinandersetzung mit Form, Gehalt und Funktion der Kalendergeschichte verstehen will. Hier schreibt er über den Inhalt und damit die Geschichten seines Kalenders: „Die Absicht, zu belehren und zu nützen, sollte nicht voranstehen, sondern hinter dem studio placendi (dem Eifer zu gefallen) maskiert und desto sicherer erreicht werden." Und weiter unten heißt es: „Auch der Bauer mag gerne wissen, was außer seiner Gemarkung vorgeht, und will ... etwas haben, von dem er glauben kann, es sei wahr ... welches Vehikel wäre zu den mannigfaltigen Belehrungen geeigneter als Geschichte."

Hier treffen wir auf eines der konstituierenden Merkmale der Kalendergeschichte: die Verknüpfung von Weltgeschichte mit der Geschichte des „kleinen Mannes", oder anders: die Darstellung privater Geschichte vor dem Hintergrund der großen Historie. Jan Knopf hat dieses Moment als einen wichtigen wirkungsgeschichtlichen Aspekt der Kalendergeschichten benannt, von „Geschichten, die aufklärerisch, kritisch, fortschrittlich und für den Humanismus sind". Für eine umfassende Definition der Kalendergeschichte eignen sich diese Beobachtungen jedoch nicht, da sie nur einen, wenn auch wesentlichen Aspekt zeigen. Andererseits schließen sie die große Fülle der „wissenschaftlichen" Geschichten Hebels („Betrachtungen über das Weltgebäude") wie auch der „wunderbaren" („Blutregen") und der schwankhaften („Die drei Diebe") aus und berücksichtigen nicht die komplexe Fülle und inhaltliche Vielfalt anderer Kalenderautoren von Grimmelshausen über Gotthelf, Auerbach, Anzengruber, Graf bis hin zu Strittmatter.

Eine gattungstypologische Bestimmung der Kalendergeschichte ist ebenso wie eine formalästhetische Definition kaum möglich, geht man empirisch von der stofflichen und formalen Vielfalt dessen aus, was in Kalendern zu finden ist und was von Autoren selbst als Kalendergeschichten bezeichnet wird.

Eine funktionale Bestimmung der Kalendergeschichte hinsichtlich ihrer informativen, unterhaltenden, belehrenden und kritischen Aspekte führt weiter, indem sie zwangsläufig auch sozialgeschichtliche Komponenten einbeziehen muß. Immer wieder wird in den Versuchen zur Wesensbestimmung der Kalendergeschichte ihr lehrhafter Zweck und ihre unterhaltende Funktion betont. So schreibt Ruth Kilchenmann: „Eines der grundlegenden Merkmale der Kalendergeschichte ist das bewußt Belehrende, Aufklärerische, Volkserzieherische und Lehrhafte, d.h. ihre Engagiertheit im Dienste des Didaktischen.“ Und bei Elisabeth Hauke heißt es im Hinblick auf Anzengrubers Kalendergeschichten ähnlich: „Kalendergeschichten sind also Geschichten, die nicht nur unterhalten wollen, sondern die Anspruch erheben, öfter gelesen zu werden und allerhand Gedanken anzuregen.“ In der Folge weist Hauke, angesichts der Verschiedenartigkeit der Stoffe und Inhalte, auf die Unmöglichkeit einer gattungsmäßigen Einordnung hin. Diese Verschiedenheit der Formen, die die Kalendergeschichte sich mit anderen Gattungen überschneiden läßt, seien es Schwänke, Parabeln, Dorferzählungen, Märchen, Novellen, Gespenstergeschichten und vor allem Anekdoten, wird immer wieder in Definitionsversuchen angesprochen.

Hermann Pongs stellt die Kalendergeschichte als „offene Form“ der Anekdote als „geschlossener Form“ gegenüber und ordnet beide dem von Andre Jolles als „Form des Tatsächlichen“ beschriebenen „Memorabile“ zu. In der Tat ist die Kalendergeschichte eine der Erinnerung werte Geschichte, die einen engen Bezug zur historischen oder gegenwärtigen Realität aufweist. Diesen Bezug hebt auch Ruth Kilchenmann hervor, wenn sie schreibt: „Zweifellos ist die Kalendergeschichte an sich Kleinkunst und lebt aus genau beobachteter Wirklichkeit, aus einer aufgeklärt-gläubigen Haltung ...“ Sie hat zweifellos eine weitgehende Wesensbestimmung der Kalendergeschichte gegeben, die auch die schillernden Gattungsaffinitäten berücksichtigt: „In der Vielfalt der Kalendergeschichte kreuzen sich alle Formen des Kurzerzählens“. Ihrer Folgerung, die Kalendergeschichte sei eine Vorform der Kurzgeschichte, muß man freilich nicht folgen. Sie weist aber auch – und damit geht sie weit über frühere Versuche einer Wesensbestimmung hinaus – auf die soziale und lebensgeschichtliche Dimension der Kalendergeschichte hin, indem sie schreibt: „Die wertvolle Kalendergeschichte hat stets Kritik an sozialen und politischen Verhältnissen geübt und blieb nicht bei der Darstellung individueller Schicksale stehen, sondern betrachtete sie als Stoff und Ausdruck der Problematik des Seins und Daseins. In diesem Sinne scheint sich die heutige Kalendergeschichte mehr und mehr von der engen zeit- und raumgebundenen und -bedingten Dorf- und Kleinstadtproblematik zu lösen und sich Zeitkritik und Darstellung der Existenz des modernen Menschen zuzuwenden ...“

Diesen literatursoziologischen Standpunkt vertritt auch Jan Knopf, der zudem ideologiekritisch den in vielen Definitionsversuchen aufscheinenden Begriff der „Volkstümlichkeit“ diskutiert. Am Beispiel von Brecht und dessen Kalendergeschichten argumentiert er gegen „den alten, abgestandenen Topos von der 'schmucklosen Volkserzählung'“ und weist auf die historische Dimension hin. Brecht wollte mit seinem Titel an die „Volkstümlichkeit“ der Kalendergeschichte anknüpfen und damit seine Intention verdeutlichen. Er wollte, wie Jan Knopf schreibt, „die Geschichte der Namenlosen, nach der der Arbeiter fragt, Aufklärung, Fortschritt und die Forderung nach realistischer Schreibweise, welche die Gattungsgrenzen sprengt und zugleich etwas von der Wissenschaftlichkeit in die scheinbar einfachen und harmlosen Produkte aufnimmt“, in seine Kalendergeschichten einbringen. „Volkstümlichkeit“ bedeutet für Brecht jedoch nicht sentimentalen Bezug auf überlebte Traditionen, sondern dieser Begriff war für ihn eng mit dem Begriff des „Realismus“ verbunden, und an eben diesen wollte er anknüpfen.

Realismus ist es auch, was Hebels Kalendergeschichten auszeichnet; hinter seinem Bezug auf die Historie und die Tradition steht ein fortschrittlicher Geist, der beides als veränderlich und als für kritische Bewertungen offen begreift. Mit Hebel erreicht die Kalendergeschichte gleich zu Beginn einen Höhepunkt, der bisher kaum mehr erreicht wurde. Mit Sicherheit ist er nicht der bäuerliche Idyllen-Schreiber und biedermeierliche Pfarrherr, der die Leser mit moralischen Geschichten unterhält, sondern ein von der Aufklärung geprägter Erzähler, der mit hintergründiger Ironie den Leser zum Nachdenken zwingt und ihn veranlaßt, Überkommenes nicht unbesehen zu übernehmen. Knopfs Ansätze zu einer Theorie der Kalendergeschichte bieten wesentliche neue Gesichtspunkte für eine Erforschung dieses Phänomens, insgesamt aber verweigert er, sicher zu Recht, eine bündige Definition, die es angesichts der heterogenen Stoffe, Formen und Funktionen auch nicht geben kann. Er kommt zu dem Fazit: „'Die' Kalendergeschichte gibt es nicht. Es lassen sich lediglich Zusammenhänge der Geschichten nachweisen, die jenseits von Formprinzipien und Gattungszwängen liegen und die durch die Historizität des Kalenders bedingt sind.“ Auf der anderen Seite existiert „Kalendergeschichte“ als literaturwissenschaftlicher Begriff, den es mit neuen Inhalten zu füllen gilt und der nur in seiner historischen Dimension begriffen werden kann.

Abschließend soll daher der Versuch gemacht werden, die wesentlichen *Merkmale der Kalendergeschichte* zusammenzustellen:

- ▷ Kalendergeschichten sind Erzählungen, die durch ihr Medium, sei es als wirklichem oder potentiellem Publikationsort bestimmt werden.
- ▷ Unter den Begriff „Kalendergeschichte“ lassen sich unterschiedliche literarische Formen subsumieren, die unterhaltend, belehrend, informativ, kritisch oder anekdotisch, schwankhaft oder wissenschaftlich orientiert sind.
- ▷ Kalendergeschichten sind „volkstümlich“ im Sinn einer leserbezogenen, allgemeinverständlichen und realistischen Schreibweise; sie richten sich an alle Schichten der Bevölkerung.
- ▷ Kalendergeschichten vermitteln private Geschichten, „denkwürdige Ereignisse“ und „unterhaltende Begebenheiten“ vor dem Hintergrund kollektiver Historie.
- ▷ Kalendergeschichten besitzen eine didaktische Funktion, die auf ein kritisches Verständnis der Wirklichkeit abzielt.

Die didaktische Dimension der Kalendergeschichte liegt zunächst in der realistischen, scheinbar leicht zugänglichen Sprache dieser Texte, die sich in Wirklichkeit aber erst nach genauem Hineinhören in ihrer ganzen Bedeutung erschließen. Damit sind die Erarbeitungsschritte vorgegeben, die vom Text ausgehend Formulierungen auf ihre Bedeutung hin analysieren und die Intention des Autors zu ergründen suchen. Hinter dem faktischen und realen Bezug der Kalendergeschichten wird immer eine kritische, moralische, soziale oder im allgemeinsten Sinne humane Position sichtbar, die es zu erkennen und herauszuarbeiten gilt. Häufig werden traditionelle Verhaltensmuster umgekehrt oder scheinbar paradoxe oder zumindest ungewöhnliche Verhaltensweisen geschildert, deren Berechtigung und tieferer Sinn erst am Ende sichtbar wird. Dadurch werden die Schüler zu kreativen Lösungen von Problemen stimuliert, indem sie traditionelle Auffassungen nicht unbefragt stehen lassen, sondern kritisch hinterfragen.

Die Frage nach den historisch-gesellschaftlich bedingten Verhaltensweisen der Menschen steht im Mittelpunkt der meisten Kalendergeschichten; in exemplarischer Weise werden positive oder negative Entscheidungen dargestellt, die die Schüler zu eigener Stellungnahme und damit zum kritischen Nachdenken über ihre eigene Position herausfordern.

Literatur

Kilchenmann, Ruth: Lebensweisheit der Kalendergeschichte. In: Almanach 3 für Literatur und Theologie. 1969.

Kilchenmann, Ruth: Rezept für die bösen Weiber (Sammlung). Wuppertal-Barmen 1970.

Knopf, Jan: Geschichten zur Geschichte. Stuttgart 1973.

Knopf, Jan: Der klassische Bauer oder Geschichten außer und in der Geschichte. In: Projekt Deutschunterricht 9. Stuttgart 1975.

Knopf, Jan: Die deutsche Kalendergeschichte. Frankfurt am Main 1983.

Pongs, Hermann: Die Anekdote als Kunstform zwischen Kalendergeschichte und Kurzgeschichte. Der Deutschunterricht (1957), H. 9.

Rohner, Ludwig:Kalendergeschichte und Kalender. Wiesbaden 1978.

Theiß, Winfried (Hrsg.): Kalendergeschichten (Sammlung). Stuttgart 1977.

Wittmann, Lothar: Johann Peter Hebels Spiegel der Welt. Frankfurt am Main 1969.

Leander Petzoldt

Kinder- und Jugendliteratur

Der Begriff „Kinder- und Jugendliteratur“ ist in der Forschung nicht unumstritten; Verwendung finden daneben Termini wie Kinderliteratur, Jugendliteratur oder die älteren Bezeichnungen wie Kinderschrifttum, Jugendschrifttum, Kinder- und Jugendlektüre. Neben den terminologischen stehen auch Sachprobleme:

- ▷ Zuordnung dieses Begriffs nach den Altersstufen der Leser. So kann „Kinder- und Jugendliteratur“ einmal als umfassender Terminus verstanden werden; dann meint er alle Bücher, die für jugendliche Leser vom Kleinkind bis zum 16jährigen geschrieben werden, oder aber er meint unter Ausgrenzung des Kleinkinds nur die Literatur für die etwa 10- bis 16jährigen.
- ▷ Zuordnung dieses Begriffs nach den Adressaten. So kann „Kinder- und Ju-

gendliteratur“ einmal die Gesamtheit der Literatur umfassen, die Kinder und Jugendliche lesen, oder aber – einschränkend – nur die Literatur, die speziell für jugendliche Leser geschrieben bzw. veröffentlicht worden ist.

Wir verwenden den Begriff „Kinder- und Jugendliteratur“ im jeweils eingegrenzten Sinn: also für die Literatur, die speziell für die Jugendlichen zwischen 10 und 16 gedacht ist.

Für die Herkunft der „Kinder- und Jugendliteratur“ in diesem Sinn werden in der Forschung drei Quellen genannt. Es sind:

(1) Texte, die von Autoren speziell für das jugendliche Lesepublikum verfaßt wurden,
(2) Texte, die aus der Erwachsenenliteratur übernommen und für Jugendliche herausgegeben wurden (z.B. Gullivers Reisen),
(3) Texte aus der Volksliteratur wie Märchen, Sagen, Volksbücher und Schwänke.

Auf das Kinder- und Jugendbuch treffen alle poetologischen Einteilungsschemata der Erwachsenenliteratur zu. So sind von der Struktur her alle Gattungen wie Epik, Lyrik, Dramatik und Sachtexte vertreten.

Wer aber die verschiedenen Arten der Jugendbücher benennen will, um diese Vielfalt durchschaubar zu machen, gerät in arge Schwierigkeiten wegen der Uneinheitlichkeit und teilweisen Überschneidung der gängigen Ordnungsprinzipien. Ein allgemein gültiges oder nur einigermaßen zufriedenstellendes Schema gibt es gegenwärtig nicht; trotzdem besitzt eine solche Einteilung für den Deutschlehrer ihren heuristischen Wert. Folgende Stichworte sollen einen Überblick über die Kinder- und Jugendliteratur der 10- bis 16jährigen geben: Abenteuerliteratur, Science-fiction, Krimis und Detektivliteratur, phantastische Literatur, realistische (problemorientierte) Literatur, zeitgeschichtliche und politische Jugendbücher, Tierbücher, volkskundliche Jugendbücher (Märchen, Sagen, Schwänke usw.), spezielle Mädchenbücher und Sachbücher.

Im Bereich der Kinder- und Jugendliteratur gibt es seit über 200 Jahren spezielle Bücher für die heranwachsenden Jugendlichen. Im 19. Jahrhundert waren sie nach den Formulierungen ihrer Autoren „für die reifere Jugend“ gedacht. Sie sollten die literarischen Bedürfnisse ihrer Leser befriedigen, ihnen als Orientierungshilfe im Hinblick auf die Erwachsenenwelt dienen und zugleich die Aufgaben eines Aufklärungs- und Erziehungsmittels erfüllen. Jugendromane dieser Art stellen ein wichtiges Instrument der Sozialisation, der Einübung in die bürgerliche Gesellschaft, ihre Rollen-, Norm- und Wertvorstellungen dar und dienten der gesellschaftlichen Anpassung. Besonders deutlich wird diese Intention in den klassischen Mädchenbüchern wie „Trotzkopf“ oder „Nesthäkchen“, die zusammen mit ihren Nachfolgerinnen bis in die Gegenwart ihre nicht unproblematischen „erzieherischen“ Wirkungen ausüben.

Für die heranwachsenden Jungen waren die zahlreichen Abenteuer- und historischen Romane gedacht. Sie erzählten am Beispiel heroischer Vorbilder vom Bewährungskampf des Mannes in der Ferne (Abenteuer- und Entdeckungsreisen) oder in den großen vaterländischen Kriegen. Mut, Entschlossenheit und Opferbereitschaft wurden hier als Ideale vorgelebt und propagiert.

Dieselben Formen der Anpassung an überholte gesellschaftliche Rollen, Normen und Wertvorstellungen werden heute noch von der Masse der trivialen Jugendromane vermittelt. Sie müssen von ideologiekritischen und sozialisationstheoretischen Ansätzen her hinterfragt werden. Die Jugendlichen müssen das falsche Weltbild und die Klischees dieser Literatur durchschauen und über ihre möglichen Wirkungen nachdenken lernen.

Seit etwa 20 Jahren gibt es aber eine Fülle anderer Jugendromane, die weder trivial noch ideologisch problematisch sind, in denen sich Einfachheit und Anschaulichkeit mit literarischer Qualität verbinden und die bei allem Unterhaltungswert Fragen aufwerfen, die Fragen der jugendlichen Leser von heute sind (Wangerin). Sie beschäftigen sich mit den Verhältnissen, unter denen junge Menschen leiden; sie stellen Probleme des Erwachsenwerdens dar: Ablösungsprozesse, Beziehungsprobleme, Fragen nach dem Ich, politische und Umweltfragen, Schwierigkeiten in der Erwachsenengesellschaft usw. Intention dieser Jugendbücher ist es, Selbstfindung und Selbständigkeit, Phantasie und Veränderungswillen der jungen Leser zu fördern; nicht von der Wirklichkeit abzulenken, sondern provozierende Fragen zu stellen; keine fertigen, endgültigen Antworten zu liefern, sondern zum Nachdenken anzuregen.

Vorteilhaft für diese Jugendromane wirkt sich aus, daß sie meistens von Schriftstellern verfaßt sind, die für Jugendliche und Erwachsene schreiben, die die Fragen der Jugendlichen ernst nehmen, da sie erkannt haben, daß zwischen den Problemen der Erwachsenen und Jugendlichen höchstens graduelle Unterschiede bestehen. Diese Schriftsteller holen ihre jugendlichen Leser dort ab, wo sie sich in ihrer Entwicklung befinden, sie sprechen die Probleme so an, daß sie von ihren jugendlichen Lesern verstanden werden. Eine Konsequenz ist, daß inzwischen viele ältere Leser, Studenten und Erwachsene, ebenfalls zu dieser Art von Jugendbüchern greifen. Das hängt auch mit der Art des Erzählens zusammen.

Formale Experimente sind in Jugendromanen nur begrenzt möglich, will man den jugendlichen Leser nicht vor unübersteigbare Barrieren stellen. Die Jugendromane besitzen meist einfache Episodenreihung, die sie leicht rezipierbar machen. Der Handlungsverlauf ist meist einsträngig und chronologisch; Nebenhandlungen kommen nur selten vor. Häufige Dialoge machen die Handlung anschaulich und unmittelbar nacherlebbar. Die Personendarstellung ist eindeutig und klar. Die Helden sind Jugendliche im Alter der Leser. Die Erzählhaltungen entsprechen denen der Erwachsenenromane: personaler, auktorialer oder Ich-Erzähler. Neben der üblichen Romanform finden sich auch Tagebuch- und Briefromane; bisweilen werden Montage- und Collagetechniken angewendet. Kompliziertere Darstellungsformen wie Erzählen auf mehreren Ebenen, Perspektivwechsel oder innerer Monolog kommen bisweilen, aber selten vor. Hier sind dann für Schüler der Hauptschule oft schon die Grenzen des unterhaltsamen Lesens erreicht.

Der Trend zu diesen neuen Jugendbüchern ist in nahezu allen Sparten der Kinder- und Jugendliteratur zu beobachten;

besonders deutlich allerdings im Bereich des Mädchenbuchs (man spricht deswegen vom „modernen" Mädchenbuch) und des historischen bzw. zeitgeschichtlichen Jugendbuchs. Tendenzen dieser Art sind erkennbar in den modernen Jugendkrimis und in den Science-fiction-Geschichten für junge Leser, während sich das Abenteuerbuch damit schwer tut.

Eine Sonderstellung nimmt die Fantasy-Literatur ein. Ihr Boom seit Mitte der siebziger Jahre ist zum Zeichen des Rückzugs in die Innerlichkeit geworden. Bei ihren wichtigsten Autoren wie Ende, Tolkien, Bemmann, Recheis besitzt sie aber vor allem Selbstfindungs- und Emanzipationsfunktion und paßt insofern durchaus in die beschriebene neue Jugendliteratur. Bei ihren vielen Nachahmern hingegen wird der romantische Mystizismus leicht zum Klischee und der Mythos zum funktionslosen Pseudomythos.

Krimis und Sciene-ficition-Literatur hingegen nehmen die Entwicklung der modernen Erwachsenenliteratur auf, indem sie das reine Spannungsmoment zugunsten von Reflexion und Problematisierung variieren. Im Krimi steht nicht mehr allein die Frage nach dem Täter im Vordergrund, vielmehr legen viele der Jugendbuchautoren Wert auf eine sorgfältige Motivierung der Tat, auf psychologisch glaubhafte Erklärungen und die Erhellung des gesellschaftlichen Hintergrunds des Täters. Science-fiction-Autoren nehmen die Tendenzen der bekannten Anti-Utopien von Huxley und Orwell auf und beschäftigen sich mit Gegenwarts- und Zukunftsproblemen unterschiedlichster Art: Umweltproblemen, militärischer, wissenschaftlich-technischer Entwicklung, biologischen und gentechnologischen Fragestellungen. Bei aller Problematisierung wird das spannende und unterhaltsame Erzählen aber nie vergessen; dem jugendlichen Leser werden glaubhafte Identifikationsfiguren angeboten, die Sprache wird nicht steril oder lehrhaft. Der Jugendroman bleibt bei aller Veränderung ein wichtiges Stück Literatur.

Am deutlichsten sind diese neuen Trends allerdings in den Mädchenbüchern und in den historischen und zeitgeschichtlichen Jugendbüchern. Die neuen Mädchenbücher legen z. T. bewußt ihren geschlechtsspezifischen Adressatenbezug ab und firmieren als „Mädchenbücher auch für Jungen" oder einfach als Problembücher für Jugendliche. Im Zentrum dieser Bücher stehen Fragen der Sozialisation und Rollenproblematik, der Entwicklung und Ich-Findung, der Sexualität und Partnerschaft, Beziehungsprobleme in Familie, Schule und Beruf, die Berufsfindung, gesellschaftliche Problembereiche wie Drogen, Alkohol und Jugendkriminalität. Die Romane enden nicht mehr in Harmonie, gelungener Partnerwahl oder Lösung aller Probleme, sondern durchaus in Offenheit und Unsicherheit. Am Ende stehen Fragen, keine fertigen Antworten. Mädchenbücher dieser Art erzählen Alltagsgeschichten, sind realistisch und problemoffen. Ihre Intentionen sind Aufklärung, Emanzipation und Veränderung.

Ob freilich diese neuen Mädchenbücher alle Bedürfnisse ihrer jugendlichen Leserinnen befriedigen, muß fraglich erscheinen, denn der Wunsch nach Affirmation und vordergründiger Unterhaltung ist nach wie vor groß – und hat auch seine Berechtigung.

Eine besondere Bedeutung hat in den letzten 20 Jahren die historische und zeitgeschichtliche Jugendliteratur gewonnen. Ihre Intention ist sachliche historische Information, das Erleben und Nachempfinden der Geschichte aus der Sicht des kleinen Mannes, das Sich-Hinein-Versetzen in historische Situationen und Personen, um so Erfahrungen zu sammeln, Verständnis zu entwickeln, zu reflektieren und kritisch Position zu beziehen. Das gilt vor allem für Jugendbücher, die sich mit unserer jüngsten historischen Vergangenheit beschäftigen, mit der Zeit des Nationalsozialismus. Erlebnishaftes Nachvollziehen von Krieg, Flucht, Vertreibung und unmittelbarer Nachkriegszeit sowie Verdrängen und Totschweigen der NS–Zeit und ihrer Verbrechen prägten die Jugendliteratur bis in die sechziger Jahre. Erst neonazistische Tendenzen, Hakenkreuzschmierereien auf jüdischen Friedhöfen und an Synagogen und neu aufbrechender Antisemitismus gaben Anfang der sechziger Jahre den Anstoß zu einer ganzen Reihe von kritischen Jugendbüchern über die Judenverfolgung. Andere Themen, wie der Beginn des Nationalsozialismus, Veränderungen im Alltag in der Nazizeit, nationalsozialistische Jugenderziehung, Militarisierung und Krieg, Verfolgung von Minderheiten und deren Vernichtung, Emigration, Exil und Widerstand, wurden nach und nach gleichfalls im Jugendbuch aufgearbeitet. Betrachtet man den gesamten Jugendbuchbestand zu diesem Thema, fällt allerdings auf, daß vor allem der Widerstand in der Bundesrepublik Deutschland sehr wenig bearbeitet worden ist, während er in den Jugendbüchern der ehemaligen DDR zu den bevorzugten Themen gehört. Hier wird der antifaschistische Geschichtsansatz der DDR besonders deutlich. In der Bundesrepublik gehören nach wie vor Krieg, Nachkriegszeit mit Flucht und Vertreibung zu den am häufigsten bearbeiteten Themen.

Für die zeitgeschichtlichen Jugendbücher wurde „Aufklärung“ zum Leitmotiv. Die Schwierigkeiten ihrer Autoren liegen vor allem darin, trotz einer didaktischen Grundtendenz lesbare, interessante, spannende Jugendbücher zu schreiben. Die Gefahr, das Erlebnishafte zu stark zu betonen und so historische Abenteuerbücher zu schreiben, wurde nicht immer vermieden. Andererseits durfte bei aller aufklärerischer Absicht die politisch-historische Belehrung die literarische Fiktionalität nicht überdecken. Die Komplexität des Nationalsozialismus, seine verschiedenen Entstehungs- und Deutungstheorien, das komplexe Geschehen der zwölf Jahre Faschismus in Deutschland und die literarisch-fiktionale Verarbeitung all dessen in einem Jugendbuch stellen nach wie vor eine ungeheure Anforderung an einen Jugendbuchautor. Es gibt aber inzwischen eine ganze Anzahl von Jugendbüchern, in denen dieser hohe historische, aufklärerische und literarische Anspruch erfüllt wird. Schüler an diese Literatur heranzuführen ist eine besonders wichtige Aufgabe des Literaturunterrichts.

In der Bundesrepublik erscheinen gegenwärtig jährlich rund 2000 neue Titel auf dem Kinder- und Jugendbuchmarkt; damit hat sich ihre Anzahl im Verlauf des letzten Jahrzehnts ungefähr verdoppelt. Die realen Verkaufsziffern in zweistelliger Millionenhöhe lassen aber erst erkennen, welche gewichtige Bedeutung die Kinder- und Jugendliteratur im Leben der Heranwachsenden besitzt.

Das ist der eine Grund, warum das Kinder- und Jugendbuch literaturdidaktisch eine so große Bedeutung besitzt; der andere ist darin zu sehen, daß es eine Literatur ist, die speziell für Jugendliche eines bestimmten Alters geschrieben worden ist. Diese Literatur geht daher viel direkter und in psychologisch einfühlsamer Weise auf die Lebenssituation, die Erlebnisse, die Erfahrungen und das Denken der Jugendlichen ein.

Kinder- und Jugendliteratur hat für ihre Leser je nach ihrer Eigenart unterschiedliche Funktionen. Allgemein liegt ihre Bedeutung zuerst einmal in ihrem Freizeit- und Unterhaltungswert. Jugendbücher verschaffen ihren Lesern Spaß, Freude und Ablenkung. Dieser Faktor sollte didaktisch nicht zu gering bewertet werden.

In *entwicklungs- und sozialpsychologischer* Hinsicht befriedigen Jugendliche beim Lesen von Kinder- und Jugendliteratur ihre Identifikationsbedürfnisse. Sie können sich aufgrund der sie ansprechenden Darstellung leicht in die literarischen Figuren, ihre Denk- und Verhaltensweisen hineinversetzen. Sie können ihre Handlung gedanklich nachvollziehen und damit für sich selbst antizipieren. Sie erweitern durch die Lektüre ihre Erlebnis- und Erfahrungsräume. Diese Literatur läßt wegen ihrer Alters- und Rezipientenorientierung in besonderer Weise Rückschlüsse auf die eigene Situation des Lesers zu; daher können Reflexionen und Anstöße zu Verhaltensveränderungen relativ leicht initiiert werden.

In *informatorischer* Hinsicht erfüllen verschiedene Genres der Kinder- und Jugendliteratur die Bedürfnisse ihrer Leser. Nicht allein das Sachbuch, sondern auch das realistische, politische, historische oder zeitgeschichtliche Jugendbuch, die Abenteuerbücher über fremde Völker und ferne Zeiten oder die Tierbücher liefern Informationen über geographische, biologische, politische, historische und anthropologische Themen. Jugendliche dieses Alters sind an derartigen Informationen oft in hohem Maße interessiert.

In *kritisch-reflektorischer* Hinsicht zeigt die Kinder- und Jugendliteratur ihren Lesern historische, soziale, politische, anthropologische Zusammenhänge. Sie stellt Denk-, Verhaltens- und Handlungsmuster vor und regt zu kritischem Nachdenken über sie an. Sie fordert dazu auf, diese Muster auf das wirkliche Leben zu übertragen, sie auszuprobieren oder in Frage zu stellen. In ihrer antizipatorischen Funktion dienen diese Jugendbücher der Erweiterung des eigenen Bewußtseins- und Erfahrungsraums.

In *ästhetischer* Hinsicht vermögen Jugendbücher ihre Leser ebenfalls besonders anzusprechen. Diese Literatur entspricht in ihrer Sprache und Darstellungsweise den Gefühls- und Denkmustern, den Erfahrungen und Verhaltensweisen der Jugendlichen. Die inhaltliche Spannung dieser Bücher kommt ihren Bedürfnissen unmittelbar entgegen. Dadurch ist die Leseschwelle niedriger, der Zugang zur Lektüre erleichtert, zugleich aber der Lektüregenuß erhöht. Folglich gelingt es der Kinder- und Jugendliteratur eher, den Jugendlichen zum Lesen allgemein und zum Lesen einer Ganzschrift insbesondere zu verlocken, die ja an den Leser in bezug auf Konzentration, Ausdauer und Imaginationskraft hohe Anforderungen stellt.

In der Beschreibung der neuen Jugendbücher sind schon einige didaktische Fragestellungen angesprochen worden. Sie sollen im folgenden aufgegriffen und weitergeführt werden.

Viele Schüler lesen in ihrer Freizeit Romane: Karl May oder Simmel, klassische oder moderne Jugendbücher, Heftromane in allen möglichen Variationen. Es ist sinnvoll, in der Schule an dieser privaten Lektüre anzuknüpfen und von den aktuellen Leseinteressen und der Lesefähigkeit der Schüler her die Auswahl der Bücher zu bestimmen. Besondere Bedeutung in diesem didaktischen Feld der literarischen Großform kommt allerdings dem Jugendbuch oder -roman zu. Lange ist vielen Didaktikern der Stellenwert des Jugendbuchs im Unterricht zweifelhaft erschienen, obwohl doch diese Literatur zur tatsächlichen Lektüre der Schüler gehört. Sie ist altersgemäße Lektüre, da sie adressatenbezogen konzipiert ist. Am Beispiel des Jugendbuchs können die Schüler lernen, mit einer komplexen literarischen Form umzugehen, ihre Rezeptionsweise so zu organisieren, daß sie das Gelesene verstehen. Sie lernen Zusammenhänge erkennen und Disparates aufeinander beziehen, sie lernen analysieren und beurteilen. Insofern besitzen Jugendromane durchaus eine wichtige Brückenfunktion zur weiterführenden Lektüre, auch zu den großen Romanen. Aber darin sollte sich ihre Funktion nicht erschöpfen, denn die Jugendbücher – besonders die neuen – besitzen ihre spezifische Funktion. Da sie in ihren Inhalten und Problemstellungen an der Erfahrungswelt der Schüler anknüpfen, sie behutsam erweitern und differenzieren, über die Welt zum Nachdenken anregen, aufklären wollen, erfüllen sie dieselbe Funktion wie die Romane der Erwachsenen.

Der Literaturunterricht darf aber nicht allein bei den Inhalten stehenbleiben, er sollte vielmehr die literarische Gestaltungsweise, die Erzählstruktur, die Personenkonstellation, die Sprache in die Analyse einschließen, um so das Zusammenspiel von Inhalt und Form zum Gegenstand der Betrachtung zu machen und die literarische Erschließungskompetenz der Schüler zu erweitern.

Literaturunterricht hat aber auch etwas mit Buchproduktion, Büchermarkt und Information zu tun. Die Schüler sollen lernen, wie man die Schwellenangst vor einer Bibliothek oder Buchhandlung überwindet, wie man an Bücher herankommt, wie man sich schnell über Bücher informieren kann. Sie sollen wissen, welche Jugendbuchkategorien es gibt, um ihren Informations- und Leseinteressen nachgehen zu können. Sie müssen den kritischen Umgang mit Jugendbüchern lernen: wie sind Bücher zu beurteilen, welchen Informationswert haben Buchbesprechungen, wie fertigt man selbst eine Buchinformation an?

Literatur

Brenner, Gerd; Kolvenbach, Hans Jürgen: Praxishandbuch Kinder- und Jugendliteratur. Informationen, Materialien, Texte, Handlungshilfen. Königstein 1982.

Dahrendorf, Malte: Kinder- und Jugendliteratur im bürgerlichen Zeitalter. Beiträge zur Geschichte, Kritik und Didaktik. Königstein 1980.

Der Deutschunterricht (1990), H. 3: Kinder- und Jugendliteratur.

Diskussion Deutsch (1989), H. 109: Kinder- und Jugendliteratur im Deutschunterricht.

Grützmacher, Jutta (Hrsg): Kinder- und Jugendliteratur. Analysen und Modelle für einen leseorientierten Deutschunterricht. Stuttgart 1979.

Grünewald, Dietrich; Kaminski, Winfred (Hrsg): Kinder- und Jugendmedien. Ein Handbuch für die Praxis. Weinheim, Basel 1984.

Haas, Gerhard (Hrsg): Kinder- und Jugendliteratur. Ein Handbuch. Stuttgart [3]1984.

Karst, Theodor (Hrsg): Kinder- und Jugendlektüre im Unterricht, Bd. 1: Primarstufe. Bad Heilbrunn 1978; Bd. 2: Sekundarstufe. Bad Heilbrunn 1979.

Meier, Karl Ernst: Jugendliteratur. Formen, Inhalte, pädagogische Bedeutung. Bad Heilbrunn [9]1987.

Praxis Deutsch (1992), H. 111: Aktuelle Kinder- und Jugendliteratur.

Schaller, Horst: Zur lesepädagogischen Funktion der Jugendliteratur. In: Taschenbuch des Deutschunterrichts. Bd. 2. Lange, Günter; Neumann, Karl; Ziesenis, Werner (Hrsg). Baltmannsweiler [4]1990.

Wangerin, Wolfgang: Roman im Unterricht. In: Taschenbuch des Deutschunterrichts. Bd. 2. Lange, Günter; Neumann, Karl; Ziesenis, Werner (Hrsg). Baltmannsweiler [4]1990.

Günter Lange

Konkrete Poesie

„Konkrete Poesie" ist eine moderne Literaturform, deren vielfältige Erscheinungsweisen zu unterschiedlichen Bezeichnungen Anlaß gegeben haben: Auch die Begriffe „konkrete Dichtung", „visuelle Poesie", „konkrete Lyrik", „visuelle Texte", „experimentelle Literatur" werden verwendet.

Die begriffliche Schwierigkeit beginnt mit dem Wort „konkret". „Konkret" (lat. „gewachsen") bezeichnet die natürliche Wirklichkeit, das anschaulich Gegebene. „Abstrakt" (lat. „abgezogen") ist gegenüber dem unmittelbar Erlebten und Angeschauten alles rein Gedachte oder Gedankliche. Während das Konkrete also leicht faßlich erscheint, ist das Abstrakte schwieriger zugänglich. Mit der konkreten Poesie scheint es sich aber genau umgekehrt zu verhalten. Der ungeübte Leser sieht eher verständnislos auf die visuellen Texte.

Ein Blick auf die Malerei, von der die Begriffe „konkrete Dichtung" und „konkrete Poesie" hergeleitet sind, kann zur Klärung der begrifflichen Schwierigkeit beitragen. Kandinsky zog es vor, die sogenannte „abstrakte" Kunst „konkrete" Kunst zu nennen, und zwar deshalb, weil sie neben der Naturwelt, die Malerei sonst nur abbildete, eine ebenso reale – und eben deshalb konkrete – Kunstwelt darstellt. Der Begriff „konkret" wurde eingeführt, um Malweisen zu kennzeichnen, die nicht anschauliche Erfahrungswirklichkeit wiedergeben, sondern die nur die realen Malmittel der Farbe und der Linie auf der Fläche und ihre geometrischen Möglichkeiten präsentieren.

Dieses Programm der konkreten Malerei, wie es sich seit Kandinsky und anderen entwickelte, ließ sich nun auch für den Bereich einer Sprachkunst formulieren, die von sprachlichen Elementen als konkretem Material und nicht als begrifflichen Zeichen und Bedeutungsträgern ausging. Eugen Gomringer bemerkt dazu: „konkret dichten heißt ... bewußt mit sprachlichem Material dichten ... Der konkrete Dichter sieht genau auf das Material, das er entweder zur Darstellung bringen will oder in dem er darstellt. Er zieht es sogar vor, wenig Inhalt zu bieten, um ihn in einer konkreten sprachlichen Form meistern zu können." In der konkreten Poesie ist Sprache demnach für sich da. Sie hört auf, nur Medium zu sein, mit dem Aussagen über die Wirklichkeit gemacht werden. Konkrete Poesie „ist eine realität an sich und kein gedicht über ..." (Gomringer).

Es findet ein grundlegender „Richtungswechsel der Sprache" (Gappmayr) statt, bei dem die lineare Syntax aufgehoben wird, Wortbedeutungen verschoben und Wörter in ihre materialen Elemente aufgelöst werden. Ein Wort steht z. B. allein auf einem Blatt; ein Blatt ist übersät mit Buchstaben, die über verschiedene Lesebewegungen zu einem oder mehreren Wörtern zusammengesetzt werden können; Gruppen, Reihen von Wörtern finden sich in bestimmter räumlicher Anordnung; skripturale, graphische und bildnerische Elemente werden miteinander verbunden; Variationen, Vertauschungen, Collagen syntaktischer Elemente werden vorgenommen. Im ganzen entsteht so eine räumliche Syntax und eine „Poesie der Fläche". Der gesamte Text zeigt auf einen Blick seine Struktur. „Die Fläche wird dabei selbst zur Textkonstituente; sie bringt ihre Bedeutungsmomente, wie Zentrum, Rand, oben, unten, rechts, links, mit in den Lesezusammenhang" (Franz Mon). Der lesende Blick erfaßt eine Vielzahl wechselnder Beziehungen, Andeutungen und Bedeutungen.

Die Merkmale und programmatischen Grundzüge konkreter Poesie lassen sich nun folgendermaßen fassen (vgl. Langheinrich):

(1) Konkrete Poesie ist gekennzeichnet durch die Reduktion auf Sprachelemente, die flächenhaft zu neuen Kombinationen angeordnet werden.

(2) Durch die neuartige Anordnung der Sprachelemente und die Einbeziehung der Fläche werden die Konstellationen zum „Seh- und Denkgegenstand" (Ernst Jandl).

(3) Durch die Auflösung der syntaktischen Bezüge entsteht eine veränderte Semantik. Indem die Wörter aus ihren sprachlichen Bindungen gelöst werden, wird die Bedeutungsvielfalt des Wortmaterials wieder hergestellt.

(4) Konkrete Poesie verzichtet auf narrative Zusammenhänge, auf eine Erzählfabel. Denn sie will nicht Wirklichkeit abbilden, sondern ist selbst Wirklichkeit.

(5) Der kommunikative Charakter der konkreten Poesie beruht auf ihrer Offenheit und Mehrdeutigkeit. Daß keine direkte Sinnentnahme möglich ist, wirkt als Provokation, die Spielregeln der visuellen Strukturen aufzugreifen.

(6) Konkrete Poesie ist auf die Kreativität des Rezipienten angelegt. Sie verlangt Spontaneität, Innovationsbereitschaft, divergentes Denken, expressives Verhalten.

Die Programmatik der konkreten Poesie wurde von ihren Autoren in differenzierten theoretischen Ausführungen entfaltet (Gomringer, Heißenbüttel, Mon, Bremer und zahlreiche andere). Gerade gegenüber den theoretischen Ansätzen erhob sich aber sehr bald die Kritik. Sie richtete sich gegen die überzogenen Erwartungen an die konkrete Poesie: daß sie universelle kommunikative Möglichkeiten im Sinne einer internationalen Verständigung anbahnen könne, daß sie die Grundlage für eine völlige Neuorientierung der Dichtung darstelle, daß sie von erheblicher gesellschaftskritischer Brisanz sei.

Die Kritik machte dann auch auf ein grundlegendes Problem – die zu konsequent und damit zu eng gefaßte Programmatik – der konkreten Poesie aufmerksam. Wird nämlich das Sprachliche radikal als konkret begriffen, dann geht ihm der Verweischarakter auf die Realität verloren. „Die Selbstdarstellung des Wortes drängt seinen semantischen Anteil, seine Bedeutung zurück". (Hartung) Es findet zumindest „eine Reduktion auf Wirklichkeitsausschnitte" (Kopfermann) statt. Der Vorwurf des Formalismus, da Sprache zum alleinigen Bezugspunkt wird, konnte der konkreten Poesie nicht erspart bleiben.

Demgegenüber hat Siegfried J. Schmidt weiterführende Perspektiven verdeutlicht. Visuelle Poesie eröffne die Möglichkeit, Sprachelemente zugleich als bloße materiale Zeichen *und* als Sinn zu sehen. Dazu sei die Verwirklichung einer eigentümlichen Semantik in der visuellen Poesie nötig. Das visuell präsentierte Wort ist für ihn nicht bloßes Material, sondern hat Bedeutung. Es ist Sprache, aber noch nicht die gewohnte Sprache. Die visuelle Poesie zeige Sprache im Zustand der Möglichkeit. Der Leser muß möglichen Sinn in Bedeutung verwandeln. „Es geht nicht um optisch-semantische Tautologien, sondern um Dichtung, die zusätzliche Bedeutungsdimensionen durch die Einbeziehung der Fläche hinzugewonnen hat."

Die konkrete Poesie ist eine junge Literaturform. Als ihre Ahnen werden jedoch häufig die manieristischen Schreibkünstler des Barock bezeichnet. Die französischen Symbolisten, Mallarmé und Apollinaire, die Futuristen und die Dadaisten gelten als ihre Väter. Nach 1945 ist Gomringer einer der ersten, der in seinen lyrischen Arbeiten das visuelle Moment betont. Er definiert seine Poesie als „konkrete Poesie" und prägt diesen Begriff in Anlehnung an die „konkrete Malerei". Gomringers wesentliche und einflußreiche poetische Erneuerung ist die Konstellation, die in seiner Lyrik an die Stelle des traditionellen Verses oder der Gedichtstrophe rückt.

Zur Einteilung der Spielarten konkreter Poesie wurden verschiedene Versuche unternommen. Zum Beispiel unterscheidet man zwischen visuell-konkreter Poesie und akustisch-konkreter Poesie (phonem- und silbenbezogene Lautgedichte). Bei den visuellen Texten wird u. a. zwischen Piktogrammen, Ideogrammen und Konstellationen unterschieden, wobei die Übergänge fließend sind. Beim Piktogramm sind abbildende Umrisse gleichsam vorgegeben, die dann mit sprachlichem Material ausgefüllt werden. Ideogramme sind Abbildungen begrifflicher Konzepte, oft Ein-Wort-Texte, die als geschlossene Gebilde wirken. In den Konstellationen ist das Beziehungsgefüge sprachlicher Elemente, zumeist eine Gruppe von Wörtern, so durch die flächige Anordnungen gegeben, daß die Sinndeutung nicht wie in der konventionellen Syntax linear, sondern in verschiedenen Richtungen vorgenommen werden muß, wobei sie prinzipiell offen bleibt.

So wie sich die Literaturdidaktik der modernen Kurzgeschichte und der modernen Lyrik als neuen literarischen Formen zuwandte, bekundet sie in jüngster Zeit ihr

Interesse an der visuellen Poesie. Das liegt angesichts der heutigen Forderungen nach einem kreativen Deutschunterricht geradezu auf der Hand. Die konkrete Poesie ist, wie gesagt, auf den kreativen Leser angelegt. Er erhält die Aufgabe, zwischen den einzelnen Sprachelementen und visuellen Zeichen Beziehungen herzustellen und „in der vom Dichter bestimmten Struktur verschiedene Sinndeutungen anzunehmen und auszuprobieren. Die Haltung des Lesers der Konstellation ist die des Mitspielenden, die des Dichters die des Spielgebenden". (Gomringer)

Literatur

Bornscheuer, Lothar: Eugen Gomringers Konstellationen. Der Deutschunterricht (1970), H. 1.

Garbe, Burkhard (Hrsg): Konkrete Poesie, Linguistik und Sprachunterricht. Hildesheim u. a. 1987.

Gomringer, Eugen: konkrete poesie. Stuttgart 1972.

Hartung, Harald: Experimentelle Literatur und konkrete Poesie. Göttingen 1975.

Kopfermann, Thomas (Hrsg): Theoretische Positionen zur Konkreten Poesie. Tübingen 1974.

Langheinrich, Claus: Konkrete Poesie, Visuelle Texte. Beispiele für die Grund- und Hauptschule. München 1979.

Rückert, Gerhard; Schuler, Reinhard: Konkrete Poesie im 5. bis 10. Schuljahr, Textheft und Ergänzungsheft (Reihe Sprachhorizonte). Dortmund [2]1977.

Rückert, Gerhard: Experimentelle Lyrik – Konkrete Poesie. In: Neun Kapitel Lyrik. Köpf, Gerhard (Hrsg). Paderborn 1984.

Schmidt, Siegfried J. (Hrsg): konkrete dichtung. texte und theorien. München 1972.

Werner Ziesenis

Krimi[1]

Die wissenschaftliche Auseinandersetzung mit dem Krimi hat in den letzten zwanzig Jahren bedeutende Fortschritte gemacht. Bis Mitte der 60er Jahre gab es nur vereinzelte literaturhistorische und soziologische Untersuchungen, gattungsgeschichtliche Abhandlungen und lexikalische Erfassungen dieser Literaturgattung. Nach 1965 erschienen die ersten forschungskritischen Darstellungen, geprägt von der beginnenden literatursoziologischen und ideologiekritischen Diskussion um die Trivialliteratur. Eine intensive Forschungsdiskussion setzte aber erst Anfang der 70er Jahre ein, die „so etwas wie eine gattungsspezifische Forschungsgeschichte begründete" (Marsch). Gekennzeichnet ist diese Phase durch die Aufarbeitung der bisherigen Forschung und durch Untersuchungen zur Soziologie, Psychologie, Poetik, Geschichte und Rezeption der Gattung. Charakteristisch sind die grundlegenden Sammelbände zum Krimi von Vogt, Žmegač und Buchloh / Becker.

In enger Anlehnung an die literaturwissenschaftliche Diskussion und in steter Auseinandersetzung mit ihr verlief die literaturdidaktische. Der Krimi wurde di-

[1] Dieser Artikel ist erstmals erschienen als Vorwort zu dem von mir herausgegebenen Reclam-Band: Deutsche Kriminalgeschichten der Gegenwart. Stuttgart 1990.

daktisch legitimiert und als interessanter Unterrichtsgegenstand akzeptiert (vgl. Lange).

Parallel zur wissenschaftlichen Auseindersetzung entwickelte und entfaltete sich der literarische Markt. Eine Avantgarde deutscher Krimischriftsteller, zu denen u. a. Hansjörg Martin, Friedhelm Werremeier, Michael Molsner, Irene Rodrian und -ky gehören, schuf den „neuen deutschen Kriminalroman“, der die traditionellen Bahnen des amerikanischen und englischen Krimis verließ, um – ähnlich wie die Krimis des schwedischen Ehepaares Sjöwall / Wahlöö – „die Unterhaltungsqualität der Gattung mit kritischen und aufklärerisch-emanzipatorischen Anliegen“ (Nusser) zu verknüpfen.

Bevor wir näher auf den Krimi als Gattung eingehen, ist eine Begriffsklärung nötig, da es in der literaturwissenschaftlichen Forschung nach wie vor keine einheitliche Terminologie gibt. Auch die Monographie von Nusser hat hier nicht für die nötige Klarheit gesorgt. Relative Einigkeit besteht zwar darin, „Kriminalroman“ oder „Kriminalerzählung“ als Oberbegriff für die Gattung Krimi zu verwenden, aber über den Begriffsumfang gehen die Meinungen auseinander. Nusser grenzt die „Verbrechensliteratur“ aus und läßt nur die „Detektivliteratur“ und den „Thriller“ als Krimi gelten. Marsch hingegen benutzt generell den Terminus „Kriminalerzählung“ und faßt darunter sowohl die Detektiv- wie Verbrechensliteratur. Die Verwendung des Wortes „Erzählung“ begründet er mit der gattungsspezifischen Kürze des Erzählkerns, der zahlenmäßigen Begrenztheit des Personals und der kompakt strukturierten Handlung des Krimis.

In Übereinstimmung mit Suerbaum wird hier der Terminus „Krimi“ als Oberbegriff für alle die Texte, „die Vorgänge um Mord und Verbrechen auf spannend-unterhaltsame Weise präsentieren“, verwendet.

Trotz mancherlei Kritik ist die Einteilung der Krimis in „Detektiv-“ und „Verbrechensgeschichten“, wie sie Alewyn (in: Vogt) auf Grund struktureller Unterschiede vorgenommen hat, nach wie vor hilfreich: „Der (Verbrechensroman) erzählt die Geschichte eines Verbrechens, der Detektivroman die Geschichte der Aufklärung eines Verbrechens.“ Während die Verbrechensgeschichte sukzessiv verläuft, und zwar von der Planung über die Durchführung eines Verbrechens bis zu dessen Aufklärung, ist das strukturelle Kennzeichen der Detektivgeschichte ihr Gegen-den-Strich-Verlaufen, d. h. sie setzt mit dem Verbrechen ein, und der Detektiv muß von diesem Handlungsendpunkt die Voraussetzungen, die zur Tat geführt haben, aufklären, um den Täter zu überführen; er muß also die Vorgeschichte des Verbrechens, das „Unerzählte“ der Geschichte rekonstruieren, wie Bloch formuliert.

Diese Unterteilung des Krimis von Alewyn ist idealtypisch; zwischen Detektiv- und Verbrechensgeschichten verlaufen die Grenzen fließend, und die einzelnen Kriminalerzählungen sind Varianten eines der beiden Krimi-Typen, und zwar mit mehr oder weniger großen Abweichungen vom Ideal. Die einzelne Kriminalerzählung ist also eine jeweils besondere Interpretation des Idealtypus.

Charakteristisch für den Krimi als literarische Gattung sind ein begrenzter Personenkreis, eine spezifische Erzählstruktur, sein Realismus in bezug auf den Handlungsort und die gesellschaftliche Situation, seine Erzählhaltung und seine Leserintention.

Beginnen wir auch hier mit einer idealtypischen Beschreibung, die von der Detektivgeschichte ausgeht: Sie handelt von der Aufklärung eines für den Leser und für die Personen der Geschichte zunächst rätselhaften Verbrechens. Als Strukturelemente der Handlung lassen sich die Tat (Mord o. ä.), ihre Vorgeschichte, die Ermittlung, die Aufklärung und – in vielen Fällen – die Bestrafung des Verbrechers erkennen. Die Personen sind der Detektiv (Hauptfigur in der Detektivgeschichte), der Verbrecher (Hauptfigur in der Verbrechensgeschichte), das Opfer und die Verdächtigen, von denen einer am Schluß als Täter entlarvt wird. Intentionen der Detektivgeschichte sind Verrätselung und Aufklärung, die durch Verzögerungen, Irrwege (red herrings), Überraschungen und schrittweise Enthüllungen gekennzeichnet sind. Intention der Verbrechensgeschichte ist die Anteilnahme des Lesers an der Planung und Durchführung eines Verbrechens und an der Einkreisung und Überführung des Täters. In beiden Formen wird durch die jeweilige Erzählstruktur Spannung erzeugt. Protagonist und damit Identifikationsfigur des Lesers ist in der Detektivgeschichte der Detektiv, in der Verbrechensgeschichte der Täter.

Realismus der Handlung und des Handlungsortes ist seit jeher eine Forderung an den Krimi. Obwohl Autor und Leser um dessen Schein, um dessen Fiktivität wissen, muß immer die Illusion des Realismus gewahrt bleiben (vgl. Suerbaum).

Der Krimi ist wie die Kurzgeschichte ein „Chamäleon“ unter den literarischen Gattungen; er paßt sich jeweils den historisch-gesellschaftlichen Bedingungen seiner Entstehungszeit an. Heißenbüttel bezeichnet ihn deshalb „als eine der offensten Formen der heutigen Literatur“. Die Autoren können folglich im Krimi die Gesellschaft ihrer Zeit und deren spezifische Probleme konkret ansprechen und abbilden. Gerade diese Möglichkeit gab in den 70er Jahren den Anstoß zur Entwicklung des neuen deutschen Krimis, dessen Intention die Darstellung und Kritik der bundesrepublikanischen Gesellschaft ist.

Als Erzählsituation können im Krimi sowohl die auktoriale (der Erzähler hat seinen Fall völlig im Griff, kennt jede Einzelheit und dessen Ende und entfaltet ihn vor dem Leser) wie die personale (der Erzähler steht dem Geschehen sehr nahe, und zwar hinter dem Detektiv oder dem Täter) und die Ich-Perspektive (Sicht des Detektivs, des Täters oder einer beteiligten Person) vorkommen. Wechsel der Perspektiven sind im modernen Krimi durchaus üblich, und innere Monologe und erlebte Rede können mit dialogischen und darstellenden Passagen beliebig wechseln. Ebenso findet man das Erzählen auf verschiedenen Ebenen. Die Autoren des neuen deutschen Krimis haben also die modernen Erzähltechniken aufgegriffen und handhaben sie je nach Intention. Überblickt man allerdings die Fülle der deutschen Krimis der Gegenwart, überwiegen noch immer die traditionellen Muster, Formen und Erzähltechniken (vgl. Nusser, in: Ermert u. Gast).

Eine hilfreiche Schematisierung der Elemente des Krimis und damit eine Möglichkeit des Durchschauens seiner Tektonik hat Edgar Marsch entwickelt. Er erfaßt als konstituierende Elemente dieser

Gattung die Vorgeschichte (VG), den Fall (F) und die Detektion (D). Je nachdem, wie diese im Krimi angeordnet sind und an welcher Stelle der Erzähleinsatz (EE) – das ist der Punkt der Handlung, an dem der Erzähler zu erzählen beginnt – erfolgt, ergeben sich vier verschiedene Krimitypen.

Das folgende Schema ist idealtypisch, sieht von temporalen, quantitativen und räumlichen Gesichtspunkten ab und läßt kompliziertere Formen außer acht.

	Unerzähltes			EE	Erzähltes		
	Rekonstruktion ←				→ Erzählsukzeß		
Typus I					VG	F	D
Typus II			VG		F	D	
Typus III		VG	F		D		
Typus IV	VG	F	D		Ich-Erzählung Rahmenerzählung (Rückblende)		

Typus I schildert unverrätselt eine Verbrechensgeschichte, nämlich die Geschichte eines Menschen, der auf Grund psychischer oder gesellschaftlicher Bedingungen vom Normsystem der Gesellschaft abweicht und zum Verbrecher wird. Am Schluß wird er überführt und die Ordnung wiederhergestellt. Denkbar ist unter dem Typus I auch die Geschichte eines Detektivs, der als Ich-Erzähler einen abgeschlossenen Fall von der Vorgeschichte bis zur Aufklärung erzählt.

In Typus IV erfolgt die Darstellung des Geschehens wie in Typus I, allerdings durch ein Erzähler-Ich, das in zeitlichem Abstand von dem Geschehen berichtet. „Die erzählerische Retrospektive bedingt, daß das Erzähler-Ich immer wieder Informationen antizipiert, die – chronologisch betrachtet – einer späteren Phase angehören.“ (Marsch) Der Ich-Erzähler ist hier zugleich das Verbrecher-Ich, also erzähltes Ich; er rekonstruiert das Geschehen in einem Vergegenwärtigungsprozeß, der im Erzähltechnischen seinen besonderen Reiz hat. Einer Aufklärung des Verbrechens durch einen Detektiv bedarf es in diesem Fall nicht unbedingt, da sie ja vom Ich-Erzähler, dem Verbrecher, geleistet wird. Eine Überführung des Täters und seine Festnahme wird oft angedeutet, kann aber durchaus fehlen.

Typus II und III findet man am häufigsten unter den Krimis vertreten. Sie bilden die klassischen Detektivgeschichten.

In Typus II beginnt die Handlung mit dem Fall, d. h. mit dem Handlungsresultat, dem Verbrechen. Durch die Detektion wird allmählich die Vorgeschichte erhellt und mit ihr der Tathergang und die Motive des Täters. Als Modifikation dieses Typus betrachtet Marsch, wenn – wie in vielen Krimiserien des Fernsehens – am Anfang noch ein Teil der Vorgeschichte mit erzählt wird, ihr Hauptteil aber unerzählt bleibt und aufgeklärt werden muß.

Im Typus III liegen das Verbrechen und

seine Vorgeschichte im Unerzählten. Nur durch Zufall oder durch unbedeutende Hinweise wird eine Detektion in Gang gebracht, in deren Verlauf das Verbrechen erst nachträglich entdeckt wird.

Ergänzt werden muß dieses Schema von Marsch durch einen Typus, den Nusser als „Thriller" bezeichnet, da dessen Struktur hier nicht erfaßt und abgebildet wird. Im Thriller, Nusser nennt ihn auch „kriminalistische Abenteuergeschichte", geht es nicht um die Aufklärung eines Verbrechens, sondern um die Verfolgung eines schon bekannten Verbrechers und um den Versuch, ihn an der Durchführung seiner Tat zu hindern. Der Thriller besteht meistens aus einer Kette von Verfolgungsjagden, Gefangennahmen, Befreiungen, Schießereien u. ä., bis der Detektiv den Verbrecher zur Strecke gebracht hat. Im Gegensatz zur klassischen Detektivgeschichte hat der Thriller eine chronologische, nach vorn gerichtete Erzählweise. Zu diesem Krimi-Typ gehört als Sonderform der Spionage- oder Agentenroman im Stile eines James Bond.

Das Idealtypische des oben dargestellten Krimi-Schemas von Marsch zeigt sich, wenn man es auf die neuen deutschen Kriminalerzählungen anwendet. Ihre Tendenz – vor allem in den anspruchsvollen Beispielen – geht weg von der Realisierung der drei Bau-Elemente im Marschschen Sinne, reduziert die Personenzahl auf ein Minimum, verändert die Intention. Die Kriminalgeschichte nähert sich der Kurzgeschichte an, ja wird sogar zur Kurzgeschichte – mit allen Konsequenzen. Merkmal dieser neuen deutschen Kriminalgeschichten ist es, daß die Aufklärung mehr und mehr in den Hintergrund tritt. Der Detektiv als zentrale Figur hat nahezu ausgedient; dagegen rükken der Verbrecher und seine Tat ins Zentrum: Der Trend zur Verbrechensgeschichte mit all ihren psychologischen und soziologischen Differenzierungen ist unverkennbar. Im Sinne der Kurzgeschichte werden von einer Gesamthandlung nur noch Teile oder Einzelaspekte erzählerisch realisiert; das interessanteste Moment eines Verbrechens, ein wesentlicher Augenblick, die exorbitante Situation wird erfaßt und gestaltet. Kürze, Reduktion, Verdichtung und Symbolhaftigkeit nehmen folglich zu. Die Aufklärung des Falles und damit die Wiederherstellung der Ordnung sind nicht mehr unbedingtes Ziel dieser Kriminalerzählungen, vielmehr die Unaufklärbarkeit und die Unabgeschlossenheit. Damit erwartet den Leser am Ende des Krimis nicht mehr die Befriedigung durch eine Lösung, sondern die Offenheit einer Problemsituation, die er aushalten muß, und die Aufforderung zur Auseinandersetzung mit den dargestellten Problemen. Die Frage nach der Schuld wird schließlich zur Frage nach der menschlichen Existenz, auf die es keine einfachen Antworten gibt.

Folgt man den Leserbefragungen und Verkaufsstatistiken, zählt der Krimi zu den am häufigsten gelesenen literarischen Texten. Diese Tatsache allein ist schon Legitimation genug, ihn zum Gegenstand des Literaturunterrichts zu machen, zumal da sich in der Literaturdidaktik die Anfang der 70er Jahre von Dahrendorf erhobene und auch heute noch aktuelle und plausible Forderung durchgesetzt hat, daß der Literaturunterricht in der Schule ein Spiegelbild des literarischen Marktes sein und demzufolge die Texte, die die Schüler tatsächlich rezipieren, zu seinem Gegenstand machen solle.

In der literaturdidaktischen Diskussion der 70er Jahre um den Krimi lassen sich drei grundlegende Positionen erkennen: eine literatursoziologische, die den Krimi als Material für ideologiekritische Analysen benutzt (Erika Dingeldey), eine rezeptionspragmatische, die den Schülern die sozialen Bedingungsfaktoren ihrer Rezeption bewußt machen will, ohne ihnen den Spaß am Krimilesen zu zerstören (Dahrendorf), und eine leseerzieherische, die die Schüler von der Heftchenliteratur zu anspruchsvolleren Krimis führen möchte (Nusser).

Relativ unberücksichtigt geblieben sind in der Diskussion der 70er Jahre die charakteristischen Inhalte, der Rätselcharakter sowie die Struktur- und Formelemente dieser Gattung, die – wenn man rezeptionsorientiert mit Krimis umgeht – unbedingt einbezogen werden müssen, bewirken doch gerade sie das Leseinteresse (vgl. Hasubek). Der Krimi will den Leser spannend unterhalten und durch die Aufklärung des Falles und die Wiederherstellung der Ordnung beruhigen.

Die Verbrechensgeschichten und vor allem die gelungenen Beispiele des neuen deutschen Krimis haben von vornherein andere Intentionen und daher einen anderen didaktischen Stellenwert. Sie führen den Leser zu einer Begegnung und Auseinandersetzung mit dem Verbrecher und seiner psychisch oder gesellschaftlich motivierten Tat und damit zur Auseinandersetzung mit den Problemen unserer Gesellschaft. Krimis dieser Art lassen meistens keine affirmative Lesehaltung zu, sondern fordern durch ihre Problemoffenheit zum Nachdenken heraus.

Der unterrichtliche Umgang mit Krimis kommt um das Wertungsproblem nicht herum, da er Texte unterschiedlichster Art behandeln wird. Diese Wertungen müssen herausgearbeitet und begründet werden, wobei der Lehrer ein Lächerlichmachen bestimmter Krimis vermeiden sollte. Das Ziel einer Behandlung von Krimis im Unterricht muß sein, das Interesse an anspruchsvollen Krimis zu wekken; denn diese bieten ebenfalls, aber in sinnvoller Weise die vom größten Teil der Schüler in Krimis gesuchten Identifikationsmöglichkeiten, sie sind spannend geschrieben, sie können als unterhaltende Literatur rezipiert werden, fordern aber außerdem zu einer kritischen Auseinandersetzung mit ihren Inhalten und Problemen heraus. An ihnen kann der Schüler erkennen, daß der Krimi in der Lage ist, aktuelle gesellschaftliche Probleme aufzugreifen und differenziert darzustellen.

Einen interessanten neuen didaktischen Anstoß für die Behandlung von Krimis im Unterricht bietet Waldmann mit seinen Vorschlägen für einen produktionsorientierten Umgang mit dem Genre. Dabei ist die „Produktion von Krimitexten und -textteilen, von Krimi-Veränderungen, -Gegentexten und -Parodien (...) nicht Selbstzweck, sondern gezieltes Mittel der aktiven Erfahrung von Strukturen und Strategien, von Leistungen und Wirkungen des Kriminalromans“ (Waldmann, in: Ermert u. Gast).

Literatur

Baumgärtner, Alfred Clemens: Krimi. Praxis Deutsch (1980), H. 44.

Buchloh, Paul Gerhard; Becker, Jens Peter: Der Detektivroman. Studien zur Geschichte und Form der englischen und amerikanischen Detektivliteratur. Darmstadt [4]1990.

Buchloh, Paul Gerhard; Becker, Jens Peter (Hrsg): Der Detektiverzählung auf der Spur.

Essays zur Form und Wertung der englischen Detektivliteratur. Darmstadt 1977.
Dahrendorf, Malte: Der Kriminalroman als didaktisches Problem. Sprache im technischen Zeitalter (1972), H. 44.
Dingeldey, Erika: Der Kriminalroman im Deutschunterricht. In: projekt deutschunterricht 5: massenmedien und trivialliteratur. Ide, Heinz (Hrsg). Stuttgart 1973.
Ermert, Karl; Gast, Wolfgang (Hrsg): Der neue deutsche Kriminalroman. Beiträge zur Darstellung, Interpretation und Kritik eines populären Genres. Rehburg-Loccum 1985 (Loccumer Kolloquien 5).
Hausbek, Peter: Die Detektivgeschichte für junge Leser. Bad Heilbrunn 1974.
Lange, Günter: Zur didaktik des kriminalromans. Diskussion gegenwärtiger ansätze und überlegungen zu einer rezeptionsorientierten didaktik des kriminalromans. Wirkendes Wort (1977), H. 4.
Lange, Günter (Hrsg): Ein völlig klarer Fall und neun andere moderne Jugendkrimis. Klett Leseheft mit Lehrerband. Stuttgart 1984.
Lange, Günter: Der Kriminalroman im Unterricht. In: Taschenbuch des Deutschunterrichts, Bd. 2. Lange, Günter; Neumann, Karl; Ziesenis, Werner (Hrsg). Baltmannsweiler [4]1990.
Lange, Günter (Hrsg): Deutsche Kriminalgeschichte der Gegenwart. Stuttgart 1990 (= Reclams Arbeitstexte für den Unterricht).
Marsch, Edgar: Die Kriminalerzählung. Theorie, Geschichte, Analyse. Darmstadt [2]1983.
Nusser, Peter: Kriminalromane zur Überwindung von Literaturbarrieren. Der Deutschunterricht (1975), H. 1.
Nusser, Peter: Der Kriminalroman. Stuttgart [2]1992 (=SM 191).
Suerbaum, Ulrich: Krimi. Eine Analyse der Gattung. Stuttgart 1984.
Vogt, Jochen (Hrsg): Der Kriminalroman. Zur Theorie und Geschichte einer Gattung, 2 Bände. München 1971.
Žmegač, Victor (Hrsg): Der wohltemperierte Mord. Zur Theorie und Geschichte des Detektivromans. Frankfurt am Main 1971.

Günter Lange

Kurzgeschichte

Die Kurzgeschichte als literarische Form sei, wenn nicht gestorben, so jedenfalls in einen bedenklichen Dauerschlaf versunken, dekretierte ein Literaturkritiker Ende der siebziger Jahre. Dem setzt Durzak in einer neueren umfangreichen Untersuchung entgegen, daß die Kurzgeschichte „nach wie vor eine der vitalsten Gattungen der deutschen Gegenwartsliteratur" sei. Er beruft sich dabei u. a. auf die Kontinuität, mit der Autoren immer wieder zu dieser Textart zurückkehren, um sie als Instrument der Wirklichkeitserkundung zu nutzen. Die Gültigkeit solcher Urteile ist davon abhängig, welche Reichweite einer Gattung jeweils zugeschrieben wird. Durzaks Untersuchungen liegt zu Recht ein Verständnis zugrunde, das die deutsche Kurzgeschichte nicht auf die Blütezeit des ersten Nachkriegsjahrzehnts beschränkt, sondern ihre Weiterentwicklung in die Betrachtung einbezieht.

Der Begriff *Kurzgeschichte* taucht zuerst in den zwanziger Jahren dieses Jahrhunderts auf und ist eine Lehnübersetzung aus dem Englischen bzw. Amerikanischen: short story = kurze Geschichte. Während aber das englisch-amerikanische *short story* nicht nur die kürzere Erzählung bezeichnet (denn im Englischen ist kein Wort für Novelle vorhanden, engl. novel = Roman), sollte der Begriff im Deutschen gerade dazu dienen, eine literarische Form zwischen der längeren Erzählung einerseits und Kurzformen wie der Anekdote, der Kalendergeschichte, der Skizze andererseits zu erfassen. Abgrenzungsversuche sowie die damit verbundene „Wesensbestimmung“ der Kurzgeschichte haben jedoch zahlreiche Probleme aufgeworfen, so daß von einer einheitlichen Forschungslage zum Thema Kurzgeschichte nicht gesprochen werden kann.

Die Forschungsproblematik hinsichtlich der „Entwicklungslinien“ der Kurzgeschichte betrifft sowohl die „Vorläufer“ der deutschen Kurzgeschichte der Nachkriegszeit wie auch deren Weiterentwicklung. Nachdem Doderer in einer ersten grundlegenden Bestandsaufnahme die Kurzgeschichte als eine „ganz scharf umrissene Gattung“ von der Anekdote und ihrer Geschichte wie von anglo-amerikanischen Einflüssen abzugrenzen versucht und ihre Anfänge im Naturalismus lokalisiert hatte, wurden die Grenzziehungen durch die Vorläufertheorie Ruth Kilchenmanns wieder völlig verwischt. Sie läßt die Geschichte der Kurzgeschichte mit den Kalendergeschichten Johann Peter Hebels, mit E. T. A. Hoffmann, Friedrich Hebbel und Georg Büchner beginnen, konstatiert Stufen und Übergänge bis zu Rilke, Hesse, Kafka, Musil und muß so zwangsläufig zu dem Schluß kommen, „daß es keine Kurzgeschichte, sondern nur Kurzgeschichten gibt“. Die Unklarheit und Verwirrung scheint vollkommen.

Daß Kilchenmann die Kurzgeschichte als literarisches „Produkt des 20. Jahrhunderts, das von Amerika ausging“, in Zweifel zieht (weil die Anfänge der Form schon im ausgehenden 18. und beginnenden 19. Jahrhundert in Deutschland vertreten seien), ruft neuerdings die massive Kritik Durzaks hervor, der gerade die Einflüsse der amerikanischen short story auf die deutsche Kurzgeschichte der Gegenwart herauszuarbeiten versucht. Die amerikanische short story war in der 1. Hälfte des 19. Jahrhunderts aus den Bedürfnissen des aufblühenden Zeitungs- und Zeitschriftenwesens und eines sich ändernden Leseverhaltens in einer schnellebigen Zeit entstanden und erreichte bei E. A. Poe einen ersten literarischen Höhepunkt und ihre theoretische Begründung. Deutsche Kurzgeschichtenautoren der Gegenwart bringt Durzak in seinem Buch über die Kurzgeschichte systematisch mit den Meistern der anglo-amerikanischen short story des 20. Jahrhunderts in Verbindung, mit O. Henry, Sherwood Anderson, Hemingway, Faulkner, Saroyan, Katherine Mansfield u. a.

Sind die Entwicklungslinien, die zur modernen Kurzgeschichte führten, strittig und wurden unterschiedliche historische Abgrenzungen unternommen, so hat sich dennoch der Begriff zur Bezeichnung der deutschen Kurzgeschichte nach dem 2. Weltkrieg durchgesetzt. Was aber „anfänglich als einigermaßen stichhaltigen gattungsmäßigen Gesetzen folgende Form erschien, hat bereits ebenfalls eine Geschichte aufzuweisen“. Die Kurzgeschichte „hat nicht nur Veränderungen der von ihr bevorzugten Themen erfahren (Generationenkonflikt, Eheproblematik, gesellschaftliche Deformationen der Nachkriegszeit), sondern auch ihrer Form, z. T. mit noch stärkerer Eliminierung der Handlung und der Figurendarstellung." (Marquardt) Die Geschichte der Kurzgeschichte wurde erneut zum Problem, als man sie aufgrund normativer Bestimmungen auf die Zeit des ersten Nachkriegsjahrzehnts beschränkt wissen wollte.

Daß gerade die unpathetische, pragmatische und wirklichkeitsnahe, die ausschnitthafte Form der kurzen Erzählung, dem Modell der amerikanischen short story entsprechend, der Situation der Nachkriegsautoren, der Orientierungslosigkeit ihrer literarischen Neuanfänge und ihrem Drang nach Wahrheitssuche entgegenkam, hat stellvertretend für andere Wolfdietrich Schnurre zum Ausdruck gebracht: „Doch der eigentliche Grund, weshalb sie (die deutschen Nachkriegsautoren) die Form der short story so blitzartig übernahmen und auch gleich mit einer beachtlichen Könnerschaft zu handhaben verstanden, lag woanders. Er lag im Stofflichen: in der Überfülle an peinigenden Erlebnissen aus den Kriegsjahren. Schuld, Anklage, Verzweiflung – das drängte zur Aussage. Zu keiner ästhetisch verbrämten, auch zu keiner durchkomponierten oder gar episch gegliederten; nein: zu einer atemlos heruntergeschriebenen, keuchend kurzen, mißtrauisch kargen Mitteilungsform. Da kam die 'Entdeckung' der short-story eben zur rechten Zeit."

Die grundlegenden *Merkmale* der klassischen Kurzgeschichte der Nachkriegszeit hat Gerth – unter vielbeachteten didaktischen Vorzeichen – in der Kürze, der Alltäglichkeit, der Offenheit und der Symbolhaftigkeit gesehen. Kürze, das meint nicht in erster Linie die quantitativen Proportionen, sondern die Verdichtung des Textes durch Aussparungen, Reduktionen, syntaktische Verknappung und Wiederholung. Alltäglichkeit als Merkmal der Kurzgeschichte bezieht sich auf die sprachliche Form wie auf den Inhalt. Daß die Kurzgeschichte nur den Ausschnitt aus einem Geschehen darstellt, die Momentaufnahme eines signifikanten Augenblicks gibt, daß sie anhand eines exemplarischen Falles generalisiert, macht ihre Offenheit aus. Bildsprache und Symbolik sind zugleich Dimensionen der Verdichtung und der Offenheit. Problematisch werden solche Kennzeichnungen, wenn sie als Einzelphänomene zu Normen erhoben werden, wenn ihnen Ausschließlichkeit gegenüber anderen Textarten zugeschrieben wird, wenn sie eng gefaßt und kurzschlüssig verallgemeinert werden. Höllerer geht darum nicht von einzelnen abrufbaren Merkmalen aus, sondern nennt sieben *Grundbedingungen* für das Entstehen der Kurzgeschichte, die er aus den Veränderungen der modernen Prosa überhaupt ableitet.

„Die Autoren gehen darauf aus

Erstens: sich auf die Augenblicksfixierung und dabei auf die Rolle der Einzelgegenstände, der einzelnen Worte und Gesten zu besinnen.

Zweitens: die Ansichten über Wichtigkeiten und Belanglosigkeiten zu revidieren: an scheinbar belanglosen Situationen entzünden sich die entscheidenden Stellen: sie werden zu Impulsen. Einmalige bedeutende Ereignisse im Stil der Haupt- und Staatsaktion werden dagegen zum Schattenspiel.

Drittens: Geschehnisse erscheinen mehrdeutig, labyrinthisch und werden dementsprechend andeutend dargestellt.

Viertens: Subjekt und Objekt, Personen und Gegenstände nähern sich in den Momentsituationen einander an. Die Objekte bleiben nicht manipulierbar, sondern spielen mit; werden zuweilen grotesk vergrößert und erscheinen übermächtig.

Fünftens: Die Handlung baut sich oft auf einzelne, unverwechselbar festgehaltene, atmosphärisch genau bezeichnete Abschnitte auf, auf Kabinen des Erzählens, die in sich zusammenhalten, die sich gegenseitig stützen oder sich Widerpart geben.

Sechstens: Der Erzähler sucht nicht zu vertuschen, daß er erzählt; er zeigt das ganz offen und desillusionierend ... Es steht im Gegensatz zu Versuchen einiger Novellen, durch Erfinden eines Berichts, durch das Auffinden einer Chronik das Erzählen zu motivieren.

Siebentens: Unabgeschlossenheit am Anfang und am Ende treten an die Stelle von Streckenberechnungen und Streckenvermessungen mit aufsteigender und abfallender Handhabung."

Die Bemühungen um eine bündige Charakterisierung der Textart Kurzgeschichte halten an. Nach neueren Untersuchungen scheinen drei Kategorien, die jeweils zu Weiterungen führen und aufeinander bezogen werden müssen, geeignet zu sein, bei aller Vielfalt der Nuancen dennoch bestimmte Grundlinien der strukturellen Beschaffenheit und der inhaltlichen Fixierung der Kurzgeschichte aufzuzeigen: die „stoffbedingte Kürze" (Wolpers), die „Rolle des Erzählers" (Piedmont) (zu beidem vgl. Marquardt), die „Darstellung der Zeit" (Durzak).

Stoffbedingte Kürze als erzählerisches Prinzip verlangt: eine typisierende Raum- und Personengestaltung, so daß die Charaktere nur als Schnittpunkt weniger Eigenschaften und Probleme dargestellt werden, die Behandlung von Problemen und Krisen in einem „signifikanten Augenblick", in dem sich das Geschehen momenthaft, ausschnitthaft, im unkommentierten Nebeneinander konzentriert, eine Sprache, die gekennzeichnet ist durch den „Doppelsinn der Bedeutungen, Ironie, Anspielungen und Wiederholungen, durch alle Mittel, die auf engstem Raum Bedeutungsfülle konstituieren und weitreichende Assoziationen wecken." (Marquardt).

Dem erzählerischen Prinzip der Reduktion auf den signifikanten Augenblick unterliegt die *Rolle des Erzählers* in der Kurzgeschichte. Es kann kaum noch den allwissenden, über den Dingen stehenden, auktorialen Erzähler geben. „Vielmehr scheint die Kurzgeschichte eine besondere Vorliebe zu besitzen für die begrenzte Perspektive des personalen Erzählers und für diejenige Form des Ich-Erzählers, bei der das erzählende Ich eng in das Geschehen verwickelt, also zugleich erlebendes Ich ist." (Piedmont) Durzak spricht in diesem Zusammenhang vom „Figurenerzähler", der in der Kurzgeschichte an die Stelle des auktorialen Erzählers getreten sei.

Seine Typologie der Kurzgeschichte, wobei Reduktion und Erzählerrolle wiederum von zentraler Bedeutung sind, entwickelt er aus der „erzählstrukturbildenden Funktion", die der *Darstellung der Zeit* in der Kurzgeschichte zukommt. Indem sich die Kurzgeschichte auf einen bestimmten Augenblick, eine spezifische Lebenssituation, ein bestimmtes Ereignis konzentriert, sind nur noch die formalen Mittel der Komprimierung und nicht mehr der Ausdehnung möglich. Den auktorialen Erzähler kann es nicht mehr geben, sondern nur noch den Figurenerzähler. Durch die Verlagerung der Erzählperspektive auf das Bewußtsein einer Figur werde die Augenblicksdimension der Zeit als reine Gegenwärtigkeit manifestiert. Die Kurzgeschichte erzählt nicht von Vergangenem, sondern greift jeweils gegenwartsbezogene Probleme auf. Das macht den Grund für ihre thematische Weiterentwicklung von 1945 bis heute aus.

Die Untersuchungen zur stoffbedingten Kürze, zur Rolle des Erzählers und zur Darstellung der Zeit in der Kurzgeschichte leisten dreierlei: Sie lösen die Diskussion um die Textart aus der Fixierung auf die klassische Kurzgeschichte der Nachkriegszeit. Sie weisen die Kurzgeschichte als eine Form der Gegenwartsliteratur aus, die von charakteristischen Erzählstrukturen der Moderne geprägt ist. Sie ermöglichen die begründete Abgrenzung der Kurzgeschichte von traditionellen Kurzformen des Erzählens.

Für zahlreiche junge Leser, zumal Hauptschüler, repräsentieren Kurzgeschichten die Vorstellung von deutscher Gegenwartsliteratur. Dieses Faktum allein wirft ein Licht auf die weitreichende *didaktische Bedeutung* der Kurzgeschichte. Daß sie als moderne Erzählform immer wieder als besonders geeignet für einen zeitgemäßen Literaturunterricht erschien, hat seinen Grund in ihrer Realitätsnähe, in ihrer Annäherung an den Leser und seine Wirklichkeit, in der realistischen und zugleich andeutend offenen Darstellung. Die häufig der Umgangssprache angenäherte Sprachform verringert die Kluft zwischen Lebensrealität und literarischer Fiktion und erleichtert den „Eintritt in eine sinnkonstituierende ästhetische Welt“ (Marquardt). Die Zurücknahme der Erzählfunktion, indem der Erzähler hinter die handelnden Personen oder das erlebende Ich zurücktritt, lädt den Leser ein, gewisse Funktionen des Erzählens selbst zu übernehmen.

Andererseits wird gerade durch die Elemente der Komprimierung und Verkürzung „ästhetischer Widerstand“ erzeugt. „Das Prinzip der Reduktion, das strengste Funktionalität aller Elemente zur Folge hat, zwingt zu genauem, denkendem Lesen – oder der Text verschließt sich dem Verständnis.“ Die Zurücknahme der Erzählfunktion bedeutet nicht nur Annäherung an den Leser, sondern sie „erzwingt die aktive Mitwirkung des Lesers und macht damit extrem deutlich, was im Grunde jeder Rezeptionsvorgang erfordert: Sinn erschließt sich nur in der Beteiligung.“ (Marquardt) Das Prinzip der stoffbedingten Kürze insgesamt verlangt, daß der Leser aus sparsamsten Andeutungen Erzählsituationen rekonstruieren und Aussparungen innerhalb des Erzählten aus eigener Sicht ergänzen muß.

Annäherung und Widerstand als komplementäre Rezeptionsbedingungen beim Umgang mit Kurzgeschichten sollten die Chance für einen Literaturunterricht geben, der Literatur als Spiegelung eigener Wirklichkeit erfahrbar macht, indem er zugleich zu ihrer Fremdartigkeit und zum Verständnis ihrer Formensprache hinführt.

Erlebte die Kurzgeschichte als literarische Form im ersten Nachkriegsjahrzehnt ihre Blütezeit, so die Didaktik der Kurzgeschichte in den sechziger Jahren mit dem Erscheinen zahlreicher Anthologien und der neuen Lesebücher, die sich, nach Gattungen gegliedert, als literaturpädagogische Arbeitsbücher verstanden. Als Anfang der siebziger Jahre der Literaturunterricht in der Schule prinzipiell in Frage gestellt wurde, trat auch das Interesse an der Kurzgeschichte zurück. Nach der Fülle der didaktischen Literatur zur Kurzgeschichte der Nachkriegszeit gab es nun kaum noch Veröffentlichungen. Eine erneute Hinwendung der Literaturdidaktik zur Kurzgeschichte zeichnet sich in den letzten Jahren ab. Die Schüler werden sie als problemorientierte Texte, als Zeitdokumente, die ihre Aktualität gleichwohl nicht verloren haben, und als literarische Form der Moderne kennenlernen.

Literatur

Doderer, Klaus: Die Kurzgeschichte in Deutschland (1953), Neudruck: Darmstadt 1969.

Durzak, Manfred: Die deutsche Kurzgeschichte der Gegenwart. Autorenportraits, Werkstattgespräche, Interpretationen. Stuttgart 1980.

Durzak, Manfred: Die Kunst der Kurzgeschichte. München 1989.

Gerth, Klaus: Die Kurzgeschichte in der Schule. In: Moderne Dichtung im Unterricht. Hermann Helmers (Hrsg). Braunschweig 1967.

Höllerer, Walter: Die kurze Form der Prosa (1962). In: Positionen des Erzählens. Analysen und Theorien zur deutschen Gegenwartsliteratur. Arnold, Heinz L.; Buck, Theo (Hrsg). München 1976.

Kilchenmann, Ruth J.: Die Kurzgeschichte. Formen und Entwicklung. Stuttgart [5]1978.

Lange, Günter (Hrsg): Deutsche Kurzgeschichten II, 5.–6. Schuljahr, 7.–8. Schuljahr, 9.–10. Schuljahr, 11.–13. Schuljahr. Stuttgart 1988 und 1989 (= Reclams Arbeitstexte für den Unterricht).

Marquardt, Doris: Erzählung, Novelle und Kurzgeschichte im Unterricht. In: Taschenbuch des Deutschunterrichts, Bd. 2: Literaturdidaktik. Lange, Günter; Neumann, Karl; Ziesenis, Werner (Hrsg). Baltmannsweiler [4]1990.

Piedmont, Ferdinand: Zur Rolle des Erzählers in der Kurzgeschichte. Zeitschrift für deutsche Philologie (1973).

Salzmann, Wolfgang: Stundenblätter Kurzgeschichten für die Sekundarstufe I. Stuttgart 1978.

Skorna, Hans-Jürgen: Die Kurzgeschichte der Nachkriegszeit im Unterricht. Ratingen 1967.

Wolpers, Theodor: Kurze im Erzahlen. Anglia, Zeitschrift für englische Philologie (1971), H. 1.

Zimmermann, Werner: Deutsche Prosadichtungen unseres Jahrhunderts, Bd. 2 (Interpretationen). Düsseldorf 1969.

Werner Ziesenis

Lebenserinnerungen

Die Unbestimmtheit des Textartenbegriffs „Lebenserinnerungen“, die Unklarheit, was als literarische Form darunter zu fassen sei, hat ihren guten Grund. Unterschiedliche Ausprägungen autobiographischer Zeugnisse sollen damit bezeichnet werden; die Abgrenzung so verwandter Texte wie Lebensgeschichte, Memoiren, Autobiographie, Tagebuch bis hin zu Brief, Reisebericht und schließlich zum autobiographischen Roman fällt nicht immer leicht. Die Grenzen zwischen den der Lebenswirklichkeit verpflichteten Textarten und fiktional überformten verschwimmen.

Gemeinsam ist allen autobiographischen Texten der Zeugnischarakter, die Absicht, Auskunft über individuelle Erfahrungen zu geben. Während aber Memoiren und Lebenserinnerungen, auch Reiseberichte, ihr Interesse auf die Umwelt richten, Gegenstände der äußeren Welt reflektieren, lenken Tagebuch und Autobiographie – auch Briefe können diese Funktion haben – den Blick nach innen, auf den Schreiber selbst, auf seine Auseinandersetzung mit der Welt ebenso wie auf seine Entwicklung. Solche Dokumente der Selbsterkenntnis, der Entfaltung eines Ich, das sich als unverwechselbares Individuum begreift, werden den Heranwachsenden erst mit beginnender Pubertät verständlich, wenn sie selber von ähnlichen Entwicklungen und Erfahrungen bewegt werden.

Tagebücher reihen die Augenblicke innerer und äußerer Ereignisse, chronologisch vorwärtsschreitend, aneinander, Wichtiges und Nebensächliches ungeschieden, da noch ohne Bewußtsein von einem die Auswahl bestimmenden Lebensmuster, dafür erfüllt von der Spontaneität des Augenblicks.

Autobiographien dagegen blicken von einem bestimmten Zeitpunkt aus zurück. Dieser Fixpunkt, von dem aus die Retrospektive erfolgt, setzt ein Bewußtsein von der Bedeutsamkeit der eigenen Individualität voraus und organisiert das Berichtete, wählt aus dem durchlebten Lebenszusammenhang aus, macht ihn als Zusammenhang erst eigentlich sichtbar und interpretiert damit die erfahrene Lebenswirklichkeit. Aus dieser Entstehung erklärt sich die Spannung zwischen erzählendem und erzähltem Ich. Die so sich ergebende Doppelperspektive bewirkt Distanz sowohl für den Schreiber als auch für den Leser, sie hält die zeitliche Dimension zwischen dem Einst und dem Jetzt des Berichtsmoments ständig in Erinnerung, gibt Raum für (häufig humorvolle) Verarbeitung der Vorgänge. In ihr zeigt sich der menschliche Rang des Autors.

Autobiographische Zeugnisse sind immer entscheidend vom Selbstbild des Schreibers mitbestimmt. Vornehmlich die Autobiographie zeugt von der Suche nach einem unverwechselbaren Selbst, nach Integrität und Identität der Person. Insofern ist die Frage nach der „Wahrheit“ der Selbstaussage von nebengeordneter Bedeutung – solange es sich nicht um die bewußte Verfälschung außerpersonaler Fakten handelt –, wenn nur die Wahrheit des Autors als sein Selbst- und Weltverständnis erkennbar wird.

Autobiographische Texte als Formen, der Geschichte einer Seele inne zu werden, sind eine Besonderheit der europäischen Literatur, die, seit den Bekenntnissen des Augustin (um 400 n. Chr.), vielfältige Ausformungen gefunden hat. In ihnen spiegelt sich nicht nur das Selbstverständnis des jeweiligen Schreibers, sie reflektieren in ihrer Gesamtheit auch eine geistesgeschichtliche Entwicklung. So verlagert sich in den folgenden Jahrhunderten das leitende Interesse vom religiösen und moralischen Rechtfertigungsbedürfnis zunehmend auf individualpsychologische Motive. Die Instanz, vor der Rechenschaft abgelegt wird, ist nicht mehr Gott, sondern das eigene Gewissen, bei Memoirenschreibern häufig auch die öffentliche Meinung oder im weiteren Sinne die Geschichte.

Die jeden autobiographischen Text prägende Verschränkung von menschlichen Allgemeinerfahrungen mit spezifisch individuellem Welterleben, die in der Einmaligkeit des historischen Moments sichtbar wird, läßt diese Texte für den Leser bedeutsam werden. Sie befriedigen die natürliche Neugierde an menschlicher Existenz – besonders wenn der Autor dem Leser ohnehin aus irgendeinem Grund bekannt ist –, an fremden oder vertrauten Zeitverhältnissen und bieten zugleich als Modelle gelebten Lebens Deutungsmuster, die der Leser, immer auch bewegt vom Interesse an sich selbst, auf sich beziehen kann.

In dieser Hinsicht sind vor allem Kindheitsdarstellungen von Bedeutung, deren Gestaltung häufig besonders eindringlich gelingt. Das mag in der Intensität der als Urerlebnisse erfahrenen Momente begründet sein, die gerade deswegen so stark in der Erinnerung haften, während die Auswahl aus dem Kontinuum des später Erlebten viel schwieriger ist. Auf seiten des Lesers wecken sie in der Regel ein gesteigertes Interesse, da in der Kindheit die entscheidenden Erlebnisse offenbar einen hohen Grad alterstypischer Ähnlichkeit besitzen, so daß der Leser Eigenes in ihnen wiedererkennt, auch wenn die historisch-gesellschaftlichen Umstände ganz anderer Art sind.

Die Aufforderung: „Erzähl mal, wie es früher war", von Kindern an Erwachsene gerichtet, läßt erkennen, daß schon früh ein Bedürfnis nach beglaubigten Lebensgeschichten besteht und es für Lebenserinnerungen einen vorliterarischen Bereich gibt, in dem lebendiges Erzählen Teilhabe zwischen den Generationen ermöglicht und für die jeweils Jüngeren auf diese Weise Orientierung in der Zeit angebahnt wird. Diese Funktion erfüllt auch die Lektüre autobiographischer Texte.

Gerade jugendliche Leser, in einem gesteigerten Zustand der Selbstfindung, werden ein Gespür für die Authentizität solcher Berichte haben und in ihnen eigene problematische Erfahrungen gespiegelt finden oder Einblicke in fremdseelisches Leben als Bereicherung empfinden. Deshalb ist es eine sinnvolle Aufgabe des Literaturunterrichts, den Schülern den Zugang zu diesen literarischen Formen zu eröffnen.

Für die Auswahl werden folgende Gesichtspunkte eine Rolle spielen: Nähe der Erfahrungen zu denen der Schüler, nicht zu große zeitliche Distanz (die allenfalls durch einen besonderen Einschlag an interessanter Fremdartigkeit der Lebensfakten ausgeglichen werden kann), sprachliche Verständlichkeit, ein Reflexionsniveau, das dem Schüler nicht zu weit vorauseilt. Manches hiervon findet sich gerade in den Kindheitspartien vereint.

Bei der Erarbeitung im Unterricht stellen sich keine generell anderen Probleme als für fiktive erzählende Literatur auch. Nur hinsichtlich des Autors dürfte ein erhöhtes Interesse vorliegen, das allerdings normalerweise die Texte selbst befriedigen. Für ein Lesebuch, das sich mit Textausschnitten behelfen muß, werden hier u. U. Ergänzungen, sei es durch Literatur oder durch den Lehrer, nötig.

Wieweit die Schüler die in den Texten bereitliegende Hilfe für die eigene Situation nutzen, kann durch methodische Unterstützung allenfalls gefördert, gewiß aber nicht garantiert werden. Der Umgang mit diesen Texten sollte also möglichst frei den Erkenntnisinteressen der Schüler folgen.

Literatur

Aichinger, Ingrid: Selbstbiographie. In: Reallexikon der deutschen Literaturgeschichte, Bd. 3. Kohlschmidt, Werner; Mohr, Wolfgang (Hrsg). Berlin, New York [2]1977.

Boerner, Peter: Tagebuch. Stuttgart 1969 (= SM 85).

Lehmann, Jakob: Bekennen – Erzählen – Berichten. Studien zur Theorie und Geschichte der Autobiographie. Tübingen 1988.

Niggl, Günther (Hrsg): Autobiographie. Darmstadt 1989.

Pascal, Roy: Die Autobiographie. Stuttgart 1965.

Doris Marquardt

Liebeslyrik

So einfach es erscheinen mag, einen Text als Liebeslyrik zu identifizieren, so problematisch erweist sich eine genauere begriffliche Bestimmung der Textart, zumal hier, anders etwa als bei der Kurzgeschichte oder beim Märchen, gattungstypologische Fragen mit inhaltlich-thematischen verknüpft sind.

Die Bemühungen um eine Wesensbestimmung des Lyrischen reichen durch die Jahrhunderte; und daß das „Gedicht" keine eigene Textart, wie z.B. die „Fabel", sein kann, macht eine einfache Überlegung deutlich. Die Fabel „kann statt in Prosa auch in Versen abgefaßt, also ein Gedicht sein, und bleibt trotzdem eine Fabel". Natur- und totenmagische Sagen dagegen, die in Versen erzählt werden, heißen nicht mehr „Sagen", sondern „Balladen" und gehören damit „in den inneren Bereich dessen, was wir unter 'Gedichte' verstehen." (Hassenstein)

Während sich Epik und Dramatik als Gattungen relativ deutlich kennzeichnen lassen – wo etwas erzählt wird, handelt es sich um Epik, wo Menschen in Rollen auf einem Schauplatz agieren, um Dramatik –, entzieht sich die Lyrik solch bündiger Zuschreibung. In der Antike verstand man unter Lyrik die zu einem Saiteninstrument, der Lyra, von einem einzelnen oder von einem Chor gesungenen Verstexte. Durch das neue Natur- und Gefühlsbewußtsein des 18. Jahrhunderts verlagerte sich das Schwergewicht so sehr auf empfindsam-stimmungsvolle Texte, daß Subjektivität und Ich-Aussage zum Inbegriff des vorherrschenden Lyrikverständnisses wurden. Der Verzicht auf die Fiktion des Liedhaften und die Lösung vom musikalischen Ursprung hat den Lyrikbegriff schließlich formal erweitert, den Weg zur lyrischen Prosa geebnet und zugleich die thematische Einengung auf Stimmung, Gefühl und Gemüt aufgehoben.

Neuere Tendenzen in der Literaturwissenschaft gehen dahin, das Wesen des Lyrischen von der Aussagestruktur der Texte her zu erfassen. Das geschieht einmal durch die Bestimmung des spezifischen Zeichencharakters lyrischer Texte – bei all ihrer Vielfalt, zum anderen durch die Unterscheidung von Wirkungsfunktionen und Stilarten.

Hinreichende Kriterien für die Poetizität oder Lyrizität liefern nach dem semiotischen Denkansatz nicht zuerst die Stoffe und Inhalte, sondern die spezifische Zeichenstruktur der Texte, das Verhältnis von Zeichen und Bezeichnetem sowie das Verhältnis der Zeichen zueinander. Es gilt der „Vorrang der poetischen Funktion vor der referentiellen“ (Jakobson), d.h. der unmittelbare Verweis auf die Wirklichkeit wird durch die Bedeutungsfülle der Zeichen aufgehoben. „Lyrische oder poetische Sprache ‘entautomatisiert’ die normalisierte Mitteilungsfunktion von Sprache.“ (Hinderer) Entsprechend diesem Lyrikverständnis beschreibt Hassenstein das Gedicht als einen „besonders reich und dicht strukturierten Text ... bei dem die normalsprachliche syntaktisch-semantische Kodierung von der metrischen, also der Versifikation, noch einmal überformt ist. Es handelt sich jedoch nicht um eine bloße Zweischichtigkeit, denn der ‘Reichtum’ und die ‘Dichte’ kommen durch einen Wechselbezug der Elemente zustande, zu denen neben den klanglichen Faktoren (Lautmalerei, Lautsymbolik, Rhythmus) die evokative Wortwahl, unkonventionelle sprachliche Bilder, Durchbrechung stilistischer und grammatischer Gewohnheiten und andere Abweichungen von der Alltagssprache gehören.“ Käte Hamburger hat unter funktionalem Aspekt die Unterschiede lyrischer Aussagen danach zu bestimmen versucht, ob sie näher beim Subjekt- oder beim Objektpol liegen. Man könnte auch in Anlehnung an die traditionelle Rhetorik, so Hinderer, die lyrischen Wirkungsarten als reflexive oder emotionale Erlebnisqualitäten unterscheiden. Einer solchen Bestimmung nach Wirkungsfunktionen entspricht die derzeitige Tendenz, Lyrik nach Untergattungen aufzulösen, „wobei auf der einen Seite Gedanken- und Ideenlyrik (Lehrgedichte, philosophische Lyrik), auf einer anderen Naturlyrik (oder Dinggedichte), auf einer dritten Erlebnislyrik (oder Gefühlslyrik) stehen.“ (Hinderer) Man sieht, daß dabei neue Probleme auftauchen, kann Naturlyrik z.B. doch erlebnisbezogen und reflexiv sein. Prinzipiell liefern solche Ansätze nun aber die Legitimation, „Naturlyrik“, „Liebeslyrik“, „Politische Lyrik“, „Gedankenlyrik“, „Konkrete Poesie“ als Textarten zu begreifen.

Auf keine dieser Textarten scheinen die Kategorien der Subjektivität, der Stimmung, des Erlebnisses so sehr zuzutreffen wie auf die „Liebeslyrik“. Liebeslyrik in der Tradition der Goethezeit und der Romantik ist Gefühlspoesie und Ich-Aussage und hat das lange Zeit vorherrschende Lyrikverständnis mitbestimmt. Allein ein Blick auf die Ausfaltungsmöglichkeit des Themas „Liebe“ im Gedicht zeigt, daß Liebeslyrik durchaus auch die Momente der Reflexion und der Objektivierung kennt. Unter thematischem Aspekt bestimmen M. und K. Fingerhut Liebeslyrik als Gedichte, „in denen

- über Liebeserfahrungen gesprochen wird,
- in denen über die Bedingungen von Liebe reflektiert wird,
- die Teil einer Kommunikation zwischen Liebenden sind,
- in denen über Verlusterfahrungen nachgedacht wird,
- in denen Voraussetzungen für Liebe: Normen, Rollen, historische Umstände, weltanschauliche Urteile über das Wesen der Liebe zur Sprache gebracht werden.“

Die thematische und formale Vielfalt der Liebeslyrik unterliegt ihrer historischen Entwicklung. Interessant ist, daß sich die Geschichte der Liebeslyrik in ihren großen Phasen wie in kleineren Schwingungen als Wechsel im Ausdruck eher emotionaler oder eher reflexiver Erlebnisqualitäten darstellt.

Die Verse des mittelalterlichen „Du bist mîn, ih bin dîn ...“ erscheinen in ihrer einfachen und doch so vielschichtigen Bildlichkeit als Inbegriff ursprünglicher Liebesempfindung und schlechthin gültige Aussage über das Wesen der Liebe. Ob das älteste in deutscher Sprache überlieferte Liebesgedicht aber von der Intention her wirklich ein Liebesgedicht ist, steht gar nicht mit Sicherheit fest, denn es entstammt einer (im übrigen lateinischen) Abhandlung mit Beispielen über das richtige Briefeschreiben und fungierte womöglich als Gebrauchstext in einer erotischen Briefkultur. Nicht Erlebnisdichtung, sondern Rollenlyrik ist nahezu die gesamte Liebeslyrik des Mittelalters. Zwar thematisiert der mittelhochdeutsche Minnesang die Empfindungen und Sehnsüchte Liebender, er klagt über unerfülltes Begehren, er wirbt um Zuwendung, er erzählt auch von erfüllter gegenseitiger Liebe und Liebesfreuden. Aber all dies spiegelt doch in erster Linie die Verhaltensregeln zwischen Mann und Frau in der mittelalterlichen Ständegesellschaft, zwischen der gesellschaftlich hoch gestellten Dame und dem fahrenden Sänger, der sie vergeblich umwirbt (im eigentlichen „Minnesang“), oder zwischen dem Adligen, der auf ein Landmädchen trifft (in den sogenannten „Pastorellen“ / pastorela = Schäferin). Erst Walther von der Vogelweide, der sein persönliches Lebensschicksal in seinen Liedern verarbeitet, problematisiert das Beziehungsschema der „Hohen Minne“ und tritt für das Ideal der gegenseitig erfüllten Liebe ein, in der ständisches Denken keine Rolle mehr spielt.

Ganz vom Wort- und Vorstellungsschatz des Minnesangs getragen ist die „Liebe“ im Volkslied, wie es durch die Sammlungen des 15. und 16. Jahrhunderts überliefert wurde. Wie z. B. die „frouwe“ des Minnesangs ihr passendes Beiwort trägt, so wird das Mädchen des Volkslieds eine „fein magt“. Gedichttypen tradieren sich, etwa das „Taglied“, das aus wechselndem Blickwinkel Abschied und Trennung zweier Liebender am Morgen nach der Liebesnacht besang (wie auch noch Goethes „Willkommen und Abschied“). In allen sozialen Lebensräumen spielte im 15./16. Jahrhundert das gesungene Lied (auch der Minnesang existierte ausschließlich als Sangverslyrik) eine kaum zu überschätzende Rolle. Aber zumeist losgelöst von gesellschaftlichen Umständen werden im Liebeslied Grundsituationen wie Trennung, Leid, Sehnsucht in einprägsamen und eingängigen Bildern und Melodien dargestellt. Es sind jedoch fast immer Situationen, in denen die Menschen auf aktives Eingreifen in den Gang der Dinge verzichten. Trauer und Melancholie sind nicht nur Ausdruck elementaren Erlebens, sondern führen auch dazu, sich in das Unvermeidliche zu schicken.

Die Liebeslyrik des Barock muß auf die Lebensbedingungen des Dreißigjährigen Krieges bezogen werden. Zwei entgegengesetzte Motive leiten die Barocklyriker: das „carpe diem“ (nutze den Tag) und der Gedanke der „vanitas mundi“ (der Vergeblichkeit aller menschlichen Bemühungen in der Welt). Das eine Motiv bringt die erotische Lyrik hervor, die von der Begrenztheit der Beziehungen und der Auswechselbarkeit der Partnerin ausgeht und den Liebesgenuß preist; das andere propagiert die Askese und stellt die Liebesleidenschaft als eine verderbliche Krankheit dar.

Anakreontische Lieddichtung und empfindsame Lyrik setzen die antithetischen Traditionslinien des Barock im 18. Jahrhundert fort. Kleine Lieder „zum Zwecke des Scherzens“ wollen die Anakreontiker schreiben. Sie imitieren antike Vorbilder, Horaz, Theokrit, vor allem aber Anakreon. Dadurch ist das Figuren- und Formenarsenal festgelegt. Schäfer und Schäferinnen mit griechischen Namen agieren in einer künstlich-idyllischen Gartenlandschaft. Von Heiterkeit, Geselligkeit und Erotik geprägt ist die stilisierte Welt der Rokokogesellschaft. Aber das alles bleibt rein poetische Fiktion. Die Liebesgedichte eines Hagedorn, Gleim, Uz dürfen keineswegs als Zeugnis eigenen Erlebens oder Empfindens gelesen werden. Selbst dort, wo ein lyrisches Ich spricht, meint es nicht die Individualität des Sprechers.

Gegen die höfische Rokokolyrik entwikkelt sich die Liebeslyrik der Empfindsamkeit, die getragen ist von Sensibilität, schmerzvoller Tugend und Entsagung. Selbstdarstellung und Selbstausdruck werden zum lyrischen Programm Klopstocks. Aber dieser Selbstausdruck ist nicht an individuelles Erleben gebunden, sondern beruht auf der Anempfindung allgemeiner Wahrheiten. Auch die Liebeslyrik der Empfindsamkeit bleibt durch die distanzierte Sprechhaltung geprägt, die die Lyrik überhaupt bis zu diesem Zeitpunkt ihrer Entwicklung kennzeichnet.

Der einschneidende Wandel erfolgt erst mit der Epoche des Sturm und Drang. Liebeslyrik wird nun zur Ich-Aussage, die „aus der Fülle des Herzens“ kommt. Anhand der Gedichte des jungen Goethe bildete sich jenes Lyrikverständnis heraus, das mit den Begriffen des unmittelbaren Erlebens, des Einsseins mit der Natur, der geschichtslosen Subjektivität das Wesen des Lyrischen zu treffen meinte. Die Gedichte, an denen die Goetheforschung das für den Sturm und Drang Neuartige aufzeigt, sind das „Maifest“ und „Willkommen und Abschied“, Liebesgedichte aus der Sesenheimer Zeit, in denen sich die lyrische Individualität des Sprechers entfaltet, befreit vom Formenarsensal der Anakreontik wie der weinerlichen Klage der Empfindsamkeit. Aber Goethes Liebeslyrik bleibt nicht Ausdruck uneingeschränkter Subjektivität. In den „Römischen Elegien“ verbinden sich Liebes- und Kunsterfahrung, die Gestaltung der Sinnlichkeit mit der Vergegenwärtigung der klassischen Welt. In der „Marienbader Elegie“ erfährt die Liebesbegegnung ihre Objektivierung in Formenstrenge und sinnender Reflexion.

Subjektbezogene Gefühlslyrik ist die Liebeslyrik der Romantik. Im Unterschied zur Diesseitigkeit Goethes jedoch, der den Eros als schöpferischen Weltgeist begreift, tendiert die Liebeslyrik der Romantiker zur Spiritualisierung, zur Überhöhung ins Religiöse oder zur metaphysischen Ausweitung in die romantische Sehnsucht. In „Der Spinnerin Lied“ von Brentano sind die Einsamkeit und das subjektive Leid in einen religiösen Horizont einbezogen. An anderer Stelle bedeutet die metaphysische Kraft der Liebe für den Romantiker die Selbsterfahrung als fühlendes Subjekt. Formal lassen sich zwei wichtige Tendenzen beobachten, zum einen die Nähe und der Bezug zur elementaren Gefühlsaussage des Volkslieds („Das zerbrochene Ringlein“ von Eichendorff) und komplementär dazu die

Artistik des Sprachdenkens, des Sprachspiels, des Spiels mit den Lauten („Der Spinnerin Lied“), das zur Kennzeichnung des romantischen Liedes als „hieroglyphisches Wesen“ geführt hat. Von dieser hieroglyphischen, zeichenhaften Verschlüsselung führt der Weg der Lyrik in die Moderne.

Hatte der Sturm und Drang den distanziert-gekünstelten Formen der Liebeslyrik früherer Epochen seine Absage erteilt und zu ganz neuen Wegen gefunden, so fordern Goethezeit und Romantik ihrerseits eine Gegenbewegung heraus. Die Subjektivität des lyrischen Sprechens war an seine Grenzen gelangt. Neuerliche Formen der Distanzierung und der Objektivierung zeigten sich in unterschiedlicher Weise: in der ironischen Brechung der Erlebnislyrik bei Heinrich Heine; in der symbolischen Verbildlichung der subjektiven Erfahrung oder ihrer Objektivierung im Dinggedicht, z.B. bei C.F. Meyer, Rilke, Hofmannsthal; in der Wortkombinatorik und entgrenzenden Gefühlsekstatik des Expressionismus. Während im Sturm und Drang die Erfahrung der Gefühlsfähigkeit ihren gültigen Ausdruck fand, ist es zu Beginn des 20. Jahrhunderts gerade umgekehrt: Statt um Ichfindung im Gefühl geht es um die Befreiung des Menschen vom Ichbewußtsein, um Ich-Entgrenzung.

Die gegenwärtige Liebeslyrik ist durch „Neue Subjektivität“ und „Neue Sensibilität“ gekennzeichnet, Begriffe, die sich inzwischen zur Abgrenzung u.a. gegenüber dem hermetischen Gedicht der fünfziger und sechziger Jahre eingebürgert haben. Dieser Gedichttypus war mit moderner Lyrik überhaupt gleichgesetzt worden. Abstraktion, Dunkelheit, Sprachmagie, Entpersönlichung galten als seine charakteristischen Merkmale. Im Liebesgedicht, bei Ingeborg Bachmann, Enzensberger, Celan, artikulierten sich Liebesferne und Verlorenheit. Marie Luise Kaschnitz beklagt die Inhumanität der Liebeslyrik dieser Jahre, und Karl Krolow spricht von der „Unzeit der Liebe“. „Neue Subjektivität“ im Liebesgedicht bedeutet dagegen Aufhebung der Entpersönlichung, Wiederentdeckung des Gefühls, Darstellung unmittelbaren Erlebens, aber auch die Thematisierung der Alltagsrealität und der Beziehungsprobleme zwischen den Geschlechtern, in einer Sprache sehr oft, die das Einverständnis mit dem Leser, das die hermetische Lyrik aufgekündigt hatte, wiederherstellt.

Die Lernziele, die Hassenstein für den Umgang mit Gedichten im ganzen anspricht, gelten auch, und in den meisten Punkten in besonderem Maße, für die Liebeslyrik:

- ▷ Eine Auswahl von Gedichten als Angebot kennenlernen und erfahren, daß auch die Beschäftigung mit Lyrik private Lesebedürfnisse erfüllen kann.
- ▷ Am strukturellen Reichtum des Gedichts exemplarisch die spezifische Aussagemöglichkeit literarischer Texte erkennen lernen.
- ▷ Durch den Umgang mit Gedichten ästhetisch und moralisch sensibilisiert werden und so schrittweise eine literarische und ethische, d.h. zugleich eine kritische „Wertungskompetenz“ erlangen.
- ▷ Angesichts der Vieldeutigkeit lyrischer Gedichte und ihrer Aufnahme durch die Rezipienten lernen, Vieldeutigkeit zu ertragen und für wechselseitige Verständigung fruchtbar zu machen.

- ▷ Durch den Umgang mit Lyrik eine Bereicherung des eigenen Erlebens, der eigenen Wahrnehmungen und Empfindungen erfahren.
- ▷ Über den Umgang mit Lyrik Ausdrucksmöglichkeiten für eigene Erfahrungen und Gedanken, Gefühle und Träume erwerben.
- ▷ Durch die Lektüre entsprechender Gedichte Einsicht in ihre Historizität und damit gleichzeitig in die historische Bedingtheit der eigenen Position gewinnen.

Die Textart „Liebeslyrik“ spricht den Erlebnis- und Erfahrungsbereich jugendlicher Rezipienten in besonderer Weise an. Sie kann zu einem wichtigen Faktor „literarischer Kommunikation“ werden, wenn sich der Reichtum ihrer Formen und Aspekte dem Leser erschließt. Sie liefert einen wichtigen Beitrag zur Identitätsfindung jugendlicher Leser, indem sie emotionale, reflexive und ästhetische Erlebnisqualitäten vermittelt.

Literatur

Asmuth, Bernhard: Aspekte der Lyrik. Düsseldorf 1972.

Eisenbeiß, Ulrich: Zeitgenössische Liebeslyrik. In: Neun Kapitel Lyrik. Köpf, Gerhard (Hrsg). Paderborn 1984.

Fingerhut, Karlheinz und Margret: Liebeslyrik, Arbeitsbuch und Begleitheft für den Lehrer. Frankfurt am Main 1983.

Hassenstein, Friedrich: Gedichte im Unterricht. In: Taschenbuch des Deutschunterrichts. Lange, Günter; Neumann, Karl; Ziesenis, Werner (Hrsg). Baltmannsweiler [4] 1990.

Hinderer, Walter (Hrsg): Geschichte der deutschen Lyrik vom Mittelalter bis zur Gegenwart. Stuttgart 1983.

Spinner, Kaspar H.: Umgang mit Lyrik in der Sekundarstufe I. Baltmannsweiler 1984.

Werner Ziesenis

Literatur der Arbeitswelt

Arbeiterliteratur, Arbeiterdichtung, Industrieliteratur, proletarische Literatur und Literatur der Arbeitswelt sind Begriffe, die in der literaturwissenschaftlichen Diskussion Verwendung finden. Sie stehen jeweils in einer bestimmten Tradition und sind im strengen Sinn weder synonym zu gebrauchen noch scharf voneinander zu trennen.

Zur Definition dieser Literatur werden meistens die Herkunft bzw. der Beruf des Autors, die Themen und auch die Leserschaft herangezogen. Alles drei reicht aber nicht aus, denn die Autoren lassen sich nicht auf die Arbeiterschaft begrenzen – weder in früherer Zeit noch heute. Die Thematik dieser Literatur bleibt nicht eingeengt auf den Arbeiter und seine Tätigkeit, beide werden vielmehr oft im gesamtgesellschaftlichen Rahmen gesehen. Gerade in der Gegenwart hat diese Literatur den Anspruch, Ausdruck eines gesamtgesellschaftlichen Bewußtseins zu sein, ihre Funktion wird als Gesellschaftskritik und -veränderung beschrieben. Und ihre Formen bleiben vielfach an die Tradition im bürgerlichen Literaturbetrieb gebunden. Schließlich ist der Arbeiter weder früher noch heute der alleinige Adressat, denn vielfach haben sich bürgerliche Intellektuelle für diese Literatur interessiert und engagiert.

So ist Arbeiterliteratur einmal Teil der bürgerlichen Literaturentwicklung und bedeutet eine Erweiterung des thematischen Spektrums. Sie ist zum anderen literarische Produktion von Arbeitern, von Laien, deren Produkte, wenn sie erfolgreich sind, im bürgerlichen Literaturbetrieb Anerkennung finden und dort aufgehen. Sie ist drittens ein Instrument der politischen Auseinandersetzung, dient der Kritik und Entlarvung des kapitalistischen Gesellschaftssystems und zugleich dem Aufbau eines proletarischen Bewußtseins (Durzak).

Die Entwicklung dieser Literatur ist von Anfang an eng mit der Entwicklung der organisierten Arbeiterschaft verknüpft. Ihre Anfänge liegen in den vierziger Jahren des 19. Jahrhunderts, als in Deutschland die beginnende Industrialisierung zu ersten sozialen Aufständen führte (z.B. Weberaufstand) und Vorkämpfer der Arbeiterbewegung und sympathisierende Intellektuelle wie Heine, Freiligrath, Herwegh, Weerth in ihren literarischen und journalistischen Arbeiten politisch Stellung bezogen.

Nach der Reichsgründung 1871 entwickelte sich mit dem Anwachsen der Sozialdemokratie auch die Arbeiterliteratur; aber sie blieb im Grunde Nebensache, da die eigentliche Intention der Arbeiterbewegung die Vermittlung ökonomischer, gesellschaftlicher und historischer Kenntnisse war.

Die Situation der Arbeiterliteratur nach dem 1. Weltkrieg ist gekennzeichnet durch die Trennung von SPD und KPD. Autoren, die der SPD nahestanden, schufen eine Literatur, die sich als „Arbeiterdichtung“ verstand, oft von Arbeitern verfaßt war, aber der bürgerlichen Literaturtradition verbunden blieb. Lersch, Bröger, Engelke und der Bund der Werkleute auf Nyland (1912) sind bekannt geworden durch ihre Heroisierung der Arbeit, ihre hymnische Bejahung oder Dämonisierung der Maschine, vor allem aber durch ihre Verklärung des Krieges. Eine konsequente Fortsetzung dieser Literatur führte nach 1933 zur nationalsozialistischen „Blut-und-Boden“-Dichtung.

Im krassen Gegensatz dazu stand die mit der KPD verbundene Arbeiterliteratur. Sie entwickelte sich zur kämpferischen Literatur gegen das kapitalistische System. Die Arbeiterkorrespondentenbewegung schuf z.B. eine Gegenöffentlichkeit zur bürgerlichen Presse. Erzählungen und Romane entstanden, die vom Leben und vom Kampf der Arbeiter und Angestellten handelten. 1928 wurden der „Bund proletarisch-revolutionärer Schriftsteller“ (BPRS) gegründet zur Verstärkung kulturpolitischer Aktivitäten. Gleichzeitig war der BPRS aber auch ein Forum für theoretische Debatten, z.B. zum Problem des Realismus in der Literatur.

Während nach dem 2. Weltkrieg in der DDR durch die Rückkehr vieler Emigranten an die Traditionen der Weimarer Zeit angeknüpft werden konnte, spielte das Thema Arbeitswelt in der neu entstehenden Literatur in der Bundesrepublik überhaupt keine Rolle. In den Publikationen der Gruppe 47 z.B. war dieses Thema nahezu völlig ausgeblendet. Erst gegen Ende der fünfziger Jahre sollte hier eine Änderung eintreten. Bedingt durch die Krise des Ruhrbergbaus und die Streiks der Arbeiter, ergriffen einige Intellektuelle wie Walter Jens Partei und stellten die Forderung nach Erweiterung des literarischen Stoffrepertoires. „Man beschreibt das Individuum, das es sich leisten kann, Gefühle zu haben, den Menschen im Zustand eines ewigen Feiertages. (...) Arbeiten wir nicht? Ist unser tägliches Tun so ganz ohne Belang? Geschieht wirklich nichts zwischen Fabrikation und Montagehalle (...)?" (Walter Jens) Vor diesem Hintergrund bildete sich 1961 in Dortmund auf Initiative des dortigen Bibliotheksdirektors Fritz Hüser die „Gruppe 61", ein Arbeitskreis für künstlerische Auseinandersetzung mit der industriellen Arbeitswelt. Ihr Name war in Anlehnung an die „Gruppe 47" gewählt. Die Gruppe umfaßte ca. 30 meist aus dem Ruhrgebiet stammende Mitglieder; zu ihnen gehörten neben Fritz Hüser Max von der Grün, Kurt Küther, Günter Wallraff und Josef Büscher. Die Intentionen der Gruppe beschrieb Fritz Hüser so: „Die Autoren der Dortmunder Gruppe 61 „schreiben nicht als Arbeiter für Arbeiter, sie wollen einen Beitrag leisten zur literarischen Gestaltung aller drängenden Fragen und Erscheinungen unserer von Technik und 'Wohlstand' beherrschten Gegenwart. Nicht der Beruf und die soziale Stellung des Schreibenden ist entscheidend – wichtig allein ist nur das Thema und die Kraft, es künstlerisch darzustellen."

Tagungen und Lesungen der Gruppe wurden institutionalisiert; sie waren in der ersten Zeit durchaus ein offenes Forum auch für Arbeiter. Im Laufe der Jahre aber verstärkte sich die Hinwendung zur bürgerlichen Literatur und ihrem Markt. Die Autoren entwickelten sich zu Berufsschriftstellern, ihr Lesepublikum wurde immer stärker die bürgerliche Öffentlichkeit.

Die wirtschaftliche Rezession 1966/67, die Große Koalition und die Studentenbewegung führten gegen Ende der sechziger Jahre zu einer allgemeinen Politisierung, auf dem literarischen Sektor zu einem neuen Realitätsbezug, der sich u.a. in der Form der Dokumentarliteratur (Reportage, Protokolle usw.) niederschlug. Autoren waren meistens Linksintellektuelle, deren Ziel es war, die gesellschaftlich Unterprivilegierten über ihre Situation aufzuklären und kritisch-politisches Bewußtsein zu vermitteln. In diesem Zusammenhang müssen Wallraffs Reportagen und Erika Runges „Bottroper Protokolle" genannt werden.

Innerhalb der Gruppe 61 verstärkten sich daraufhin die Spannungen. Die arrivierten Autoren, die literarisch Vorgebildeten und die Verleger dominierten auf den Treffen. Literarische Qualität der Werke im bürgerlich-ästhetischen Sinn war gefragt, sie war die Voraussetzung für eine Zulassung zur Lesung. Die Konsequenz war, daß sich die Werkstattarbeit verringerte und die schreibenden Arbeiter an den Rand oder ganz aus der Gruppe gedrängt wurden. Politische Bewußtseinsbildung der Arbeiter und Hilfen zu ihrer Emanzipation fanden kaum statt. Diese Theorie und Praxis der Gruppe 61 riefen bei einem Teil ihrer Mitglieder heftige Kritik hervor. Sie führte schließlich zur Spaltung der Gruppe und 1970 zur Bildung des „Werkkreises Literatur der Arbeitswelt". Die Dortmunder Gruppe 61 löste sich 1972 ganz auf.

Der „Werkkreis" gab sich ein Programm, in dem er sich definierte als „eine Vereinigung von Arbeitern und Angestellten, die in örtlichen Werkstätten mit Schriftstellern, Journalisten und Wissenschaftlern zusammenarbeiten. Seine Aufgabe ist, die Situation abhängig Arbeitender darzustellen, vor allem mit sprachlichen Mitteln. Auf diese Weise versucht der Werkkreis, die menschlichen und materiell-technischen Probleme der Arbeitswelt als gesellschaftliche bewußtzumachen. Er will dazu beitragen, die gesellschaftlichen Verhältnisse im Interesse der Arbeitenden zu verändern.“ In seiner Arbeit hält der Werkkreis eine enge Zusammenarbeit mit den Gewerkschaften für sinnvoll und notwendig. Die eigene Schreibtätigkeit soll bei den Mitgliedern wie bei den Lesern das gesellschaftliche Bewußtsein stärken und Veränderungsprozesse in Gang setzen.

Während in den ersten Publikationen vor allem die Beschreibung von Erlebnissen und Erfahrungen am Arbeitsplatz im Vordergrund stand, wurden später zunehmend auch andere Bereiche wie Freizeit und Familie einbezogen. Die anfängliche resignative Konstatierung schlechter Verhältnisse ist in der Folgezeit einem stärkeren politischen Engagement und einer emanzipatorischen Bewußtseinsbildung gewichen. In verschiedenen Städten der Bundesrepublik bildeten sich ca. 30 Werkstätten, in denen ca. 350 Mitglieder arbeiteten: Sozialdemokraten, Parteilose – Arbeiter, Angestellte, Schüler, Studenten, Journalisten, Lehrer, Künstler. Eine enge Verbindung zwischen den Werkstätten und zu den Gewerkschaften und die kollektive Produktion von Literatur sind Kennzeichen und Markenzeichen dieses Zusammenschlusses.

Die Probleme der Werkkreise liegen auf verschiedenen Ebenen:

- ▷ So konnten sie nicht immer der Gefahr entgehen, daß Schriftsteller und Akademiker aufgrund ihrer Anzahl, ihres Engagements und ihrer intellektuellen Fähigkeiten ein überproportionales Gewicht erhielten.
- ▷ Im Verhältnis der Werkkreise zur bürgerlichen Öffentlichkeit und zum Literaturmarkt liegt ein weiteres Problem. Die Publikationen erschienen von 1972–1987 im Fischer Verlag als Taschenbücher, also in einem etablierten Verlag. Damit waren die Werkkreise in Abhängigkeit geraten.
- ▷ Zu den Rezipienten der Literatur der Werkkreise zählten in erster Linie Lehrer und Studenten. Arbeiter hingegen wurden nur in relativ geringem Umfang erreicht. Damit wird aber eine wesentliche Forderung des Programms, nämlich die Aufklärung und politische Willensbildung der Arbeiter, nicht erfüllt.
- ▷ Die Werkkreise verstehen sich nicht als Institution für Nachhilfeunterricht in Stilkunde. Das hatte zur Konsequenz, daß viele ihrer Publikationen literaturästhetischen Anforderungen nicht genügten. Sie blieben häufig im vordergründigen eindimensionalen Erzählen unmittelbar erlebter Wirklichkeit stekken und überschritten immer wieder die Schwelle zur üblichen Trivialliteratur.
- ▷ Schließlich ist fraglich, ob fortschrittliche, kritische, emanzipatorische Literatur überhaupt in der Lage ist – wie es das Programm der Werkkreise fordert –, entscheidende Anstöße zur Veränderung der Gesellschaft zu geben. Daß hingegen Literatur auf gesellschaftliche Prozesse reagieren, sie registrieren und bewußtmachen kann, zeigt sich an zahlreichen Publikationen der Werkkreise und der Gruppe 61.

Seit Mitte der 80er Jahre ist das Interesse an den Werkkreisen und seiner Literatur mehr und mehr zurückgegangen. Zwischenzeitlich schrumpfte die Anzahl der Werkstätten auf vier; gegenwärtig (1993) arbeiten zwölf Werkstätten: in Dortmund, in Gummersbach, Köln, Mannheim-Ludwigshafen, München, Osnabrück, Bielefeld (JVA), Essen, Hannover, Leverkusen, Marburg und Nürnberg jeweils Literatur.

Durch den Rückzug des Fischer-Verlags 1987 verloren die Werkkreise ihre wichtigste überregionale Publikationsmöglichkeit. Heute erscheinen die Produkte der Werkstätten in verschiedenen Verlagen, vor allem aber im gewerkschaftseigenen Bund-Verlag, und in Form von Rundbriefen.

Das Thema Arbeitswelt und die Literatur der Arbeitswelt zählten in der Literaturdidaktik und in Lesebüchern lange zu den „versäumten Lektionen". Diese Literatur paßte nicht in den ästhetischen Rahmen, zudem war und ist sie politisch engagiert und damit didaktisch heikel. Erst Ende der sechziger und Anfang der siebziger Jahre tauchten erste Texte von Wallraff oder Max von der Grün in den Lesebüchern auf. Anfang der siebziger Jahre fanden in der Lehrerausbildung erste Seminare zum Thema Arbeiterliteratur statt. Im Zuge der Auseinandersetzung mit dem Lesebuch „drucksachen" wurden einige Texte aus der Literatur der Arbeitswelt wegen ihrer „Einseitigkeit" wieder aus den Büchern entfernt. Inzwischen sind aber von verschiedenen Verlagen für die Sekundarstufe I und II Unterrichtsmodelle zur Arbeiterliteratur entwickelt worden, Anthologien wurden publiziert. Der Werkkreis selbst gab von 1973 bis 1980 Modelle für die Hauptschulen heraus. Für die Einbeziehung der Literatur der Arbeitswelt in den Unterricht lassen sich folgende Gründe nennen:

- ▷ Der erweiterte Literaturbegriff in der Literaturdidaktik erfordert die Einbeziehung aller Art von Literatur in den Unterricht. Dahrendorfs Forderung, der Literaturunterricht sei ein Spiegelbild des literarischen Marktes, ist nach wie vor gültig.
- ▷ Die Literatur der Arbeitswelt trifft in ihrer Darstellungsweise und Problemorientierung die Erfahrungen und Interessen der Hauptschüler in besonderer Weise.
- ▷ Die Literatur der Arbeitswelt liefert den Schülern authentischen Einblick in die reale Arbeitswelt, ihre Probleme und Widersprüche. Sie fordert zum Nachdenken über die gesellschaftlichen Hintergründe und damit zum Nachdenken über die moderne Industriegesellschaft und ihre Fehlentwicklungen heraus.
- ▷ Die Literatur der Arbeitswelt liefert Anstöße zum Aufbrechen vorhandener gesellschaftlicher Ideologien und Vorurteilsstrukturen.

Literatur

Arend, Brigitte u. a.(Hrsg): Arbeitslosigkeit. Stuttgart 1983 (= Reclams Arbeitstexte für den Unterricht).

Arnold, Heinz Ludwig (Hrsg): Gruppe 61, Arbeiterliteratur – Literatur der Arbeitswelt?. Stuttgart 1971.

Arnold, Heinz Ludwig (Hrsg): Handbuch zur deutschen Arbeiterliteratur. 2 Bde. München 1977.

Arnold-Dielewicz, Ilsabe Dagmar; Arnold, Heinz Ludwig (Hrsg): Arbeiterliteratur in der Bundesrepublik Deutschland. Stuttgart 1975.

Dithmar, Reinhard: Industrieliteratur. München [2]1977.

Durzak, Manfred: Literatur der Arbeitswelt in der Bundesrepublik Deutschland. In: Deutsche Gegenwartsliteratur. Ausgangspositionen und aktuelle Entwicklungen. Durzak, Manfred (Hrsg). Stuttgart 1981.

Fischbach, Peter u. a. (Hrsg): Zehn Jahre Werkkreis Literatur der Arbeitswelt. Dokumente, Analysen, Hintergründe. Frankfurt am Main 1979.

Karst, Theodor (Hrsg): Texte aus der Arbeitswelt seit 1961. Stuttgart 1974.

Karst, Theodor (Hrsg): Lehrzeit. Erzählungen aus der Berufswelt. Stuttgart 1980 (= Reclams Arbeitstexte für den Unterricht).

Kühne, Peter: Arbeiterklasse und Literatur. Dortmunder Gruppe 61, Werkkreis Literatur der Arbeitswelt. Frankfurt am Main 1972.

Ludwig, Martin H.: Arbeiterliteratur in Deutschland. Stuttgart 1976.

Günter Lange

Literaturverfilmung

„Verfilmung, die Bearbeitung eines literarischen Werkes (Drama, Roman, Erzählung, Epos u. ä.) und dessen Inszenierung für den Film. Sie bedingt meist einige, je nach Ambition und Sachlage oberflächliche oder tiefergreifende Umformungen und Verzerrungen der Vorlage bei der Übertragung in ein anderes, eigengesetzliches Ausdrucksmedium und beim Zuschnitt auf ein breiteres Publikum, die fast überall zu einer Zerstörung wesentlicher Züge und Strukturen des (zumal epischen) Werkes führt und allenfalls durch hervorragende Schauspieler- und Regieleistungen ausgeglichen werden kann, dann aber das Vorstellungsvermögen des Lesers auf Figuren und Umwelt der einmalig verwirklichten Form eingrenzt." (v. Wilpert) Diese Definition in Wilperts „Sachwörterbuch der Literatur" enthält alle gängigen Vorurteile der Literaturwissenschaft gegenüber den audiovisuellen Medien und gegenüber der Verfilmung von Literatur, die es dem Literaturwissenschaftler so schwer machen, sich sachgerecht mit Literaturverfilmungen auseinanderzusetzen, und die den Deutschlehrer daran hindern, Literatur und ihre Verfilmungen zum Gegenstand des Deutschunterrichts zu machen. Dabei ist das Verhältnis zwischen Literatur und Film seit der Entstehung des Films immer besonders eng und die Wechselbeziehung zwischen beiden Medien ausgesprochen intensiv gewesen. Diese Wechselbeziehung besteht nicht nur im Übernehmen von literarischen Stoffen oder in der Entwicklung des Drehbuchs als neuer literarischer Gattung, sondern vor allem in der Einbeziehung filmischer Elemente in die Literatur und literarischer Elemente in den Film.

Literatur und Film arbeiten mit unterschiedlichen Zeichensystemen. (Hier gilt das Fernsehspiel jeweils als einbezogen, ohne daß das ausdrücklich erwähnt wird. Von seinem Ursprung her hat es zwar gegenüber dem Film einige Besonderheiten, die aber durch die enge Wechselbeziehung zwischen Filmindustrie und Fernsehproduktion minimalisiert wurden, so daß die Übergänge zwischen Film und

Fernsehspiel heute als fließend gelten können.) Während in der Literatur die geschriebene Sprache allein die Erlebnisse, Geschichten, Gefühle und Gedanken vermittelt, operiert der Film vor allem auf der visuellen Ebene. Literarische Texte bestehen aus Buchstaben, Wörtern und Sätzen, die erst vom Leser im Lesevollzug mittels seiner Phantasie zum „Leben" erweckt und in Bilder, Erlebnisse, Handlungsabläufe usw. umgesetzt werden. Der Film dagegen operiert mit einem optischen und akustischen Zeichensystem, die sich gegenseitig bedingen und erst gemeinsam die filmspezifische Wirkung hervorrufen. Allerdings wird dem optischen System die größere Bedeutung beigemessen. Das akustische System unterteilt sich in ein sprachliches und musikalisches Subsystem und in die Geräusche. Filmtheoretiker wie Metz und Eco haben seit den sechziger Jahren versucht, diese spezielle „Filmsprache", das Zusammenspiel von Bild, Sprache, Musik und Geräuschen, mit Hilfe der Semiotik zu beschreiben und eine Theorie der Filmsprache zu entwickeln.

Anders als in der Literatur werden dem Betrachter eines Films einzelne Einstellungen und Szenen nacheinander dargeboten, die von ihm zu einem sinnvollen Inhalt verknüpft werden müssen. Während der Leser eines Romans sich beim Lesen eine eigene Romanwirklichkeit erschafft, indem er die gelesenen Worte mit Hilfe seiner Phantasie in Bilder umsetzt, wird dem Filmzuschauer eine bereits visualisierte Wirklichkeit dargeboten, wodurch der Spielraum seiner Phantasie eingeengt wird. Der Roman läßt seinem Leser also mehr Freiheit, der Film engt seinen Betrachter stärker ein und legt ihn fest, aber *beide* Medien verlangen von ihrem Benutzer geistige Aktivität.

Der Film, der ursprünglich keineswegs auf das Erzählen einer Handlung angelegt war, sondern in erster Linie bewegte Bilder vermitteln wollte, hat von der Literatur gelernt, vor allem von den Romanen des 19. Jahrhunderts. Die großen Regisseure und Filmtheoretiker wie Griffith oder Eisenstein haben immer wieder betont, daß sie die narrative Struktur vor allem der Romane von Charles Dickens auf den Film übertragen haben; erst dadurch setzte sich das literarische Paradigma im filmischen Erzählen durch (vgl. Paech).

Literarische Ausdrucksformen wie der innere Monolog, der Dialog und Kommentar wurden so zu Elementen filmischer Darstellungskunst. Auch die Metaphorik, die Darstellung der Vergangenheit durch Rückblenden, die figurale Typisierung, die Verklammerungstechnik von Rahmen und Binnenhandlung, die Leitmotivtechnik übertrugen die Regisseure von der Literatur auf den Film (Heimann u. Kandt). Selbst die im eigentlichen Sinne filmspezifische Montagetechnik hat Griffith von Dickens gelernt: Eisenstein verweist 1944 in seinem Aufsatz „Dickens, Griffith und wir" auf die großen Gemeinsamkeiten zwischen dem literarischen Erzählen im 19. Jahrhundert und der narrativen Struktur des Films. Die Filmhistoriker betonen, daß die berühmten Regisseure vor allem deswegen die narrativen Strukturen der anerkannten Romanliteratur übernommen haben, weil sie hofften, auf diese Weise den Film für das bürgerliche Publikum akzeptabel zu machen.

Die hier beschriebene enge Beziehung zwischen Film und Literatur vertiefte sich dadurch, daß die Filmregisseure, nachdem sie einmal den erzählenden Film als Modell entwickelt hatten, einen großen Bedarf an erzählenden Stoffen besaßen. Was lag da näher, als die vorhandenen Stoffe der Weltliteratur aufzugreifen und für das neue Medium zu adaptieren? Hier waren es vor allem die realistischen Romane des 19. Jahrhunderts, die sich als Filmstoffe geradezu aufdrängten. Verfilmt wurden so in den Anfängen die Romane Zolas, Hugos, Racines, Sues, Balzacs, „Quo Vadis?" von Sienkiewicz u. v. a. Daneben griffen die deutschen Stummfilmer auf die „Lesestoffe der kleinen Leute" (Schenda) zurück und verfilmten die oft gelesene Trivialliteratur dieser Zeit. „Die pseudo-literarische Dutzendware, die dem primitiven Verlangen der damals traditionslosen Massen entsprach, findet ihre Ergänzung im Kintopp: Der Film übertrug nur ins Bildhafte, was als Handlungsstoff im Schrifttum längst vorhanden war" (Panofsky).

Um aber das kulturelle Niveau anzuheben und den Film für das Bürgertum akzeptabel zu machen, mußte das Kino aufgewertet und der Film mit anerkannten Stoffen ausgestattet werden. „Das Kino sollte zum 'Theater' werden, der Film zur 'Literatur', damit das Kino als Medium bürgerlicher Wertvorstellungen fungieren konnte, die noch immer durch Literatur und Theater repräsentiert wurden" (Paech). Historisierende Monumentalfilme entstanden in Italien, französische Literaturverfilmungen sollten als Verwirklichung des Kinos in der Form des Theaters und der Literatur dienen. Die Schriftsteller der beiden ersten Jahrzehnte unseres Jahrhunderts wurden wiederholt aufgefordert, sich zu einer Zusammenarbeit mit der Filmindustrie bereitzufinden und Drehbücher zu verfassen. 1913 kam auf Initiative des Schriftstellers Kurt Pinthus eine Sammlung von Erzählungen für das Kino zustande. Unter dem Eindruck der Kinoerfahrungen wollten die Autoren eine andere, filmische Literatur produzieren. Die Texte dieses „Filmbuchs" sind allerdings nie verfilmt worden.

Aus der Zusammenarbeit zwischen Schriftstellern und Filmindustrie entstanden „Kunstfilme", die im Unterschied zu den bisher üblichen Adaptionen als „Autorenfilme" bezeichnet werden können, da die Schriftsteller selbst an der Verwirklichung beteiligt waren. Dazu gehören z. B. „Das fremde Mädchen", das nach einem Buch von Hofmannsthal, und „Liebelei", das nach einem Drama von Schnitzler entstand. Infolge dieser Zusammenarbeit begann sich zunehmend die Literatur- und Theaterkritik für den Film zu interessieren. „Die Anfänge des literarischen Films in Deutschland sind auch die der ernsthaften Filmkritik" (Paech). Die Entwicklung des Tonfilms intensivierte die Zusammenarbeit zwischen Schriftstellern und Filmindustrie, wenn auch immer wieder Distanzierungen seitens berühmter Schriftsteller zu beobachten waren. Andererseits interessierten sich Schriftsteller wie Thomas und Heinrich Mann sehr für das hier entstehende neue Medium. Die bis dahin zu beobachtende einseitige Einflußnahme der Literatur auf den Film kehrte sich nun teilweise um oder wurde zu einer Wechselbeziehung. Schriftsteller lernten durch den Film andere Darstellungsformen und Erzählweisen kennen und übernahmen sie für die Literatur. Sehr deutlich sind diese filmischen Einflüsse in Döblins „Berlin Alexanderplatz" oder in Brechts epischem Theater zu erkennen, aber auch in Thomas Manns Romanen kann man sie nachweisen.

In den sechziger und siebziger Jahren schließlich wurde die Zusammenarbeit zwischen Literatur und Film in Deutschland in einem erheblichen Maße gesteigert. Zahlreiche Schriftsteller verfaßten Drehbücher für Filme und Fernsehspiele; im Dritten Programm des Fernsehens entstand die Sparte „Das kleine Fernsehspiel“, für die bekannte Schriftsteller Drehbücher zur Verfügung stellten. Einige von ihnen, wie z. B. Alexander Kluge, Herbert Achternbusch und Peter Handke, verfilmten ihre Drehbücher selbst und kreierten so den deutschen „Autorenfilm“, andere, wie z. B. Gabriele Wohmann, arbeiteten an der Verfilmung ihrer Werke intensiv mit. Schließlich diente die Literatur nicht mehr nur als Stofflieferant für den Film, sondern wurde umgekehrt der Film zum Stofflieferanten für die Literatur. Gerhard Zwerenz schrieb nach Fassbinders Film „Die Ehe der Maria Braun“ seinen gleichnamigen Roman. Beispiele dafür gab es schon früher in den USA.

Mittlerweile – so kann man sagen – ist der Film als künstlerisches Ausdrucksmittel allgemein anerkannt; er wird wie die Literatur als Teil unserer Kultur akzeptiert. Befürchtungen, der Film könne die Literatur verdrängen, die von Kulturpessimisten immer wieder geäußert wurden, erwiesen sich als falsch; statt dessen sind Film und Literatur – wie hier dargestellt – zahlreiche für beide Seiten fruchtbare Verbindungen eingegangen.

Sein epischer Charakter rückt den Film in eine besondere Nähe zum Roman – eine Tatsache, für die die zahlreichen Romanverfilmungen ein deutlicher Beleg sind. Film und Roman gehören beide dem Bereich des Fiktiven an, sie sind nicht einfach abgebildete Wirklichkeit, sondern deren fiktionale Widerspiegelung und daher eine Interpretation der Wirklichkeit. Für den Zuschauer bzw. Leser bedeutet das: Er macht mit Hilfe von Film oder Roman Erfahrungen mit der Wirklichkeit und mit Menschen, die er auf sich übertragen kann. Er kann mit ihrer Hilfe Erinnerungen und Erlebnisse aufarbeiten und bewältigen, er kann Unerfülltes auf fiktive Personen übertragen, Tagträume ausleben, er kann fremdes Schicksal identifizierend miterleben. Er erfährt eine Erweiterung seiner eigenen Realitätskenntnis und seines psychischen Verständnisses von sich und anderen. Er erfährt Deutungen von Wirklichkeit, Gesellschaft, menschlichem Leben, mit denen er sich auseinandersetzen kann. Er macht heterogene Erfahrungen und erfährt Widersprüchlichkeiten und muß sie aushalten lernen (vgl. Brinckmann).

Bei aller Ähnlichkeit in ihrer Funktion und Wirkung auf den Zuschauer bzw. Leser bleiben Film und Literatur aber doch zwei ganz unterschiedliche Medien der Auseinandersetzung mit der Wirklichkeit; denn beide besitzen ganz verschiedene Mittel der Darstellung und Durchleuchtung von Realität und menschlicher Innenwelt und zum Umgang mit Raum und Zeit. Bei einer Übertragung von Stoffen aus einem Medium in das andere zeigen sich die Möglichkeiten und die Grenzen beider Medien ganz deutlich. Andererseits besitzen solche Übertragungen ihre besonderen Reize. Sie sind eine Herausforderung an Schriftsteller und Filmregisseure, die Probleme produktiv zu bewältigen, und schaffen die Möglichkeit, andere künstlerische Erfahrungen zu machen und neue Ausdrucksformen zu erproben.

In seinem Vortrag auf dem Germanistentag in Saarbrücken 1980 unterscheidet Helmut Kreuzer vier verschiedene Arten, einen literarischen Stoff filmisch zu adaptieren:

- *die Aneignung von literarischem Rohstoff*: der Regisseur entnimmt der literarischen Vorlage das grobe Handlungsgefüge oder Handlungselemente und Figuren, die er für seinen Film gebrauchen kann. Der Film ist im engen Sinn keine Literaturverfilmung, sondern eher ein eigenständiger Film, der sehr frei mit seiner literarischen Vorlage umgeht.
- *die Illustration*: sie stellt praktisch eine Bebilderung von Literatur dar und ist insofern eine relevante Adaptionsform. Sie hält sich, soweit das in dem anderen Medium überhaupt möglich ist, an den Handlungsverlauf und die Figurenkonstellation der literarischen Vorlage, übernimmt sogar deren Dialoge wörtlich, bisweilen auch einen längeren auktorialen Erzähltext, der dann aus dem Off gesprochen wird. Diese Form einer vermeintlichen Werktreue kann dennoch das Original verfehlen, da derselbe sprachliche Text in den beiden Medien eine durchaus sehr unterschiedliche Funktion und Wirkung besitzen kann.
- *die interpretierende Transformation*: hier wird nicht vordergründig der Inhalt eines literarischen Textes ins Bild übertragen, sondern die Form-Inhalt-Beziehung, ihr Sinn und ihre spezifische Wirkungsweise werden erfaßt und in das andere Medium mit seiner anderen Kunst- und Darstellungsart übertragen, so daß ein „analoges" Werk entsteht. Diese Transformation erfordert keine wörtliche Übertragung oder direkte Bebilderung, sondern sie ist eine Interpretation entsprechend den Gesetzen und Ausdrucksmöglichkeiten des anderen Mediums. „Nicht nur das erzählte Geschehen, sondern auch das Erzählgeschehen ist zu transformieren, nicht nur das Was, sondern auch das Wie der Darstellung, das uns auf den Akt des Erzählens verweist und uns vermittelt, wie das Dargestellte aufzufassen sei." (Kreuzer) Eine interpretierende Transformation will den *Sinn* eines literarischen Werkes erfassen und wiedergeben, sie will es aber nicht ersetzen. Das entscheidende Beurteilungskriterium ist die Angemessenheit der Interpretation.
- *Die Dokumentation*: sie ist verfilmtes Theater; sei es, daß eine vorgegebene Theateraufführung aufgezeichnet, sei es, daß eine speziell für die Leinwand oder den Bildschirm bestimmte Aufführung abgebildet wird. Die filmische Dokumentation ist im strengen Sinne ebenfalls keine Literaturverfilmung; sie unterliegt damit auch anderen Beurteilungskriterien. Ihr Rang wird letztlich bestimmt von der Qualität des Dokumentierten.

Für die Literaturwissenschaft wie auch für den Deutschunterricht ist die interpretierende Transformation die interessanteste und ergiebigste Adaptionsform. An ihrem Beispiel können die Möglichkeiten und Grenzen von Literaturverfilmungen allgemein untersucht und die Besonderheiten von Literatur und Film herausgearbeitet werden. An Beispielen interpretierender Transformationen ist in den letzten zehn Jahren von Literaturwissenschaftlern recht intensiv gearbeitet worden, um Mittel, Wege und Methoden des Vergleichs zu finden und um das Verhältnis von Literatur und Film genauer zu bestimmen. Geforscht haben hier nicht nur Germanisten, sondern auch Romanisten und Anglisten. Während in den Arbeiten der frühen siebziger Jahre fast ausschließlich literaturwissenschaftliche Fragestellungen und Methoden angewendet wurden und das Besondere des Films und die Adaptionsproblematik ausgeklammert blieb, änderten sich die Verfahren im Zuge der Anwendung filmsemiologischer und linguistischer Theorien und Methoden. Die zentrale Frage aller Untersuchungen von Literaturverfilmungen ist die Frage nach der Adäquatheit einer filmischen Adaption. Was heißt „adäquat" unter Berücksichtigung aller medialer Unterschiede? Was ist vergleichbar?

Die Untersuchungen und methodischen Reflexionen von Klaus Kanzog, Irmela Schneider u. a. machen deutlich, daß eine Literaturwissenschaft, die die intermedialen Aspekte ihres Gegenstands nicht berücksichtigt, heute kaum noch zu rechtfertigen ist (Paech). Die Differenziertheit und Theorielastigkeit dieser filmsemiologischen Arbeiten zeigen aber zugleich, daß sie nicht ohne weiteres im Deutschunterricht anwendbar sind. Die Deutschdidaktik muß sich zwar mit den Ergebnissen dieser Forschung auseinandersetzen, wird sie aber kaum ohne erhebliche Einschränkungen und Veränderungen im Unterricht einsetzen können.

Die Literaturverfilmung ist für den Deutschunterricht ein ganz neues Thema. Bis um 1970 arbeitete die Literaturdidaktik mit einem sehr engen Literaturbegriff. Unter Literatur wurde in Konsequenz der werkimmanenten Methode und ihrer Didaktik lediglich die Dichtung eingeordnet. Erst durch die kommunikative Wende und die Linguistisierung der Didaktik wurde der Begriff erweitert; Jugendliteratur, Unterhaltungs- und Trivialliteratur fielen nun ebenso unter diesen Begriff wie Texte der auditiven und audiovisuellen Medien (Hörspiel, Fernsehspiel, Film) und die pragmatischen Texte. Einbezogen wurden folglich in den Literaturunterricht auch die verschiedenen Medien mit ihren je spezifischen Darstellungsformen. Die Literaturdidaktik entwickelt sich zu einer Mediendidaktik, in der Texte aller Art gleichberechtigt nebeneinander stehen, denn nur so kann der Unterricht die mediale Wirklichkeit der Schüler widerspiegeln.

Durch die zahlreichen Adaptionen literarischer Stoffe im Film wurde die Literaturverfilmung Gegenstand des Literaturunterrichts. Skepsis und Zurückhaltung vieler Deutschlehrer blieben aber erhalten. Erst durch die fachwissenschaftliche und fachdidaktische Diskussion in den letzten Jahren ergaben sich hier Veränderungen. 1980 beschäftigte sich der Germanistentag in Saarbrücken mit dem Thema Literaturverfilmung, ebenso die beiden Zeitschriften „Der Deutschunterricht" (Heft 4/1981) und „Praxis Deutsch" (Heft 57/1983).

Aufgrund der Häufigkeit von Literaturverfilmungen in Film und Fernsehen besitzen sie inzwischen gesellschaftliche Bedeutung. Für viele Schüler eröffnet heute die Literaturverfilmung den Zugang zur Literatur, sie hat eine literarische Brükkenfunktion übernommen.

Der Deutschunterricht sollte die Chance, die sich hier bietet, erkennen und nutzen, um den Schülern so einen interessanten Zugang zur Literatur zu verschaffen und um mit ihnen über die Möglichkeiten und Grenzen der verschiedenen Medien zu sprechen. Ziel des Unterrichts sollte es allerdings nicht sein, die Literatur gegen den Film auszuspielen, sondern vor allem die unterschiedlichen Ausdrucksmöglichkeiten herauszuarbeiten.

Die begrenzte Dauer von Filmen ermöglicht es, daß sie in einer Doppelstunde von allen Schülern gemeinsam rezipiert werden. Die inzwischen in allen Schulen vorhandenen Videorecorder, deren leichte Handhabung und die Verfügbarkeit vieler Literaturverfilmungen in Landes-, Kreis- oder Stadtbildstellen erleichtern den Umgang und den Zugang ungemein.

Das Handwerkszeug für die Interpretation einer Literaturverfilmung bilden die Grundbegriffe der Filmsprache. Knut Hickethier gibt in seinen beiden Aufsätzen in den oben genannten Zeitschriften dem Lehrer gute und verständliche Hilfen. Viele dieser Grundbegriffe kennt der Deutschlehrer aus der Literaturwissenschaft: Erzählperspektive, Erzählphase, Rückblende und Vorausdeutung, Viewpoint-Technik u. ä., andere – vor allem die filmspezifischen – sind ursprünglich produktionstechnische Kategorien, die das Verhältnis der Kamera zum gefilmten Objekt bezeichnen.

Die Analyse einer Literaturverfilmung sollte nicht die Durchdringung aller filmischen Details anstreben, sondern sich – ähnlich wie eine Textanalyse – auf wesentliche und ausgewählte Aspekte beschränken, da sonst leicht die Gefahr besteht, daß der Film in seiner Gesamtheit aus dem Auge verloren wird oder die Schüler den Spaß an der Arbeit verlieren, da eine genaue Analyse ausgesprochen zeitaufwendig ist.

Als Grundlage für einen Vergleich zwischen einem literarischen Text und seiner Verfilmung sollte neben Text und Film unter allen Umständen ein Filmprotokoll, eine Filmnacherzählung, ein Sequenzenprotokoll oder das Drehbuch dienen. Wie derartige Filmprotokolle aussehen und wie sie hergestellt werden können, erläutert der Aufsatz von Günter Lange zu „Film und Fernsehspiel im Unterricht“ im „Taschenbuch des Deutschunterrichts“.

Literatur

Adam, Gerhard: Literaturverfilmungen. München 1984.

Brinckmann, Christine: Legitimation und Funktion des Spielfilms als Unterrichtsgegenstand. Diskussion Deutsch (1973), H. 14.

Buddecke, Wolfram; Hienger, Jörg: Fernsehunterhaltung in der Sekundarstufe I. Zur Rolle von Spiel- und Sachfilmen im Literaturunterricht. Hannover 1986.

Der Deutschunterricht (1981), H. 4: Literatur und Film.

Faulstich, Werner: Die Filminterpretation. Göttingen 1988.

Gast, Wolfgang: Film und Literatur. Analysen, Materialien, Unterrichtsvorschläge, Grundbuch und 4 Bände. Frankfurt ab 1993.

Heimann, Bodo; Kandt, Angela: Film und deutsche Gegenwartsliteratur. In: Deutsche Gegenwartsliteratur. Ausgangspositionen und aktuelle Entwicklung. Durzak, Manfred (Hrsg). Stuttgart 1981.

Kreuzer, Helmut: Medienwissenschaftliche Überlegungen zur Umsetzung fiktionaler Literatur. Motive und Arten der filmischen Adaption. In: Medien und Deutschunterricht. Vorträge des Germanistentages in Saarbrücken 1980. Schaefer, Eduard (Hrsg). Tübingen 1981.

Lange, Günter: Film und Fernsehspiel im Unterricht. In: Taschenbuch des Deutschunterrichts, 2. Bd. Lange, Günter; Neumann, Karl; Ziesenis, Werner (Hrsg). Baltmannsweiler [4]1990.

Monaco, James: Film verstehen. Kunst, Technik, Sprache. Geschichte und Theorie des Films. Reinbek 1980 (1990).

Paech, Joachim: Thema: Literaturverfilmung. Diskussion Deutsch (1986), H. 88.

Paech, Joachim (Hrsg.): Methodenprobleme der Analyse verfilmter Literatur. Münster 1984.

Paech, Joachim: Literatur und Film. Stuttgart 1988 (= SM 235).

Praxis Deutsch (1983), H. 57: Verfilmte Literatur – Literarischer Film.

Günter Lange

Märchen

Unter Märchen versteht man phantastisch-wunderbare Erzählungen, in denen die Naturgesetze weitgehend aufgehoben sind und in denen außerwirkliche Gestalten, Zauber und Verwandlung die bestimmenden Elemente der Handlung darstellen. Es wird zwischen Volksmärchen mit anonymer Herkunft aus mündlicher Überlieferung und Kunstmärchen unterschieden, die in der Regel Werke einzelner Autoren sind.

Das Wort „Märchen" ist eine Verkleinerungsform zu „Mär", mittelhochdeutsch „diu maere" = „Kunde, Bericht, Erzählung, Gerücht". Es bezeichnete ursprünglich also einfach eine kurze Erzählung. Wie andere Verkleinerungsformen unterlag es einer Bedeutungsverschlechterung und wurde auf erfundene und unwahre Geschichten angewendet (lügenmaere, tandmaere u. a.) Eine Gegenbewegung gegen die Bedeutungsverschlechterung des Wortes setzte im 18. Jahrhundert ein, als unter französischem Einfluß Feenmärchen und Geschichten aus „Tausendundeiner Nacht" in Mode kamen. Seine Etablierung zur Kennzeichnung der Erzählgattungen „Volksmärchen" und dann auch „Kunstmärchen" erfolgte aufgrund der Märchenforschung und der Märchensammlungen der Brüder Grimm. Wegen seiner spezifischen Anwendung auf diese besondere Art der Erzählung wurde der deutsche Ausdruck „Märchen" in anderen Sprachen dann sogar als Fremdwort gebraucht.

Trotz dieser begrifflichen Fixierung sind die Übergänge zwischen dem Volksmärchen und anderen phantastischen Kurzformen, z. B. der Sage und der Legende, oft fließend. Schon Jakob und Wilhelm Grimm machten gleichzeitig auf die Unterschiede zwischen Märchen und Sage aufmerksam wie auf die Problematik, sie voneinander abheben zu wollen. In beiden Erzählarten werden phantastisch-wunderbare Begebenheiten dargestellt, greifen übernatürliche Kräfte in die Alltagswelt ein, gibt es Zauber und Verwandlung, werden Wirklichkeitserfahrung und Kausalität durchbrochen, ist die Begegnung mit dem Außergewöhnlichen und dem Ungewöhnlichen der Erzählanlaß.

Unterschiedlich stellt sich nun aber den genannten Phänomenen gegenüber die Wirklichkeitserfahrung und die Erzählhaltung dar. Nach Ranke lassen sich die formalen Unterschiede zwischen dem Volksmärchen und der Volkssage „samt und sonders als die natürlichen und notwendigen Folgen“ des „Unterschiedes in ihrem subjektiven Verhältnis zur Wirklichkeit des von ihnen Erzählten“ verstehen.

Zur unterschiedlichen Erzählhaltung der beiden Textarten wurde gesagt, die Sage sei vergleichsweise einfach, realistisch und pessimistisch, das Märchen dagegen kunstvoll, poetisch und optimistisch (Baumgärtner). Mehr als das Märchen sei die Sage Wissensgut, Tatsachen- oder Erlebnisbericht, in der ursprünglichen Vermittlung alter Wahrheiten komme ihr Wirklichkeitsanspruch zum Ausdruck (Röhrich). Die Sage zeige den Menschen im Banne des Wahns und der bedrohlichen Mächte, das Märchen gestalte die Befreiung von den Mächten des Bösen und der schicksalshaften Bedrohung. In der Sage sei der Held der Geschlagene, im Märchen der Sieger (Baumgärtner). Die Sage wolle das Tragische, denn der Mensch in der Sage erleidet ein Schicksal; das Märchen wolle das Glück (Bausinger). In der Sage stünden Wirklichkeit und Nichtwirklichkeit einander gegenüber. Im Märchen gelte dagegen das Prinzip der „Eindimensionalität“ (Lüthi), denn diesseitige und jenseitige Wesen begegnen sich wie selbstverständlich auf einer Ebene. Im Mittelpunkt des Märchens stehe im Unterschied zur Sage immer der Mensch. Die dämonologische Sage habe keinen Helden im Sinne des Märchens. Im Mittelpunkt ihres Geschehens stehen die jenseitigen Figuren (Röhrich) bzw. das Außergewöhnliche und Bedrohliche, das dem Menschen begegnet und nach einer Erklärung verlangt. Während der Held des Märchens unbekümmert handelnd seinen Weg gehe, versuche der Held in der Sage das Geschehen zu durchdringen. „Der Märchenheld interessiert sich nicht für das Woher und Warum der jenseitigen Figuren und Vorgänge, der Mensch der Sage aber grübelt über diese Dinge nach.“ (Lüthi) Das Märchen flöße Vertrauen und Sicherheit ein, es gebe Antwort, während die Sage beängstigend frage (Lüthi). Die Märchenhandlung sei aus der Perspektive des „scharf auf Glück Ausziehenden“ (Bloch) organisiert und im Gegensatz zur Sage, die sich an den vorgegebenen Normen orientiere, dementsprechend „aus der Perspektive von unten“ erzählt (Bürger).

Themen und Motive des Märchens spiegeln die ganze Fülle menschlicher Möglichkeiten und zwischenmenschlicher Beziehungen. „Das Märchen berichtet von Gehorsam und Ungehorsam, Dulden und Verbrechen, Lohn und Strafe, Armut und Pracht, Glück und Unglück, Begnadung und Versagen.“ (Lüthi) Auf den ersten Blick scheinen die Motive des Wunderbaren sowie die Darstellung menschlicher Wünsche das Märchen thematisch zu konstituieren. Wichtiger ist aber eine innere realitätsbezogene Thematik, die sich unter verschiedenen Aspekten sehen läßt (Röhrich): Die erzählerische Grundkonstellation ist eigentlich immer durch einen Konflikt gegeben, menschliche Nöte, Schwierigkeiten, Probleme stehen am Anfang und müssen bewältigt werden. So gesehen wäre das zentrale Märchenthema die Überwindung der Hindernisse sowie die Lösung der Probleme, die sich dem Helden in den Weg stellen. Damit korrespondiert das Grundmotiv der Wanderschaft oder der Suchwanderung: „der Märchenheld ist wesentlich ein Wanderer“ (Lüthi), er ist auf dem Wege, nämlich auf dem Wege der Selbstfindung. Aber sich selbst zu finden ist immer auch eine

Frage der Be-Gabung. Der Märchenheld bedarf der Gaben der jenseitigen Helfer, die sich zur rechten Zeit einstellen, und ist so „der Begabte im eigentlichen Sinne des Wortes" (Lüthi). Auf diese Weise wird die Frage nach dem Glück zum Grundgedanken des Märchens. Jedoch nicht jeder findet sein Glück, die Bedingung dafür ist die Bewährung, die Erprobung und häufig eine im religiösen Sinne zu begreifende Opferbereitschaft. Unter dem Aspekt der Bewährung und Erprobung bedeutet das Märchenglück für den Märchenhelden Befreiung von äußeren Nöten und inneren Problemen. Freisetzung und Befreiung als Grundmotiv verweisen auf einen weiteren Aspekt, so daß die Läuterung des Menschen, seine Reifung als zentrales Thema des Märchens verstanden werden kann. Schließlich spielt sich der Märchenkonflikt nicht selten im sozialen Spannungsgefüge ab; arm und reich, unten und oben stehen einander gegenüber. Das Märchen stellt für seinen Helden „immer wieder einen Aufstieg dar" (Lüthi), und zwar einen sozialen und einen individuellen, nämlich den eines Menschen, der über sich hinauszuwachsen vermag.

Die formalen Merkmale des europäischen Volksmärchens hat Lüthi idealtypisch mit den Kategorien der „Eindimensionalität", der „Flächenhaftigkeit", des „abstrakten Stils", der „Isolation und Allverbundenheit" sowie der „Sublimation und Welthaltigkeit" beschrieben. Sie stellen ein praktikables Instrumentarium zur Beschreibung der Bauform des Märchens dar, sind aber wegen ihrer Idealtypik und wegen ihrer teilweise geringen Trennschärfe kritisierbar.

Der Begriff *Eindimensionalität* besagt, daß im Märchen phantastische und reale Welt wie selbstverständlich ineinander übergehen. Die *Flächenhaftigkeit* meint das Fehlen jeglicher Tiefendimension, z. B. einer psychologischen Schilderung der Charaktere. Die scharfe Kontur des abstrakten Stils kommt im Märchen zunächst dadurch zustande, daß es die einzelnen Dinge nicht schildert, sondern nur nennt. Die Gegenstände haben scharfe Umrißlinien. Die Linie der Handlung verläuft zielstrebig von Station zu Station, zwischen Aufgabenstellung und ihrer Lösung. Das Märchen arbeitet mit starren Formeln, z. B. den formelhaften Anfängen und Schlußsätzen, und mit dem Grundmuster der Wiederholung, besonders in Form der steigenden Dreizahl. Der *abstrakte Märchenstil* ist vor allem gekennzeichnet durch das kompositorische Prinzip des Kontrasts: Gut und böse, schön und häßlich, klug und dumm, arm und reich treten einander gegenüber. *Isolation* heißt, daß die Episoden in sich verkapselt stehen, daß die Figuren punktuell handeln, frühere Situationen, aus denen sie hätten lernen können, nicht in Betracht ziehen. Beides ist die Bedingung für *Allverbundenheit,* dafür, daß sie allseitig miteinander in Beziehung treten können. Unter *Sublimierung* versteht Lüthi die Entwirklichung der Dinge. Grausamkeiten vollziehen sich ohne Schmerz. Mord und Gewalttat werden ohne tragischen Ton erzählt. Die entleerten oder sublimierten Motive vertreten aber trotzdem oder gerade wegen der vielfältigen Möglichkeiten, die sie spiegeln, die Probleme der Wirklichkeit.

Der wissenschaftlichen Forschung ist bis heute eine überzeugende Deutung des Phänomens Märchen nicht gelungen. Denn das leitende Interesse der Märchenforschung ist jeweils von einseitigen Fragestellungen bestimmt.

Der *literaturwissenschaftlichen* Märchenforschung liegt es bisher insbesondere an einer genauen Phänomen- und Strukturbeschreibung der Textart sowie an deren Abgrenzung gegenüber anderen Gattungen. Sie wird kritisiert und ist kritisierbar, insofern sie zu formal bleibt und zu wenig nach der Funktion des Märchens fragt. In erster Linie sind in diesem Bereich die Arbeiten Max Lüthis zu nennen. Eine konsequent strukturalistische „Morphologie des Märchens" legte schon 1928 der russische Forscher Wladimir Propp vor. Propps Methode zielt auf die systematische Erfassung der Bestandteile des Märchens als Grundlage für seine Funktionsbeschreibung.

Die *psychologische* Märchenforschung versteht Märchen als Darstellung seelischer Reifungsprozesse und unterzieht sie psychoanalytischer Deutung. Ihre Schwäche liegt darin, daß die Deutungsansätze die Grenzen der spekulativen Konstruktion oft beträchtlich überschreiten. Die direkte Affinität zwischen Kind und Märchen nachzuweisen unternahm mit der erstmalig 1918 veröffentlichten Arbeit „Das Märchen und die Phantasie des Kindes" Charlotte Bühler. Tiefenpsychologische Deutungen des Märchens setzten unter dem unmittelbaren Einfluß Freuds ein, indem dessen Prinzipien der Traumdeutung auf das Märchen angewandt wurden. Märchensymbole wurden wie die von Freud beschriebenen Traumsymbole als Spiegelungen des Unbewußten verstanden, Märchen wie Träume vor allem sexualsymbolisch gedeutet. Eingehender als alle anderen psychologischen Richtungen beschäftigte sich die Schule C.G. Jungs, auf der Theorie des Kollektiv-Unbewußten fußend, mit dem Märchen. Die von Jung angenommenen „Archetypen", Urbilder des Menschseins und Urbereitschaften, in typischen Situationen typisch zu reagieren, manifestieren sich auch in den Phantasiegebilden des Märchens. Die Mächte des Bösen z.B., die Hexen und Stiefmütter usw., hätte man nicht in erster Linie als äußere Gegenspieler des Märchenhelden, sondern als seelische Projektionen zu verstehen.

Tiefenpsychologische, entwicklungspsychologische und pädagogische Aspekte unter Einbeziehung literaturwissenschaftlicher Forschungsergebnisse verbindet die Arbeit von Bettelheim „Kinder brauchen Märchen", die der Märchendiskussion und der Märchendidaktik neuerdings wertvolle Anregungen gegeben hat.

Die *volkskundliche* Märchenforschung betont den Bezug des Märchens zur Realität stärker als den zum Nichtwirklichen. Sie bezieht in Märchen vorkommende Elemente auf reales historisches Brauchtum. Sie fragt grundsätzlich nach der allgemeinmenschlichen, der anthropologischen Disposition für das Märchen. Als neuere wichtige Arbeit auf diesem Gebiet ist Lutz Röhrich „Märchen und Wirklichkeit" zu nennen.

Ansätze einer *soziologischen* Forschung versuchen das Märchen zu den gesellschaftlichen Strukturen der mutmaßlichen Entstehungszeit in Beziehung zu setzen und fragen nach seiner potentiellen sozialen Funktion heute. Es lassen sich zwei Richtungen unterscheiden. Die eine versteht Märchen als verdinglichte Bestandteile einer vergangenen Zeit, so daß sie „auf heute bezogen – immer 'falsch', d.h. immer ideologisch" seien. (Gmelin)

Die andere versucht im Gegensatz dazu, „den in der Rezeptionsgeschichte verschütteten Protest der Märchen freizulegen" (Bürger) und damit ihre emanzipatorische Funktion herauszuarbeiten.

Die Situation der *Märchendidaktik* ist durch die Einflüsse der Märchenforschung, insbesondere der psychologischen und der soziologischen Richtung, gekennzeichnet und nach wie vor durch die Frage „Märchen – Erziehungshilfe oder Gefahr?" (Ellwanger / Grömminger). Einwände gegen das Märchen lauten: Es sei „weltfremd und anachronistisch", „unwahr und kitschig", es zeige „antiquierte gesellschaftliche Verhältnisse" sowie „Rollenzwänge aus der patriarchalischen Welt", gegen die „Grausamkeiten des Märchens" müßten pädagogische Bedenken erhoben werden, es diszipliniere die Kinder und sei „Ausdruck repressiver und autoritärer Erziehung" (Röhrich); „Böses" komme aus Märchen (Gmelin). Dem stehen die Positiva gegenüber: Märchen sind immer „didaktisch", sie haben „Modellcharakter" – was auch die heutigen Umfunktionierungen von Märchen wiederum zeigen –, das Märchen „schildert Wege der Emanzipation" – was nicht gleichbedeutend mit einer automatischen emanzipatorischen Wirkung ist –, es zeigt „psychische Möglichkeiten der Angstüberwindung", es bedeutet „eine Befreiung im weitesten Sinne" und zeigt „Glücksverwirklichung" (Röhrich); „Kinder brauchen Märchen" (Bettelheim), und zwar nicht nur zu ihrer psychischen, sondern auch zur Entwicklung ihres literarischen Verstehens.

Die faktische Wirkung des Märchens, hinsichtlich welcher der genannten Faktoren auch immer, wird empirisch schwer faßbar sein. Das Märchen wirkt aus sich selbst heraus weder in die eine noch in die andere Richtung. Entscheidend für die Märchenrezeption sind vielmehr die unterschiedlichen Bedingungen des jeweiligen situativen Zusammenhangs – die Disposition des Rezipienten, die Erzählatmosphäre, der Erzähler, Möglichkeiten der Aufarbeitung u. a.

Im Bereich der Orientierungsstufe und der Sekundarstufe I, für den das Märchen in den letzten Jahren zunehmend an Bedeutung gewonnen hat, sollte es möglich sein, dicht am Text zu arbeiten. Wer Märchen in ihrer Mehrdeutigkeit lesen lernt, lernt exemplarisch den Umgang mit literarischen Texten überhaupt. Der Umgang mit Literatur soll aber nicht zum Selbstzweck werden. Die Schüler sollen erfahren, daß Literatur auch Antwort auf sie aktuell bedrängende Fragen geben kann. Auf Märchen bezogen heißt das, sie sollen sie in ihrem Realitätsbezug erkennen. Die Schüler müssen dazu einmal die „realen Anschlußstellen" in Märchen aufsuchen und insbesondere lernen, daß die Märchenwahrheit symbolisch vermittelt ist.

Die *Aktualisierung* von Märchentexten, die seit etwa 1970 in zunehmendem Maße zu beobachten ist, stellt eine besonders interessante Zuwendung zum Märchen, der aktuellen Märchenrezeption und Märchendidaktik dar. Die in der Fassung der Brüder Grimm erstarrten Märchentexte – in der vorherigen mündlichen Überlieferung konnten sie sich ständig verändern und erneuern – werden einerseits als verstaubte, wirklichkeitsfremde Museumsstücke betrachtet, die es gilt von einer „Überdosis Grimm" (Gelberg) zu befreien. Andererseits geht offenbar für die „neuen Märchenautoren" so viel Reiz von ihnen aus, daß sie sich veranlaßt sehen, sich auf ihre Weise mit den traditionellen Märchen auseinanderzusetzen. Als gemeinsamen Nenner der sehr unterschiedlichen Formen umerzählter Märchen hat Kaiser die „Requisiterneuerung" erkannt. Es wird versucht, durch Einbeziehung zeitgemäßer Wirklichkeitselemente die so veränderten alten Texte auf gegenwärtige Bedingungen und Probleme zu beziehen: „moderne Berufe, Technik, Weltraumfahrt, heutige Verkehrsmittel, die Arbeitswelt, das Geld- und Wirtschaftswesen, die Massenmedien, die Wohlstandsgesellschaft" usw. Kaiser unterscheidet zwischen „pädagogischen Bearbeitungen", „sozialkritisch-politischen Bearbeitungen", „parodierten Märchen" und „freien dichterischen Variationen". Bei der letztgenannten Form leitet die Schreiber nicht primär die Absicht umzufunktionieren, sondern die, neue literarische Möglichkeiten zu erproben. Die umfunktionierten und aktualisierten Märchen haben ebensoviel Ablehnung wie Beifall erfahren. Auf jeden Fall sind sie eine didaktische Herausforderung, können sich unterrichtsmethodisch als sehr wertvoll erweisen und haben nicht selten den Blick für das Volksmärchen neu geöffnet.

Literatur

Bettelheim, Bruno: Kinder brauchen Märchen. Stuttgart 1977.

Brackert, Helmut (Hrsg): Und wenn sie nicht gestorben sind ... Perspektiven auf das Märchen. Frankfurt am Main 1980.

Bürger, Christa: Die soziale Funktion volkstümlicher Erzählformen – Sage und Märchen. In: Projekt Deutschunterricht 1. Ide, Heinz (Hrsg). Stuttgart 1971.

Dinges, Ottilie u. a. (Hrsg): Märchen in Erziehung und Unterricht. Rheine 1986.

Doderer, Klaus (Hrsg): Über Märchen für Kinder von heute. Essays zu ihrem Wandel und ihrer Funktion. Weinheim, Basel 1983.

Kaiser, Erich: „Ent-Grimm-te" Märchen. Westermanns Pädagogische Beiträge (1975), H. 8.

Lüthi, Max: Das europäische Volksmärchen. München [9]1992.

Poser, Therese: Das Volksmärchen, Theorie – Analyse – Didaktik. München 1980.

Praxis Deutsch (1990), H. 103: Märchen heute.

Psaar, Werner; Klein, Manfred: Wer hat Angst vor der bösen Geiß? Zur Märchendidaktik und Märchenrezeption. Braunschweig 1976.

Röhrich, Lutz: Märchen und Wirklichkeit. Wiesbaden [3]1974.

Ziesenis, Werner: Epische Kurzformen: Märchen und Sage, Fabel und Parabel. In: Taschenbuch des Deutschunterrichts, Bd. 2. Literaturdidaktik. Lange, Günter; Neumann, Karl; Ziesenis, Werner (Hrsg). Baltmannsweiler [4]1990.

Werner Ziesenis

Naturlyrik

Bei dem Versuch, den Begriff „Naturlyrik" genauer zu fassen, stößt man schnell auf die überraschende Tatsache, daß er zwar offenbar tauglich ist, eine wichtige Gruppe von Texten aus dem Gesamtbestand der Lyrik auszugliedern, so daß Verständigung über das Phänomen möglich wird, daß aber dennoch etwas wie eine stichhaltige Definition – und das gilt für die Gattung Lyrik insgesamt – nicht zu leisten ist. Die Diskussion um die Lyrik zieht sich durch die Jahrhunderte von der Antike bis zur Gegenwart, ein schlüssiges Ergebnis hat sie jedoch nicht hervorgebracht.

Am einfachsten hat Wolfgang Kayser den Unterschied der Gattungen gekennzeichnet: „Ob ein Werk zur Lyrik, Epik oder Dramatik gehört, wird gewöhnlich nicht zweifelhaft sein. Die Zugehörigkeit ist durch die Form bedingt, in der das Kunstwerk sich darstellt. Wo uns etwas erzählt wird, da handelt es sich um Epik, wo verkleidete Menschen auf einem Schauplatz etwas agieren, um Dramatik, wo ein Zustand empfunden und von einem 'Ich' ausgesprochen wird, um Lyrik."

In Anlehnung an dieses Zitat ließe sich ergänzen: Wo es sich um den empfundenen Naturzustand handelt, den das „Ich" im Gedicht ausspricht, entsteht Naturlyrik. Auch hinsichtlich der formalen Erscheinung sind Ergänzungen nötig. Ohne Anspruch auf Vollständigkeit sei auf einige Elemente verwiesen: Die Sprache weicht von den Konventionen der Normalsprache ab, syntaktische und semantische Freiheiten sind möglich; rhythmische Gliederung, strophische Ordnung, Reime prägen das Erscheinungsbild. Nicht alle Merkmale sind immer gleichzeitig in einem Text vorhanden.

Innerhalb des Gesamtkomplexes der Lyrik hat die Naturlyrik ihren festen Platz. In ihr spricht sich das Naturgefühl des Dichters aus, der als Angehöriger einer Epoche, auch als Vertreter einer literarischen Richtung als Zeitzeuge Naturerfahrung und Naturbeziehung im historischen Wandel sichtbar macht.

Für die deutsche Literatur wird das Thema „Natur" seit dem 18. Jahrhundert zunehmend aktuell und behält seine produktive Kraft, wenn auch Schwankungen und Veränderungen unterworfen, bis in die Gegenwart. Es ist nicht möglich, dieses Kontinuum in seinen Veränderungen, seiner Verflochtenheit mit geistesgeschichtlichen und gesellschaftlich-politischen Prozessen hier darzustellen; ein paar Stichworte mögen die Entwicklung andeuten.

Bis ins 18. Jahrhundert ist Natur vorwiegend Offenbarung der Schöpfung, Aufgabe des Dichters ist es, sie im Gedicht zu feiern. Mit zunehmender Säkularisierung entwickelt sich eine Kultur der Empfindsamkeit, die nach Ausdruck subjektiven Erlebens drängt; die Natur wird im Gefühl ergriffen, sie wird als aus sich selbst wirkende Macht erfahren. An die Stelle des Schöpfergottes tritt die göttliche, als lebendiges Gegenüber erlebte Natur, und das erlebende Ich wird Teil ihrer selbst. (Annäherungsweise lassen sich diese drei Stadien an den Gedichten von Paul Gerhardt „Sommergesang", Matthias Claudius „Abendlied", Eduard Mörike „Er ist's" ablesen.)

Im frühen 19. Jahrhundert erreicht diese Entwicklung einen Höhepunkt. Das Naturgedicht der Romantik ist zum Inbegriff deutscher Naturlyrik geworden. Die Verschmelzung von Innen- und Außenwelt scheint total. Die Natur erscheint im Gedicht, aber zugleich gibt sich das erlebende Ich zu erkennen. Es wäre aber ein Irrtum, das romantische Gedicht als reinen Stimmungsausdruck zu verstehen. Der Prozeß der Umsetzung des Geschauten und Gefühlten in die Sprache tritt auf alle Fälle distanzierend dazwischen, so daß immer auch im Naturgedicht das reflexive Moment mehr oder weniger deutlich spürbar bleibt.

Das Ende des 19. Jahrhunderts zehrt nicht nur epigonal vom bis dahin Erreichten, sondern setzt neue Akzente. Der Symbolismus knüpft zwar an die Romantik an, doch verselbständigt sich das Naturbild, verdichtet sich zur Chiffre, die Naturlyrik wird „hermetisch", d. h. sie baut ein eigenes Bezugsfeld auf, und da das vermittelnde Ich zurücktritt, fehlt das Medium, über das dem Leser der Eintritt in den lyrischen Raum erleichtert wird.

Wenn sich bisher der Eindruck eingestellt haben sollte, als ließen sich die Etappen der Naturlyrik so schlicht in chronologischer Abfolge aneinanderreihen, so ist vor diesem Mißverständnis zu warnen. Immer muß in der Literaturgeschichte mit Phasenverschiebungen, Überschneidungen, Vorläufern und Nachzüglern gerechnet werden, und diese Kennzeichnungen bedeuten keine Wertung.

Im 20. Jahrhundert erlangt die Naturlyrik erneut besondere Bedeutung. Nach den Form- und Gefühlserschütterungen des Expressionismus wird die Natur in der folgenden Beruhigungsphase wieder zum erkennbaren Gegenüber. Genauigkeit der Beobachtung, Konkretheit der Darstellung führen einerseits zu einer Art „neuer Sachlichkeit", andererseits entwickelt sich, im Rückgriff auf mythische Gestalten und in Anknüpfungen an romantische Vorbilder, das naturmagische Gedicht.

Nach Beendigung des 2. Weltkriegs zeigt vor allem die Landschaftslyrik, wie in ihr Erfahrungen von historischer Schuld und Heimatverlust verarbeitet werden. Ein tiefsitzendes Mißtrauen gegen die Tragfähigkeit der Sprache, gegen Klischeehaftigkeit, Simplifizierung und Sinnentleerung führt zu neuen, verschlüsselten Sprachformen.

Die Naturlyrik der unmittelbaren Gegenwart ist geprägt von der Trauer um Bedrohung und Verlust der Natur. Früher als im politischen Bewußtsein der Gesellschaft hat sich im Gedicht die Erkenntnis manifestiert, daß mit der denaturierten Natur auch die Denaturierung des Menschen einhergeht. So wird in dieser Zeit das Naturgedicht erkennbar politisch, ohne daß deshalb die Gefühlsaussage verlorengehen muß. Die vernehmbare Trauer enthält den Protest, verstärkt die Mahnung.

Die Naturlyrik als Ausdruck elementarer Grunderfahrungen natürlicher Gegebenheiten (Jahres- und Tageszeiten, Landschaft, Pflanze und Tier) ist seit langem Bestand des Literaturunterrichts. Aber das Gewohnheitsrecht allein vermag das Festhalten an dieser Tradition noch nicht zu legitimieren. Die Frage stellt sich kaum für das moderne, gesellschaftskritische Naturgedicht, das „paßt“ in die Zeit, seinem kritischen Impetus wird Bewußtseinserweiterung ohne weiteres zugetraut.

Wie aber steht es mit der „reinen“ Naturlyrik, die – ein weit verbreitetes Mißverständnis – vor allem in ihren älteren Beständen auf das Gefühl gegründet ist? Als Relikt einer vergangenen Zeit, obendrein behaftet mit dem Makel überholter Bildungsvorstellungen, ist sie manchem verdächtig. Zunächst sei darauf hingewiesen, daß auch das “Stimmungsgedicht“ den Bewußtseinsprozeß der Aneignung enthält. Wer überdies Schüler befähigen will, Natur als Aufgabe zu verstehen, Verantwortung wecken will, der muß zuerst dafür sorgen, daß sie als sinngebende Macht erfahren und gefühlt werden kann; und das vollzieht sich heute nicht von allein.

Die Naturlyrik speichert und vermittelt elementare Erfahrungen, die in der Reichweite jedes Menschen liegen. Insofern ist die Begegnung mit ihr immer auch Selbstbegegnung des Menschen, Bekanntwerden mit eigenen Möglichkeiten. Um die eigene Zeit zu verstehen, bedarf es der historischen Distanz. Das ist eine Aufgabe, mit der der Unterricht sich schwer tut. Hier kann der Rückgriff auf traditionelle Formen des Gedichts vermitteln; ihre Kürze ermöglicht es, hinreichend viele Texte einzubeziehen, ihre Fremdheit gewährleistet die notwendige Distanz; gleichzeitig erscheinen sie nah und vertraut genug, daß sie sich den Zeitgenossen nicht verschließen.

Die Naturlyrik der Gegenwart ist ein gesamtdeutsches Phänomen. Viele der wichtigen Autoren sind Bürger der ehemaligen DDR oder kommen von dort. Die Gemeinsamkeit der Grunderfahrungen, der Ausdrucksformen wie auch die Herkunft aus einer langen gemeinsamen Tradition bewirkt das gegenseitige Verstehen in diesem Bereich.

Immer schon lag in der knappen Form des Gedichts eine besondere Chance für den Unterricht. Das Gedicht als außerordentlich komplexes Gebilde ist aufgrund seiner Überschaubarkeit besonders geeignet, Sprache in ihren Funktionen und poetische Formelemente erkennen zu lassen. Dabei ist nicht an Analysetechniken um ihrer selbst willen gedacht, sondern an die Gewinnung von Elementarkenntnissen, die es überhaupt erst ermöglichen, Texte zu verstehen und zum Sprechen zu bringen.

Das Gedicht in der Schule bietet, gegenüber dem isolierten Umgang des erwachsenen Lesers mit Lyrik, die Möglichkeit zu Austausch und Kommunikation, vor allem, wenn die Schüler spüren, daß es hier nicht um abfragbare Ergebnisse, um „richtig“ oder „falsch“ geht, sondern Raum für eigene Gedanken, Überlegungen, auch Irrwege ist. Das setzt bei Schülern (und Lehrern!) Geduld und Mut voraus.

Die methodischen Möglichkeiten reichen von der eher inhaltlich orientierten Besprechung über Analyseversuche, die nach dem Zusammenhang von Form und Inhalt fragen, bis hin zu kreativen Ansätzen (antizipierende, mit- und nachgestaltende Verfahren). Dennoch bleibt das Gedicht als Gegenstand methodischer Bemühungen eine heikle Angelegenheit, die den einen Unbehagen bereitet, weil ihnen der methodische Zugang überhaupt unangemessen erscheint, den anderen, weil sie sich selbst unsicher fühlen und nicht glauben, daß sie die Schüler für den Gegenstand zu interessieren vermögen.

Die meisten Gedichte übersteigen den natürlichen Erfahrungs- und Verstehenshorizont der Schüler (oft auch den des Erwachsenen), darin liegt die Schwierigkeit, aber auch der Reiz und Antrieb, die Schranke zu überwinden. Behutsame Verfrühung und Vorwegnahme künftiger Erfahrungen kann den Unterricht bereichern. Doch sollte den Schülern nicht mehr abverlangt werden, als sie mit ihren Kräften erreichen können. Der notwendig verbleibende unaufgeklärte Rest enthält das für zukünftige Beschäftigung mit der Lyrik notwendige Potential. Immer auch sollten Lehrer und Schüler die Freiheit haben, alle gründliche didaktische und methodische Planung außer Kraft zu setzen, wenn sich in der Begegnung mit dem Gedicht zeigt, daß es dieser Bemühungen vielleicht nicht bedarf, um es zum Sprechen zu bringen, oder die Fortsetzung des Versuchs zur Quälerei wird. Eine wichtige Erfahrung im Umgang mit Lyrik wäre, Geduld mit sich und den Texten zu lernen.

Literatur

Fingerhut, Margret und Karlheinz: Naturlyrik. Arbeitsbuch und Begleitheft für den Lehrer. Frankfurt am Main 1985.

Gebhard, Walter: Naturlyrik. In: Neun Kapitel Lyrik. Köpf, Gerhard (Hrsg). Paderborn 1984.

Gerth, Klaus: Lyrische Texte. Praxis Deutsch (1975), H. 11.

Haupt, Jürgen: Natur und Lyrik. Stuttgart 1983.

Kayser, Wolfgang: Das sprachliche Kunstwerk. Bern, München [14]1983.

Killy, Walther: Wandlungen des lyrischen Bildes. Göttingen 1956.

Marsch, Edgar: Moderne deutsche Naturlyrik. Stuttgart 1980.

Doris Marquardt

Novelle und Erzählung

Der Streit um die Novelle wird seit dem 19. Jahrhundert geführt; ein Spiegel der wechselnden Theorien ist der Forschungsbericht Polheims, auf den wir später eingehen werden.

Orientieren wir uns, was die Fachwissenschaft an Bestimmungsmerkmalen für die Novelle bietet. Im „Sachwörterbuch der Literatur“ wird vermerkt: „Novelle = (...) kürzere (...) Prosaerzählung einer neuen, unerhörten (...), tatsächlichen oder möglichen Einzelbegebenheit mit einem einzigen Konflikt in gedrängter, gradlinig auf ein Ziel hinführender und in sich geschlossener Form und nahezu objektivem Berichtstil ohne Einmischung des Erzählers. (...) häufig in Gestalt der Rahmen- oder chronikalischen Erzählung, die dem Dichter eine eigene Stellungnahme oder die Spiegelung des Erzählten bei den Aufnehmenden ermöglicht und den streng tektonischen Aufbau (...) betont.“ (Wilpert) Ähnlich lauten die Angaben Wolfgang Kaysers, die sich verstreut in seinem Werk „Das sprachliche Kunstwerk“ finden: „Innerhalb der Formen der Erzählkunst braucht wohl die Novelle eine klar erfaßte Fabel. Es gehört zum Wesen dieser Form, daß in ihr alles auf den Fortgang einer Handlung bezogen ist.“ „So blendet zum Beispiel die Novelle sehr stark ab und zeigt sich, wie das Drama, in erster Linie an der Längsspannung, an dem Verlauf einer Begebenheit interessiert." „Eine andere Form erfaßt ein Geschehen als zunächst 'reales' und einmaliges, das heißt zeitlich und örtlich genau festgelegtes Geschehen. Im weiteren erfaßt sie es als *Ereignis*, das heißt nicht als gradlinige Durchführung einer Absicht, sondern gerade als plötzliche, unerwartete Fügung, die die Absicht durchkreuzt. Überall gibt es solche seltsamen Punkte, die geheimnisvoll aufeinander bezogen sind, bis das Ereignis auf dem Höhepunkt wieder schicksalbestimmend ist. Diese Form (...) heißt *Novelle*".

Daß die Novelle im allgemeinen Bewußtsein eine so feste Verbindung mit dem 19. Jahrhundert eingegangen ist, hat seine Ursache wohl nicht allein in einer einseitigen und seit Jahrzenten geübten Schulpraxis. Über die Affinität der Literatur des 19. Jahrhunderts zur Novelle finden wir bei Martini einige aufschlußreiche Hinweise: „Die Form mußte zusammenfassen, zur sinnhaltigen ästhetischen Einheit bilden, was in der realen Welt, die immer komplizierter wurde, im nur Subjektiven, nur Psychologischen zerstreut auseinanderstrebte, zum Zufälligen und Ungelösten offen war. Das stellte neue Ansprüche an ihre ästhetische Gestaltung, in der eine Sinndeutung durch die Symbolbezüge, durch die Formordnung und die Sprachordnung verwirklicht werden mußte." (Martini)

An anderer Stelle ergänzt Martini in ähnliche Richtung weisende Gedanken Wieses, daß nämlich in der Novellistik des Realismus sich „die gesamte verbürgerlichte Welt des 19. Jahrhunderts mit ihren sittlichen, weltanschaulichen und metaphysischen Problemen" (Wiese) spiegele, und er schließt an: „Es hätte hinzugefügt werden sollen, daß in ihr nicht eine Einstimmung mit dieser Verbürgerlichung, vielmehr gerade deren Aufsprengung zum Krisenhaften und Fragwürdigen sich vollzieht, sie nicht nur für, sondern ebenso gegen diese bürgerlich normierte Weltauffassung geschrieben wurde." (Martini) Gerade dieser letzte Hinweis ist für die Fragen der Unterrichtsgestaltung von Bedeutung.

Diese wenigen Belege aus der umfangreichen Literatur zur Novellenforschung werden bereits eine Vorstellung vermittelt haben von der engen Verbindung normativer und historischer Fragestellungen. Nachdem Polheim diese beiden Positionen, in steter Spannung zueinander, aber dennoch nicht gänzlich voneinander zu isolieren, in seinem Forschungsbericht von 1965 herausgearbeitet hat, kommt er zu dem Schluß: „Ob man von der Erzählhaltung und einer fiktiven Bindung des Erzählers ausgeht, die typisch für die Novelle sei (Erné, Schunicht, Wiese), ob man eine teleologische Struktur – oder wie immer man das nennt – für die Novelle in Anspruch nehmen will (Schunicht, Mackensen, Mulot, Maier, Zimmermann), ob man von doppeltem Boden und von bilateraler Struktur spricht (Erné, Schunicht, Mulot), ob man schließlich andere Merkmale sucht: Zufall, Zeichen, Ironie (Wiese), ob man die Eröffnung der Novelle als typisch ansieht (Mulot, Erné) – das alles gilt nicht nur für die Novelle, sondern für jede erzählende Dichtung (...) So sind alle diese Merkmale nicht typisch für die Novelle allein. Damit verlieren sie ihre Bedeutung, wohlgemerkt keinesfalls für die erzählende Dichtung im allgemeinen, wohl aber als Kriterium für die spezielle Gattung Novelle. Die Novelle stellt sich aus dieser Sicht nur als ein künstlerisch hochstehendes Werk der Erzählkunst dar." (Polheim) „Blickt man auf diesen Forschungsbericht zurück, so zeigt sich, daß ein fest bestimmter Novellenbegriff weder auf die historische Wirklichkeit zutraf, da sich die Novelle immerfort gewandelt hatte, noch auch einen Zugang zum einzelnen Kunstwerk vermittelte. Sollte man sich daher nicht entschließen, den Novellenbegriff aus einer engen Beschränkung auch theoretisch zu befreien, nachdem er praktisch seine Fesseln ohnehin gesprengt hatte? Der Novellenbegriff wäre dann nur als durchaus veränderlich und wandelbar aufzufassen. Neben ihm könnte frei der Begriff der Erzählung stehen, so daß man sich in Zukunft nicht mehr zu scheuen brauchte, von der deutschen Erzählung zu sprechen." (Polheim)

Dieses Fazit, sowenig konkrete Hilfe es dem Lehrer im Unterricht zu bieten scheint, hat dennoch eine befreiende Pointe: Ist schon die zuständige Fachwissenschaft nicht in der Lage, eindeutige, allgemeingültige Kriterien für Novelle und Erzählung bereitzustellen, so kann es nicht Aufgabe des Unterrichts sein, Formdefinitionen erarbeiten zu wollen.

Aber noch in einer anderen Hinsicht ist gerade der letzte Satz Polheims für unser Thema von Bedeutung. Hebt von Wilpert die Erzählung, sofern die Bezeichnung im engeren Sinne, also für eine bestimmte epische Gattung, gebraucht wird, von der Novelle ab, indem er „von weniger kunstvollem und tektonisch straffem Aufbau" spricht, die „somit alle weniger gattungshaft ausgeprägten Formen der Erzählkunst umfaßt" (Wilpert), so deutet sich darin eine Wertung an. Darauf weist Müller nachdrücklich hin, der seinerseits versucht, dem Problem Erzählung – Novelle von anderer Seite beizukommen, indem er zwischen beiden Formen zwar eine scharfe Trennung anstrebt, aber zugleich die Erzählung aus ihrem Schattendasein befreien und zu eigener formaler Würde bringen will.

Es fragt sich, ob diese Ehrenrettung nötig ist, wenn man bedenkt, daß viele Autoren selbst auf eine genaue Festlegung ihrer kleineren epischen Werke verzichtet haben; auch ein Blick in Himmels „Geschichte der deutschen Novelle" oder in von Wieses Interpretationsbände „Die deutsche Novelle von Goethe bis Kafka" lehrt, wie fließend die Grenzen zwischen Erzählung und Novelle verlaufen. Diesem Sachverhalt trägt Polheim Rechnung, wenn er beide gleichwertig nebeneinander gelten läßt und damit jedes Konkurrenzverhältnis vermeidet.

Daß Helmers in der Zuordnung anders verfährt, indem er die Erzählung in die Nähe der Kurzgeschichte rückt, braucht uns nicht in neue Abgrenzungsnöte zu stürzen; im Gegenteil deutet sich gerade in dieser Zusammenstellung eine weitere Möglichkeit unterrichtlicher Ergiebigkeit an.

Von hier aus müßte es gelingen, erste Konsequenzen für die Auswahl von Texten für den Unterricht zu ziehen. (vgl. hierzu Psaar)

1. Die Auswahl kann nicht geleitet werden von der Frage, ob der Text *die Novelle* repräsentiere; jeder Text ist an seinem eigenen Formanspruch zu messen.

2. Die Arbeit an der Struktur des Textes richtet sich auf die allgemeinen Bauformen des Erzählens und die jeweils individuelle Textgestalt.
3. Besonderes Interesse verdienen diejenigen Texte, deren Formgrenzen offen sind (z. B. zum Märchen, zur Kurzgeschichte, zum Roman hin), weil sie den Prozeß der Entwicklung neuer Formen oder der Adaption alter sichtbar werden lassen und zugleich dem Betrachter die Möglichkeit eröffnen, diese anderen Formen in Beziehung zum vorliegenden Text zu setzen.
4. Novelle und Erzählung werden nicht mehr durch einen Graben, der auch eine Wertgrenze markiert, getrennt. Das könnte die Auswahl bei manchen selbst nicht auf diese Unterscheidung drängenden Erzählern erleichtern.
5. Gerade bei der Betonung des historischen Charakters der Erzählformen könnte für den Schüler auch ein Zugang zum Verständnis literarhistorischer Erscheinungen geweckt werden, wobei nicht ein Lehrgang in Literaturgeschichte (oder eine Verwendung der Literatur zum Zweck der Illustration historischer Fakten) gemeint ist, sondern die Erkenntnis des Wandels auf Grund größerer Zusammenhänge punktuell einsichtig gemacht werden soll. Neben dem Zugang zur Formensprache der Dichtung – und aufs engste mit ihr verknüpft – sollte auch ein Weg angebahnt werden, der Literatur als Prozeß erkennen läßt.
6. Für die Texte des 19. Jahrhunderts wird auf die Ergebnisse Martinis zurückverwiesen. Soll die Novelle in ihrer spezifischen Ausprägung – soweit man davon sprechen kann – untersucht werden, so wird ein Text dieser Zeit gerade wegen seiner gesellschaftlich-historischen Implikationen diese Funktionen besser erfüllen als eine nach „klassischem" Muster geformte Novelle späterer Zeit, die, gerade weil sie eine historisch bedingte Form konservieren will, leicht epigonale Züge trägt und antiquiert wirkt.
7. Die „Erzählung mittlerer Länge" hat gerade in dieser zunächst nur quantitativen Besonderheit eine wichtige Aufgabe zu übernehmen. An ihr lernt und übt der Schüler die Fähigkeit, einen umfangreicheren und nicht auf einen Blick zu überschauenden Text zu strukturieren, Schwerpunkte der Betrachtung zu finden, geheime Verweisungen zu entdecken und so eine dicht geknüpfte Textur zu durchschauen. Das erfordert und trainiert ein gewisses Durchhaltevermögen, das ein Leser braucht, um z. B. dem Roman gewachsen zu sein.
8. Der Textumfang, nun im Vergleich zu den kürzeren Geschichten früherer Schulstufen, verhindert, die Werke allein erlebend aufzunehmen, und erzwingt die Reflexion, ohne doch durch zu große Ausdehnung von vornherein zu entmutigen. Dieses distanzierte Leseverhalten ist eines der angestrebten Ziele.

Literatur

Aust, Hugo: Novelle. Stuttgart 1990 (= SM 256).

Eisenbeiß, Ulrich: Didaktik des novellistischen Erzählens im bürgerlichen Realismus. Frankfurt am Main 1985.

Helmers, Hermann: Didaktik der deutschen Sprache. Stuttgart [7]1972.

Himmel, Helmut: Geschichte der deutschen Novelle. Bern 1963.

Kayser, Wolfgang: Das sprachliche Kunstwerk. Bern [14]1983.

Kunz, Josef: Die deutsche Novelle zwischen Klassik und Romantik. Bielefeld 1966 (= Grundlagen der Germanistik Bd. 2).

Kunz, Josef: Die deutsche Novelle im 19. Jahrhundert. Berlin 1970 (= Grundlagen der Germanistik Bd. 10).

Kunz, Josef: Die deutsche Novelle im 20. Jahrhundert. Berlin 1977 (= Grundlagen der Germanistik Bd. 23).

Kunz, Josef (Hrsg): Novelle. Darmstadt 1968 (= Wege der Forschung Bd. 55).

Martini, Fritz: Deutsche Literatur im bürgerlichen Realismus 1848–1898. Stuttgart 1962 (= Epochen der deutschen Literatur. Geschichtliche Darstellungen Bd. V/2).

Polheim, Karl Konrad (Hrsg): Handbuch der deutschen Erzählung. Düsseldorf 1981.

Polheim, Karl Konrad: Novellentheorie und Novellenforschung 1945–1964. In: Deutsche Vierteljahresschrift für Literaturwissenschaft und Geistesgeschichte 1964, Sonderdruck. Stuttgart 1965.

Psaar, Werner: Novellistische Erzählformen im Unterricht. Probleme und Aufgaben. Wuppertal 1969.

Wiese, Benno von: Die deutsche Novelle von Goethe bis Kafka. Bd. I Düsseldorf 1956; Bd. II Düsseldorf 1962.

Wilpert, Gero von: Sachwörterbuch der Literatur. Stuttgart [7]1989.

Doris Marquardt

Phantastische Kinder- und Jugendliteratur

Im Bereich der Kinder- und Jugendliteratur finden seit den fünfziger Jahren die Textartenbegriffe „Phantastische Kinder- und Jugendliteratur (KJL)" oder „Phantastische Erzählung" Verwendung für Literatur, die neben realistischen auch phantastische Elemente in der Gesamtdarstellung der Welt oder in der Darstellung einzelner Begebenheiten, Figuren oder Elemente enthält. Anna Krüger und nach ihr Ruth Koch machten auf diese neue Literatur aufmerksam, die in der Nachkriegszeit, vor allem aus dem angelsächsischen und skandinavischen Raum kommend, in Deutschland Verbreitung fand, und prägten diesen Begriff.

Verschiedene Jugendbuchforscher unternahmen in der Folge den Versuch, diese neue Textart zu definieren. Einen Streitpunkt bildet hierbei nach wie vor die Frage, ob auch Erzählungen, die gänzlich in einer phantastischen Welt angesiedelt sind, zur Phantastischen Kindergeschichte zu zählen sind.

In der Forschung der letzten zwanzig Jahre lassen sich drei generelle Definitionsversuche unterscheiden:

1. Phantastische KJL im engeren Sinn (Klingberg u. Meißner)

   Klingberg und in seiner Nachfolge Meißner zählen nur die Texte zur Phantastischen KJL, in denen „eine realistische und eine phantastische Welt nebeneinanderstehen" (Klingberg). Die Nonsensliteratur, von Klingberg „surreal-komische KJL" genannt, die durch das mundus-inversus-Motiv (d.h. durch das Motiv der verkehrten Welt, durch Verrücktheit und Unlogisches) gekennzeichnet ist, grenzen sie ebenso aus wie die Literatur, die nur in einer phantastischen Welt (meist einer mythischen) spielt. Nach dieser engen Definition gehören Erich Kästners „Der 35. Mai“ oder Michael Endes „Jim Knopf und Lukas der Lokomotivführer“ zur „surreal-komischen Kinderliteratur“ und Tolkiens „Der kleine Hobbit“ zur „mythischen Erzählung“ und damit nicht zur Phantastischen KJL.

2. Phantastische KJL im weiteren Sinn (Binder u. Müller)

   Im Gegensatz zu Klingberg und Meißner fassen Binder und Müller den Begriff der Phantastischen KJL weiter; für sie sind die surreal-komische und die mythische KJL Varianten der Phantastischen KJL. Sie unterscheiden insgesamt drei solcher Varianten:

   (1) In dcm Text bestehen phantastische und realistische Welt nebeneinander; durch Umsteigepunkte wird es möglich, aus der einen in die andere Welt zu kommen. Beispiel für diese Variante ist Astrid Lindgrens „Karlsson vom Dach“, in dem das Fenster von Karlssons Zimmer den Umsteigepunkt markiert, oder Kästners „35. Mai“, in dem Onkel und Neffe durch die Tür des Kleiderschranks aus der realistischen in eine phantastische Südseewelt umsteigen. Michael Endes „Unendliche Geschichte“ gehört ebenfalls in diese Reihe.

   (2) Die Erzählung spielt von Anfang bis Ende in einer realistischen Welt; lediglich einige Requisiten oder Personen sind Repräsentanten der phantastischen Welt und wirken verändernd auf die realistische Welt ein. Beispiel dafür ist Astrid Lindgrens „Pippi Langstrumpf“, die durch ihre ungeheuren Körperkräfte, ihren Goldschatz, durch ihr ungebundenes Leben zusammen mit Pferd und Affen außerhalb der Zwänge und Konventionen der realistischen Welt steht und auf diese verändernd einwirkt.

   (3) Die Geschichte spielt *nur* in einer phantastischen Welt mit ihren außergewöhnlichen Bewohnern und eigenen Gesetzen. Tolkiens „Der kleine Hobbit“ ist ein Beispiel dafür. Die phantastische Welt ist hier, ähnlich wie in der Science-fiction-Literatur, Spiegelbild der realistischen Welt und der menschlichen Gesellschaft.

3. Phantastische KJL als Teil der „Phantastik“ (Haas)

   Für Haas umgreift die „Phantastik“ das gesamte Gebiet der phantastischen Literatur und ihrer Teile, also die Phantastik des Grausens und der Science-fiction, des Märchens und der Sage, der Erwachsenen- und der KJL. Die Phantastik ist nach Haas gekennzeichnet durch ein Neben-, Mit- und Gegeneinander von rationalen und irrationalen Prinzipien; sie ist ein literarisiertes psychologisches Phänomen, das Angst und Schrecken, aber auch Glücksgefühle erzeugen kann. Phantastik ist hier also weniger eine Gattungsbezeichnung als eine Stilhaltung, die verschiedenen Gattungen zugrundeliegt.

Bei kritischer Betrachtung dieser drei Definitionsversuche und ihrer Überprüfung mit Hilfe konkreter Textbeispiele wird sehr schnell deutlich, daß der Ansatz von

Klingberg / Meißner zu eng gefaßt ist. Zahlreiche Textbeispiele, die traditionell der Phantastischen KJL zugerechnet werden, wie z. B. Lewis Carolls „Alice im Wunderland" oder E.T.A. Hoffmanns „Der Nußknacker und der Mausekönig", gehören danach nicht mehr in diese Gattung. Klingberg und Meißner geraten außerdem bei der eigenen Analyse von Textbeispielen wie auch bei der Funktionsbeschreibung immer wieder in Schwierigkeiten, denn ihre drei Gattungen besitzen eine sehr ähnliche, wenn nicht identische Funktion. Bei der Zuordnung von Pauline Clarkes „Die Zwölf vom Dachboden" oder Erica Lillegs „Vevi" müssen sie notwendigerweise Mischformen konstatieren, da beide Texte nicht eindeutig einer ihrer drei Gattungen zuzuordnen sind.

Der Ansatz von Haas schließt das Gesamtphänomen „Phantastik" gut auf und arbeitet das Verbindende aller phantastischer Literatur überzeugend heraus, aber für eine Erfassung der einzelnen Gattungen der Phantastik ist sein Zugriff nicht geeignet. Die eindeutigen und einleuchtenden Unterschiede zwischen Märchen, Sage, Science-fiction und zwischen phantastischer Erwachsenen- und KJL werden durch ihn eher überspielt und verwischt.

Als brauchbar in der Gattungsdiskussion hat sich der Ansatz von Binder / Müller erwiesen. Ihre drei Varianten können gerade das Feld der Phantastischen KJL auch an ihren Übergangsformen gut erfassen.

Nach Lucia Binder sind für die so definierte Gattung folgende Merkmale konstitutiv:

- In dieser Literatur stehen sich oft das Wunderbare und die realistische Welt gegenüber. Aber anders als im Märchen, in dem diese beiden Welten bruchlos ineinander übergehen, stoßen sie in der Phantastischen Erzählung plötzlich aufeinander; es gibt einen sprunghaften Wechsel oder einen Umsteigepunkt von der einen in die andere Welt.
- Zentrales Thema der Phantastischen KJL ist die kindliche Welt, die von der öden, langweiligen und ach so vernünftigen Welt der Erwachsenen abgegrenzt wird, denn nur in dieser kindlichen Welt ist auch die ungebrochene Phantasie zu Hause. Sie schafft die Freiräume für ungebundenes Spielen, für uneingeschränktes Ausprobieren und Durchspielen aller nur denkbaren Möglichkeiten.
- Gekennzeichnet ist die Phantastische KJL durch ihre Freude am Komischen, Witzigen, an der Ironie und am Wortspiel.
- Mit dem Phantastischen verbunden ist das Geheimnisvolle, das Unbegreifliche, das oft nur in Andeutungen existiert, aber dadurch für die kindliche Phantasie eine um so stärkere Anregung bedeuten kann.

In der didaktischen Diskussion um die Phantastische KJL haben sich gegensätzliche Positionen herausgeschält. Von Richter / Merkel werden die bekannten phantastischen Texte kritisiert, weil in ihnen die Phantasietätigkeit der Kinder nur kompensatorische Funktion besitze. Sie fordern daher, daß das phantastische Kinderbuch die „leidvollen" realen gesellschaftlichen Erfahrungen aufzugreifen und über die Phantasie Lösungen, die nicht illusionär sind, anzubahnen habe im Sinne einer gesamtgesellschaftlichen Umwälzung. „Die Phantasie hat Perspektive." (Richter u. Merkel)

Im Gegensatz zu diesem ideologiekritischen Ansatz betonen andere Didaktiker gerade die befreiende, neue Möglichkeiten und Alternativen schaffende Wirkung dieser Literatur. Phantastische Erzählungen leisten danach die Antizipation von „möglichem Zukünftigem mit den Mitteln der sinnlichen Einbildungskraft", sie erweitern „die vorfindliche Wirklichkeit ... durch Gegenwirklichkeiten", sie stellen literarische Modelle zu „Initiierung und Bewältigung psychischer Prozesse bereit", sie leisten „Aktivierungen" im kognitiven und emotionalen Bereich, sie bieten den Denkanstoß zu einer Veränderung der gesellschaftlichen Wirklichkeit, sie schaffen Freiräume für das Zweckfreie, Spielerische, und vor allem bieten sie Lesemotivation und -freude (nach Haas).

Das phantastische Element dieser Literatur kann nach den Ergebnissen der didaktischen Diskussion verschiedene Funktionen besitzen (vgl. Müller):

- ▷ eine kompensatorische: Bedürfnisse und Wünsche der Leser werden in die Literatur projiziert, Ansätze zu einer Bewußtmachung oder Bewältigung in Gang gesetzt (z.B. Astrid Lindgren „Pippi Langstrumpf").
- ▷ eine pädagogische: Dem Leser werden erwünschte Verhaltensweisen vorgestellt und nahegelegt (z.B. Carlo Collodi „Pinocchio").
- ▷ eine emanzipatorische: Der Leser erfährt die Veränderbarkeit von gesellschaftlichen Rollen, gesellschaftlich determinierten Verhaltensweisen und Strukturen (z.B. Christine Nöstlinger „Wir pfeifen auf den Gurkenkönig").

Die von Müller außerdem genannte „symbolische Funktion" ist eher als Darstellungsweise zu verstehen und liegt daher auf einer anderen Ebene.

Diese verschiedenen Funktionen erscheinen in der Phantastischen KJL meistens nicht für sich und isoliert, sondern in unterschiedlichen Kombinationen; dabei kann eine Funktion – je nach Anlage der Geschichte oder nach Intention des Autors – vorherrschend sein.

Die Phantastische KJL – so hat Meißner in jüngster Zeit deutlich gemacht – hat in besonderer Weise etwas mit der entwicklungspsychologischen Situation der *Kinder* zu tun. Nach seinem Versuch, Piagets entwicklungspsychologisches Konzept mit der Phantastischen KJL in Beziehung zu setzen, gibt es zwischen den Kindern und ihrem Weltbild und dem dieser Literatur eine deutliche Affinität. Phantastische KJL hat immer etwas mit den Phantasiebildern und Tagträumen der Kinder gemeinsam, so daß diese in der Literatur ein Stück ihrer eigenen emotionalen und kognitiven Situation wiedererkennen. Insofern hat die Phantastische KJL eine besondere didaktische Funktion. Problematischer sieht Meißner hingegen die Beziehung von *Jugendlichen* zur Phantastischen KJL, da die Literatur für diese Altersstufe dazu neige, die Leser auf ein starres, konservatives Weltbild zu fixieren und ideologisch zu beeinflussen. Diese allgemeine Feststellung müßte allerdings am konkreten Beispiel didaktisch überprüft werden, denn sie scheint an der Realität der gelungenen Beispiele von Phantastischer KJL doch vorbeizugehen.

Literatur

Arbeitskreis für Jugendliteratur (Hrsg): Phantasie und Realität in der Jugendliteratur. Bad Heilbrunn 1976.

Binder, Lucia: Die phantastische Erzählung im Deutschunterricht. Der Deutschunterricht (1975), H. 5.

Haas, Gerhard: Struktur und Funktion der phantastischen Literatur. Wirkendes Wort (1978), H. 5.

Haas, Gerhard: Phantasie und Phantastik. Phantastische Literatur als didaktische Herausforderung. Praxis Deutsch (1982), H. 54.

Haas, Gerhard; Klingberg, Göte; Tabbert, Reinbert: Phantastische Kinder- und Jugendliteratur. In: Kinder- und Jugendliteratur. Ein Handbuch. Haas, Gerhard (Hrsg). Stuttgart[3] 1984.

Klingberg, Göte: Die phantastische Kinder -und Jugenderzählung. In: Kinder- und Jugendliteratur. Zur Typologie und Funktion einer literarischen Gattung. Haas, Gerhard (Hrsg.). Stuttgart 1974.

Koch, Ruth: Phantastische Erzählungen für Kinder. Untersuchungen zu ihrer Wertung und zur Charakteristik ihrer Gattung. Studien zur Jugendliteratur (1959), H. 5.

Krüger, Anna: Das fantastische Buch. Jugendliteratur (1960), H. 8.

Lange, Günter; Steffens, Wilhelm (Hrsg): Literarische und didaktische Aspekte der phantastischen Kinder- und Jugendliteratur. Würzburg 1993.

Meißner, Wolfgang: Phantastik in der Kinder- und Jugendliteratur. Würzburg 1989.

Müller, Helmut: Phantastische Erzählung. In: Lexikon der Kinder- und Jugendliteratur, Bd. 4. Doderer, Klaus (Hrsg.). Weinheim, Basel 1979.

Richter, Dieter; Merkel, Joh.: Märchen, Phantasie und soziales Lernen. Berlin 1974.

Günter Lange

Politische Lyrik[1]

„Poesie und Politik“, schreibt Enzensberger in seinem Buch „Einzelheiten II“, „das war und ist, in Deutschland zumal, ein immer leidiges, zuweilen blutiges Thema, getrübt von Ressentiments und Untertanengeist, Verdächtigung und schlechtem Gewissen.“

In diesem Satz offenbart sich das ganze Dilemma deutscher Dichter und Literaturwissenschaftler in bezug auf die politische Lyrik, denn nach dem Urteil vieler von ihnen – geäußert in Vergangenheit und Gegenwart – scheinen sich die Begriffe Poesie und Politik unvereinbar gegenüberzustehen. In ihren Augen gilt der Dichter als Künstler und daher als abgehoben vom politischen und gesellschaftlichen Tagesgeschehen. Dieser idealistischen Dichtungstheorie steht eine andere gegenüber, die von der Grundannahme ausgeht, daß Kunst und Dichtung grundsätzlich an Gesellschaft und Politik gebunden sind: Kunst hat danach immer einen politischen Charakter, da sie in einer ganz bestimmten gesellschaftlichen Situation entsteht, gesellschaftlich vermittelt wird und gesellschaftlich wirkt. Selbst ein scheinbar völlig unpolitisches Gedicht besitzt danach für seine Leser eine gesellschaftliche Funktion und ist daher politisch (Stein).

In der Literaturwissenschaft ist der Begriff „politische Lyrik“ nicht bloß ein Gegenbegriff zur „reinen Lyrik“, sondern er

[1] Der Textartenartikel zur politischen Lyrik folgt in einigen Grundgedanken dem Aufsatz „Versuch über den Begriff und die Theorie politischer Lyrik“ von W. Hinderer (vgl. Literaturverzeichnis).

bezeichnet eine Gruppe von lyrischen Texten, deren Besonderheit in ihrer politischen Thematik liegt, vergleichbar etwa der religiösen Lyrik. Dieser Begriff signalisiert, daß die Inhalte dieser Lyrik „von außerästhetischen Intentionen" geprägt sind. Die speziellen lyrischen Elemente und die Struktur haben eine der Aussage dienende Funktion und sind nicht ästhetischer Selbstzweck. Lyrik dieser Art besitzt vor allem einen gesellschaftlichen „Gebrauchswertcharakter" (Hinderer). Folglich müssen Texte der politischen Lyrik auch unter diesem Gesichtspunkt analysiert werden, und das heißt: die Textproduktion, der historisch-gesellschaftliche Kontext, Kommunikation, Rezeption und Wirkung bilden die zentralen Analysefaktoren.

Systematisch läßt sich politische Lyrik einmal beschreiben nach den Themen, mit denen sie sich auseinandersetzt. Schwerpunkte sind beispielsweise: Herrscher und große Persönlichkeiten, Parteien, Volk, Vaterland, Nation, Krieg, soziale Mißstände.

Unter dem Gesichtspunkt der Kommunikationsformen lassen sich u. a. Reflexions-, Protest-, Propaganda- und Agitationslyrik unterscheiden. Das Lied bildet eine sehr häufig verwendete Form politischer Lyrik: das Massenlied, z. B. in Form der Nationalhymnen, das Spottlied, der Kabarettsong, das Chanson, der Schlager, der Protestsong. Außer dem Lied finden zahlreiche andere Gedichtformen in der politischen Lyrik Verwendung, abhängig von der jeweiligen Situation, Intention und Thematik.

Als wichtige sprachlich-stilistische Mittel findet man Vereinfachung, Wiederholung, Metaphorik, Vergleiche, Personifikation, Übertreibung und Untertreibung, parabelartige Darstellungsformen u. ä.

In der Bewertung politischer Lyrik gibt es unterschiedliche Ansätze, denn entweder dienen die ästhetisch-poetologischen Maßstäbe, die gesellschaftliche Wirkung oder der jeweilige politische oder moralische Standort als Kriterium. Nach jeder dieser Positionen wird die Bewertung ein und desselben Gedichts unterschiedlich ausfallen. „Die Qualität politischer Lyrik nimmt zu, wenn sie nicht nur mit propagandistischen Mitteln ihre Intention verwirklicht, sondern diese Intention zugleich auf die Konkretisierung einer humanen Welt gerichtet ist", so versucht Alwin Binder aus diesem Wertungsdilemma herauszukommen; aber eine derartige Bewertungsmaxime löst das Problem nicht. Hier wird letztlich der Standort des jeweiligen Beurteilers den Ausschlag geben.

Die politische Lyrik hat in Deutschland eine lange Tradition. Sie diente über Jahrhunderte vor allem der Legitimation von Herrschaft und besonderen Herrschaftsinteressen. Diese Art politischer Lyrik wird als „affirmativ" bezeichnet. Allerdings wurde sie auch immer wieder von einzelnen oder von gesellschaftlichen Gruppen als herrschafts- und gesellschaftskritisches Instrument verwendet, um die Ideologien von Staat und Gesellschaft aufzudecken und zu entlarven und um durch Kritik emanzipatorisch zu wirken.

In dem von Hinderer herausgegebenen Sammelband „Geschichte der politischen Lyrik in Deutschland" untersuchen Literaturwissenschaftler Themen, Bedeutung und Funktion der politischen Lyrik in den einzelnen Epochen der deutschen Geschichte. Danach sind die Hauptthemen der politischen Lyrik im Mittelalter das

Reich, die Kirche, die Herrscher, aber auch die Städte und die Bürger (Ulrich Müller). Für die Reformationszeit und die Bauernkriege stellt Peter Seibert fest, daß sich hier für kurze Zeit die politische und religiöse Lyrik geradezu vereinigen: Die Politisierung der Literatur wird gleichbedeutend mit ihrer Konfessionalisierung. Im 17. Jahrundert bestimmen die Machtkämpfe um die Territorialherrschaft die Themen der politischen Lyrik und natürlich der 30jährige Krieg. „Was die protestantische Seite als Verteidigung ständischer Freiheiten betrachtet, gilt den katholischen Publizisten als Rebellion wider die gottverordnete Obrigkeit" (Volker Meid).

In der Zeit der Aufklärung herrscht überraschenderweise die affirmative politische Lyrik vor. Peter Pütz gliedert die politische Lyrik dieser Epoche in Lobgedichte, Kriegsgedichte, patriotische Gesänge und sozialkritische Gedichte. Die Französische Revolution läßt in der Folgezeit eine Lyrik der Revolutionsbefürworter und -gegner entstehen, die dann von einer politischen Lyrik der Befreiungskriege, in denen Patriotismus und die Idee eines deutschen Einheitsstaates propagiert werden, abgelöst wird. Im 19. Jahrhundert bilden, wie Arnold Bergsträsser herausarbeitet, der Gedanke eines nationalen Einheitsstaates, die Beteiligung des Volkes an der Staatsleitung, die Einordnung des Staates in ein volkswirtschaftliches System und die Lösung der sozialen Frage die wesentlichen Themen der politischen Lyrik. Sie bleiben auch für die politische Lyrik des Kaiserreichs und der Weimarer Republik bestimmend. Im Kaiserreich wird allerdings die politische Lyrik zeitweilig geradezu identisch mit sozialdemokratischer und Arbeiterlyrik. Aufrufe zum Klassenkampf, Kritik an Steuererhöhungen, am Flottenprogramm, am Polizeistaat und an den Verflechtungen von Staat und Wirtschaft sind ihre Hauptthemen, während auf der anderen Seite unmittelbar vor dem und während des 1. Weltkrieges eine Fülle affirmativer Kriegslyrik entsteht.

Die politische Lyrik in der Zeit des Nationalsozialismus versucht „in erster Linie das Erlebnis einer kollektiven politischen Existenz zu vermitteln" (Hinderer); ihr geht es „vor allem ums Sammeln der Gesinnungsgenossen" (Uwe-K. Ketelsen). Ketelsen nennt zwei Ziele der politischen Lyrik:

- ▷ Die Propagierung einer als völkische Gemeinschaft befriedeten Gesellschaft
- ▷ und die Entwicklung von Kampfbereitschaft, um militärische und aggressive Problemlösungen vorzubereiten.

Neben den Führerhymnen stehen die Agitationslyrik, das Bekenntnisgedicht, meist in Form von Gemeinschaftsliedern, und die lyrische Feierdichtung. Gegen das „Dritte Reich", den Nationalsozialismus / Faschismus, seinen Führerkult, seine Irreführung der Massen, seine Kriegsvorbereitung und Verfolgung der Minderheiten kämpfen schon in der Zeit vor der sogenannten Machtergreifung zahlreiche Lyriker. Ihre Kritik verschärft sich in der Zeit des Exils. Besondere Bedeutung erlangt die politische Lyrik Brechts, die er in seinem skandinavischen und amerikanischen Exil verfaßte.

Die Entwicklung der politischen Lyrik nach 1945 ist zuerst einmal als Gegenreaktion auf das „Dritte Reich" zu verstehen. „Was an Engagement erkennbar wurde, war eher humanitär, allgemein demokratisch, vom Optimismus eines neuen Anfangs bestimmt als von eindeutiger politischer Einstellung" (Helmut Heißenbüttel). Es folgt in vielen Fällen ein Rückzug ins Private, eine Abkehr vom politischen Tagesgeschäft – sicher mit bedingt durch den starken Einfluß, den Gottfried Benn auf die Lyriker dieser Zeit ausübt. Erst gegen Ende der fünfziger Jahre unternahmen vor allem junge Autoren wie Rühmkorf und Enzensberger erste Versuche einer neuen engagierten politischen Lyrik. Ihr Durchbruch gelingt aber erst Mitte der sechziger Jahre, bedingt durch die wirtschaftliche Rezession, die große Koalition und das Aufbrechen heftiger Kritik an den Verhältnissen und Ideologien dieses Staates. Die Studentenbewegung mit ihrer Gesellschafts- und Ideologiekritik verschafft der politischen Lyrik ein weites Betätigungsfeld und ein lebhaftes Echo in der Öffentlichkeit: Vietnam, die Verbrechen während des „Dritten Reichs", Probleme der Dritten Welt, Notstandsgesetze, Springer-Presse, Umweltverschmutzung, Radikalenerlaß, aber auch die Parteienlandschaft in der Bundesrepublik und einzelne Politiker werden zu Themen der neuen politischen Lyrik. Als Formen setzen sich Protestsongs, Agitationslyrik, Kampflieder, Parolen, Parodien, Sprüche und Epigramme durch. Das Entstehen dieser engagierten Lyrik geht einher mit einer Wiederentdeckung der politischen Lyrik der Vergangenheit: Vor allem Heinrich Heine rückt für kurze Zeit wieder in den Mittelpunkt des literarischen Interesses, und Brechts politische Lyrik findet weithin Anerkennung. Seit Ende der siebziger Jahre ist im Bereich der politischen Lyrik allerdings eine deutliche Trendwende zu beobachten. Die Zeiten des Protests und der öffentlichen Kritik sind vorbei, folglich hat auch die politische Lyrik keine Konjunktur mehr.

„(S)eit geraumer Zeit (bläst) allen der Wind der Geschichte ins Gesicht. Nach wie vor stehen (die politischen Lyriker) der Macht kritisch, ja mit Verachtung gegenüber – aber ohne gesellschaftliches Veränderungskonzept, ohne Fortschrittsbegriff. Nicht selten drücken ihre neuen Gedichte Zweifel, auch Resignation aus, sie künden von Stillstand und Eiszeit ... Die Zeiten, da Schriftsteller als gesellschaftliche Mutmacher und politische Avantgarde auftraten, scheinen endgültig passé." (Buselmeier, in: Arnold, „Politische Lyrik")

Ganz anders als in der Bundesrepublik verlief die Entwicklung der politischen Lyrik in der DDR. In den letzten Jahren des Aufbaus gibt es eine starke, vom Staat und der Partei unterstützte dogmatisch-ideologische politische Lyrik, deren Funktion es ist, die Bürger im Sinn des Sozialismus aufzuklären und zu erziehen. In den sechziger Jahren läßt sich aber als Gegenbewegung zu der staatlich verordneten Lyrik ein deutlicher Rückzug ins Private, Persönliche und Individuelle erkennen. Erst Mitte der siebziger Jahre beginnt mit der Ausbürgerung Biermanns eine erneute Politisierung der Lyrik im Sinne einer Kritik an den bestehenden politischen und gesellschaftlichen Verhältnissen, der Verfolgung und Ausbürgerung von Intellektuellen und Kritikern, die bis zur Wiedervereinigung anhielt.

Im allgemeinen meint man, wenn von politischer Lyrik die Rede ist, nicht die affirmative, sondern die herrschafts- und gesellschaftskritische Lyrik. Folglich gelten als hervorstechende Epochen der politischen Lyrik die Zeit der Bauernkriege, der Reformation, des Vormärz, der Arbeiter- und Studentenbewegung. Diese Einschätzung hat auch die Definitionsversuche seit Mitte des 18. Jahrhunderts bestimmt. Aufgrund seiner Forschungen unterscheidet Hinderer fünf verschiedene Positionen, die die Definitionsversuche der politischen Lyrik bestimmen:

„1. Lyrik ist kein taugliches Mittel für Politik: Poesie verfälscht die Politik.
2. Politik ist kein tauglicher Inhalt für Lyrik: Politik verfälscht Poesie.
3. Politische Lyrik bleibt hinter den ästhetischen Forderungen und Innovationen zurück. Die ästhetische Autonomie allein mit ihrer Antithesis zur Gesellschaft kann deshalb von politischer Bedeutung sein.
4. Politische Dichtung ist die Erfindung einer bestimmten Klasse. Es gibt überhaupt keine andere Dichtung als politische. Da alle Poesie politisch ist, weil mit Herrschaft vermittelt, wird der Begriff 'politische Lyrik' für obsolet erklärt.
5. Politische Lyrik als Begriff wird aus historischen Gründen durch andere Bezeichnungen wie 'Zeitgedicht' oder 'öffentliches Gedicht' oder 'Warngedicht' ersetzt."

Einen beachtenswerten Neuansatz einer Definition politischer Lyrik versuchte 1971 Ingrid Girschner-Woldt in ihrem Buch zur „Theorie der modernen politischen Lyrik". Unter Einbeziehung der inhaltlichen, ästhetisch-formalen und funktionalen Positionen definiert sie zwei grundlegende Typen politischer Lyrik. Sie unterscheidet zwischen einer „funktional politischen Lyrik", deren politische Wirkung zwar nicht im Text angelegt ist, aber aufgrund bestimmter politischer Konstellationen bewirkt wird, und einer „intentional politischen Lyrik", die sich eindeutig auf eine bestimmte politische Realität bezieht, sie darstellt und beurteilt. Im weiteren untersucht Girschner-Woldt zahlreiche Beispiele der „intentional politischen Lyrik"; die „funktionale" läßt sie außer acht, da sie praktisch alle Lyrik der Literaturgeschichte umfaßt.

Das Ergebnis ihrer Untersuchung führt sie zur Erkenntnis von drei unterschiedlichen intentional politischen Lyriktypen: einem affirmativen, einem explanativen und einem initiativen.

Die affirmativen Gedichte wollen den Leser zu einem traditionell normgerechten Verhalten veranlassen oder ihn in seinem bisherigen Verhalten verstärken, wenn es schon normgerecht ist.

„Explanative Gedichte dagegen wollen den Leser dazu bringen, eine tradierte Selbst- oder Weltdeutung durch eine neue, realitätsadäquate zu ersetzen" (Girschner-Woldt). Folgt der Leser der Intention des Gedichts, verändert er notwendigerweise seine bisherige Position und verhält sich neu.

„Initiative Gedichte wollen den Leser dazu bringen, eine am Gedicht gewonnene politische Einsicht durch politisches Handeln zu verwirklichen" (Girschner-Woldt). Diese Gedichte erfordern eine präzise, bis in die Einzelheiten gehende Darstellung, damit die politische Handlung die Konsequenz des Leseprozesses sein kann.

Quer zu diesen drei Intentionstypen, die ja auf den Rezipienten abzielen, sieht Girschner-Woldt noch die Möglichkeit einer Einteilung der politischen Lyrik, die von der Wirklichkeitsaussage bestimmt ist. Sie unterscheidet hier folgende Gruppen:

- ▷ Gedichte, die sich deutend und wertend auf eine konkrete politische Situation beziehen,
- ▷ Gedichte, in denen das Aussagesubjekt sich selbst und sein eigenes Erlebnisfeld in den Mittelpunkt stellt,
- ▷ Gedichte, die nicht das Sein, sondern das Tun des Menschen im Felde politischer Meinungsbildung und Einflußnahme beleuchten.

Nach diesem Kategorialsystem gehört Brechts Gedicht „Fragen eines lesenden Arbeiters“ in die Gruppe der Gedichte, die das Tun des Menschen im Felde politischer Meinungsbildung und Einflußnahme beleuchten. Von der Intention des Autors her ist es ein „initiatives Gedicht“, das den Leser über die Geschichte aufklären und zur politischen Handlung ermuntern will. Die Arbeiterklasse soll ihre historisch-politische Bedeutung erkennen und um ihren politischen Einfluß kämpfen. Ebenso ist auch Heines Gedicht „Die schlesischen Weber“ einzuordnen.

In die Gruppe der „explanativen Gedichte“ gehören Ingeborg Bachmanns „Reklame“ oder Paul Celans „Todesfuge“, wobei in dem letzten das Aussagesubjekt sich selbst mit seinem eigenen Erlebnisfeld deutlich in den Mittelpunkt stellt.

Während die englische Nationalhymne „God save the Queen“ eindeutig in die Gruppe der „affirmativen Gedichte“ gehört, ist diese Zuordnung bei der deutschen und französischen Nationalhymne nicht so einfach. „Das Lied der Deutschen“ mit seinen zahlreichen Imperativen und seiner Aufforderung zu Einigkeit und Recht und Freiheit besaß 1841, als Hoffmann von Fallersleben es schrieb, mit Sicherheit einen initiativen Charakter. Es sollte zu politischem Handeln aufrufen, um einen deutschen Einheitsstaat zu schaffen, der mit einer Verfassung und bürgerlichen Rechten ausgestattet ist. Die dritte Strophe dieses Liedes als Nationalhymne der Bundesrepublik konnte in der politischen Situation bis 1990 (zwei Staaten auf deutschem Boden) ebenfalls als initiatives Gedicht aufgefaßt werden. Der Auftrag des Grundgesetzes nach Einheit in Freiheit würde dann ernst genommen. Die Nationalhymne kann aber durchaus auch – und zwar aus anderer politischer Sicht – als affirmatives Gedicht begriffen werden. In ähnlicher Weise nicht eindeutig ist die Zuordnung der „Marseillaise“, der „Internationalen“ und ähnlicher Lieder. Im ursprünglichen Sinne sind sie zweifellos initiativ gemeint. Diesen Charakter haben sie möglicherweise in einer veränderten politischen Situation – je nach dem Standpunkt des Interpreteten – verloren.

In der Diskussion um die Analyse politischer Lyrik hat sich in den letzten Jahren ein Konsens herausgebildet. Auf der Grundlage kommunikationspragmatischer Überlegungen sind die meisten Wissenschaftler zu der Einsicht gelangt, daß nicht ästhetische Kategorien allein zur Analyse politischer Lyrik ausreichen, sondern daß das gesamte Kommunikationsfeld einbezogen werden muß. Politische Lyrik entsteht in einer bestimmten historisch-politischen Situation; sie wird von einem bestimmten Autor, der eine eigene politische Position vertritt, geschrieben, und zwar für eine bestimmte Gruppe von

Lesern, deren politische Einstellung der Autor kennt oder zumindest einschätzt, mit einer bestimmten Absicht. Die Aussagen des Textes besitzen einen bestimmten Wirklichkeitsbezug, denn die historisch-politische Situation schlägt sich in ihm nieder. Schließlich verwendet der Autor für sein politisches Gedicht eine bestimmte Struktur, bestimmte ästhetische Mittel und bestimmte Argumentationsmuster, um seine beabsichtigte Wirkung beim Leser auch zu erreichen.

Diese verschiedenen Faktoren müssen bei der Textanalyse von politischer Lyrik berücksichtigt werden, will der Interpret dem Gedicht in seinem Wirklichkeitsbezug gerecht werden.

Eine Didaktik der politischen Lyrik gibt es nicht. Weder in der Zeit der Lebenshilfedidaktik in den fünfziger Jahren noch danach, als die werkimmanente Methode die Literaturdidaktik bestimmte, spielte politische Lyrik in der Literaturdidaktik eine Rolle. Sie fiel durch das Netz der für Schüler als geeignet erachteten Literatur.

Erst durch die Studentenbewegung, die kommunikative Wende, die Erweiterung des Literaturbegriffs und die Veränderung der Lernziele im Sinn gesellschafts- und ideologiekritischer Vorstellungen wurde die politische Lyrik, vor allem die gesellschafts- und herrschaftskritische, als relevante Literatur entdeckt, da sie als geeignet erachtet wurde für die politische Bewußtseinsbildung. Nicht nur die marxistisch orientierten, sondern auch andere politisch engagierte Literaturdidaktiker sahen in der politischen Lyrik die Möglichkeit, die bis dahin geltende, von der Klassik und Romantik bestimmte Lyrikvorstellung in Frage zu stellen und abzulösen und zugleich deutlich zu machen, daß Lyrik nichts „Exorbitantes“ (Benn) ist, sondern durchaus ein engagiertes Ausdrucks- und Kampfmittel sein kann. Allerdings steht bei allen Didaktikern, die diese Position vertreten, die kritische politische Lyrik im Vordergrund, während die affirmative lediglich als Kontrastliteratur Beachtung findet.

Die gegenwärtigen Richtlinien und literaturdidaktischen Tendenzen lassen einer politischen Lyrik, die als Protestliteratur und Gesellschaftskritik verstanden wird, in der Schule wieder weniger Raum, denn der Trend zu einer „unpolitischen“ Schule ist unübersehbar. Trotzdem sollte politische Lyrik ihren Platz in der Schule behaupten, denn

- ob kritisch oder affirmativ, sie ist eine Art von Lyrik, die in den politischen Auseinandersetzungen der Vergangenheit immer ihren Platz hatte und ihn auch heute noch besitzt.
- die Auseinandersetzung mit politischer Lyrik und ihre Analyse macht den Schülern an einem besonders günstigen Beispiel augenfällig, daß Literatur generell situativ, kontextual und intentional gedeutet werden muß; insofern ist sie ein didaktischer Glücksfall.
- politische Lyrik zeigt, wie zu einem politischen oder gesellschaftlichen Zweck ästhetische Mittel eingesetzt werden, um den Leser zu überzeugen und zu beeinflussen.
- der Deutschunterricht kann sich von seiner gesellschaftspolitischen Rolle nicht befreien, sondern er muß sie erkennen und bewußt wahrnehmen.

Literatur

Arnold, Heinz Ludwig: Politische Lyrik, Text und Kritik 9/9a. München 1973 (Neufassung München ³1984).

Binder, Alwin: Kategorien zur Analyse politischer Lyrik. Der Deutschunterricht (1972), H. 2.

Bormann, Alexander von: Politische Lyrik in den sechziger Jahren: Vom Protest zur Agitation. In: Die deutsche Literatur der Gegenwart, Aspekte und Tendenzen. Durzak, Manfred (Hrsg). Stuttgart [3]1976.

Fingerhut, Karl Heinz; Hopster, Norbert: Politische Lyrik. Arbeitsbuch und Begleitheft. Frankfurt am Main 1973.

Hassenstein, Friedrich: Gedichte im Unterricht. In: Taschenbuch des Deutschunterrichts, 2. Bd. Lange, Günter; Neumann, Karl; Ziesenis, Werner (Hrsg). Baltmannsweiler [4]1990.

Gast, Wolfgang: Politische Lyrik. Deutsche Zeitgeschichte des 19. und 20. Jahrhunderts. Stuttgart 1973 (= Reclams Arbeitstexte für den Unterricht).

Girschner-Woldt, Ingrid: Theorie der modernen politischen Lyrik. Berlin 1971.

Hinderer, Walter (Hrsg): Geschichte der politischen Lyrik in Deutschland. Stuttgart 1978.

Hinderer, Walter: Versuch über den Begriff und die Theorie politischer Lyrik. In: Geschichte der politischen Lyrik in Deutschland. Hinderer, Walter (Hrsg). Stuttgart 1978.

Kaiser, Herbert, Politisch-historische Lyrik. In: Neun Kapitel Lyrik. Köpf, Gerhard (Hrsg). Paderborn 1984.

Lecke, Bodo (Hrsg): Politische Lyrik. Projekt Deutschunterricht 8. Stuttgart 1974.

Schöne, Albrecht: Über politische Lyrik im 20. Jahrhundert. Göttingen 1965.

Stein, Peter (Hrsg): Theorie der politischen Dichtung. München 1973

Günter Lange

Realistische Kindergeschichte

Bei der Bezeichnung „realistische Kindergeschichte“ handelt es sich um einen nicht fest determinierten Begriff. So ist auch „Umweltgeschichte“ für diese Spezies der Kinderliteratur gebräuchlich. Die Kennzeichnung als realistisch unterscheidet sie von der phantastischen Kindergeschichte, obgleich die realistischen und phantastischen Elemente nicht absolut voneinander zu trennen sind; es kommt vielmehr auf ihr Mischungsverhältnis an. Die realistische Kindergeschichte hält sich jedoch im Rahmen psychologischer Wahrscheinlichkeit und beachtet die Gesetze der Kausalität.

Realistische Kindergeschichten sind ein Teil der erzählenden Prosa; in der Regel handeln sie von Kindern, ihrer Umwelt, ihren Erfahrungen. Diese Untergruppe der Kinder- und Jugendliteratur ist in besonderem Maße auf ihre Leser bezogen und wendet sich vornehmlich an Kinder vom Erstlesealter bis etwa zur Orientierungsstufe.

Themen, Darstellungsart und Funktionen sind also vom Leser her bestimmt. Sie spiegeln die Vermutungen des Autors über Interessenlage und Fassungsvermögen der Leser deutlicher, als das bei Erwachsenenliteratur der Fall ist. Die Themen der realistischen Kindergeschichte rücken Alltagserfahrungen aus der Kinderwelt in den Mittelpunkt. So spielt die Familie (Eltern, Geschwister, Verwandte) eine wichtige Rolle. Die Öffnung zur fremdmenschlichen Außenwelt erfolgt über Einbeziehung anderer gesellschaftlicher Gruppen, mit denen Kinder dieser

Altersstufe Kontakt haben (Spielkameraden, Schulklasse, fremde Erwachsene). Auch Themen aus Natur und Sachwelt können der Absicht dienen, das Gesichtsfeld des kindlichen Lesers zu erweitern.

In ihrer sprachlichen und formalen Gestaltung muß die realistische Kindergeschichte auf die lesepsychologischen Voraussetzungen der Kinder Rücksicht nehmen. Das gilt für die Sprache (Wortwahl, Sprachebene, Satzlänge) ebenso wie für die Handlungsführung und die Darstellung der behandelten Probleme und Konflikte.

Als Erzählperspektive wird häufig die des Ich-Erzählers gewählt, um dem Leser die Identifikation mit der Hauptfigur zu erleichtern. Ähnliche Wirkungen hat auch das personale Erzählen aus der Perspektive der Hauptfigur. Solche Identifikation mit der Hauptfigur, in deren inneres Erleben übergeblendet wird, fördert die Fähigkeit des jungen Lesers zu differenzierter Wahrnehmung seelischer Vorgänge und leitet damit zu Fremd- und Selbstverständnis an. Allerdings liegen hier auch Gefahren, weil auf diese Weise u. U. das distanzierende, abwägende und urteilende Leseverhalten behindert wird, das aber Voraussetzung für den angestrebten kognitiven Gewinn ist.

Eine andere Möglichkeit der intensiven Beteiligung des Lesers ist der Gebrauch des Dialogs. Er kommt dem Leser zwar lesetechnisch entgegen (Umgangssprache), verlangt ihm dafür aber ein höheres Maß an psychologischer Einfühlung und Denken ab. Die altersgerechte Wahl der Texte muß also Sprachgestalt und Darstellungsart, Realitätsnähe, Problembewältigung und das Spannungsverhältnis von Erfahrungsnähe und Fremdheit im Blick auf den Leser berücksichtigen.

Wesentliche Merkmale der realistischen Kindergeschichte sind:

- ▷ kurze Erzähltexte,
- ▷ Kinder als Hauptfiguren,
- ▷ Themen aus der Alltagserfahrung der Kinder,
- ▷ Bindung des Erzählens an psychologische Wahrscheinlichkeit und Kausalität,
- ▷ häufig Perspektive des Ich-Erzählers oder personales Erzählen; intensiver Gebrauch des Dialogs.

Unter *historischem Aspekt* ist die realistische Kindergeschichte als pädagogisches Instrument kein Novum. Allerdings haben Themen und Absichten sich grundlegend gewandelt. Sind ältere Texte gekennzeichnet durch Harmonisierung und Idealisierung, vor allem durch die oft allzu deutliche moralische Tendenz, so gibt es in der modernen Kindergeschichte zwei kontrastierende Programme. Autoren der einen Richtung vermeiden in der Darstellung die ungeschminkte Härte der Realität. Sie orientieren sich an dem kindlichen Bedürfnis nach Sicherheit, Geborgenheit und Glücksverheißung. Infolgedessen überwiegen in Texten dieser Richtung Versöhnlichkeit, Humor und Optimismus. Demgegenüber vertreten andere Autoren den Anspruch auch der Kinder auf nicht beschönigte Realität, an der die Kinder in ihrer Wirklichkeit ja immer schon teilhaben. Themen wie Krankheit, Tod, Ehescheidung werden behandelt, häufig ohne einen befriedigenden Schluß oder eine Andeutung denkbarer Lösungen. Verständlich, daß sich an diesen verschiedenen Auffassungen und den von ihnen bestimmten Textgestaltungen auch die *didaktische Diskussion* entzündet. In der konkreten Situation wird der Lehrer nach seiner Kenntnis der Schüler entscheiden müssen, was er ihnen zumuten kann. Er kann auch am ehesten beobachten, welche Texte die Interessenlage seiner Schüler treffen, an welchen Texten sich ihre Lesefreude, ihr Nachdenken entfalten läßt.

Die realistische Kindergeschichte ist aber nicht nur unter dem Aspekt pädagogischer Anwendbarkeit zu sehen, sie ist, in ihren gelungenen Ausformungen, auch Beispiel literarischer Gestaltung. Im Rahmen des Deutschunterrichts leistet sie damit nicht nur einen Beitrag zur Sozialisation und Welterkenntnis, sondern zur literarischen Erziehung allgemein. Als literarische Form der Kinder- und Jugendliteratur ermöglicht sie dem kindlichen Leser den Übergang vom Bilderbuch zu erzählenden Texten, die weitgehend ohne die Hilfe der Illustration auskommen, d.h. die Imaginationsfähigkeit des Lesers stärker herausfordern. Ihr Realitätscharakter erleichtert das Wiedererkennen, bahnt das Fremdverstehen an, führt zu der wichtigen Erkenntnis, daß Literatur auch etwas zum eigenen Leben zu sagen hat.

Die Kindergeschichte als Kurzprosa tendiert in ihren schlichten Ausprägungen zur Gebrauchsliteratur, so daß sie geeignet erscheint, Sozialisationshilfe zu leisten. Anspruchsvollere Texte, die formal und inhaltlich den älteren Leser erfordern, weisen hinüber in den Bereich der Kurzgeschichte und bieten die Möglichkeit, einen kontinuierlichen Übergang von der Jugend- zur Erwachsenenliteratur anzubahnen. Innerhalb der Kinder- und Jugendliteratur stellt die realistische Kindergeschichte aber auch das Bindeglied zwischen Kurz- und Langprosa dar. Viele Kinderromane, besonders für jüngere oder ungeübte Leser, bestehen aus aneinandergereihten Episoden, die um das gleiche Personal gruppiert sind und so eine zusammenhängende Geschichte ergeben. Auf diese Weise bereitet die realistische Kindergeschichte auch auf die Lektüre umfangreicherer Texte allgemein vor.

Alle diese positiven Möglichkeiten der realistischen Kindergeschichte werden sich aber nur auswirken, wenn das natürliche Bedürfnis der Leser nach Spannung, Lesevergnügen, Welterfahrung befriedigt und nicht von den wie auch immer gearteten Intentionen der Autoren oder didaktischen Zielsetzungen überlagert wird.

Literatur

Bamberger, Richard: Jugendlektüre, Jugendschriftenkunde, Leseunterricht, Literaturerziehung. Wien [2]1965.

Dahrendorf, Malte: Gesellschaftliche Probleme im Kinderbuch. In: Literaturdidaktik im Umbruch. Düsseldorf 1975.

Doderer, Klaus (Hrsg): Lexikon der Kinder- und Jugendliteratur, 3 Bd. Weinheim, Basel 1977–1979.

Gutter, Agnes: Umweltgeschichte und realistisches Jugendbuch. In: Trends in der modernen Jugendliteratur. Bamberger, Richard (Hrsg). Wien 1969.

Karst, Theodor: Realistische Kindergeschichten als thematische Textfolgen im Unterricht der Primarstufe. In: Kinder- und Jugendlektüre im Unterricht der Primarstufe. Bad Heilbrunn 1977.

Ders.: Realistische Kindergeschichte. In: Lexikon der Kinder- und Jugendliteratur, 3. Bd. Doderer, Klaus (Hrsg). Weinheim, Basel 1979.

Krüger, Anna: Die erzählende Kinder- und Jugendliteratur im Wandel. Frankfurt am Main, Aarau 1980.

Lichtenberger, Sigrid: Das realistische Kinderbuch. In: Kinder- und Jugendliteratur. Zur Typologie und Funktion einer Gattung. Haas, Gerhard (Hrsg). Stuttgart 1974.

Psaar, Werner: Spiel und Umwelt in der Kinderliteratur der Gegenwart. Paderborn 1973.

Reger, Harald: Prosakurzformen im Literaturunterricht der Primarstufe. Kastellaun, Hunsrück 1978.

Doris Marquardt

Rede

Die Textart Rede begreift sich zuerst aus der originären Funktion des gesprochenen Worts. Indem der Mensch redet, wird er zum Menschen. Redend treten wir in Kontakt zueinander, gesprochene Sprache ist das primäre Medium menschlicher Kommunikation. Rede ist ihrem Ursprung und ihrer Intention nach immer an Handlungszusammenhänge gebunden, geht aus Handlungskonstellationen hervor und sucht Handlungssituationen zu verändern. Rede ist der sprachliche Bestandteil eines „kommunikativen Handlungsspiels" (Schmidt).

Den dreifachen Bezug des gesprochenen Wortes zum Sprecher, zu einer Sache und zum Angesprochenen beschreibt Bühler in seinem zeichentheoretischen Modell als die Ausdrucks-, die Darstellungs- und die Appellfunktion der Sprache. Alle drei Momente bestimmen gleichzeitig den einzelnen Sprechakt, unterschiedlich können die Akzentuierungen sein. Daß Reden und Handeln des Menschen unmittelbar aufeinander bezogen sind, geht nach dem Bühlerschen Modell aus der Appellfunktion der Sprache hervor.

Eine Phänomenologie des elementaren Redevorgangs führt sowohl zu den Entstehensbedingungen der Textart Rede wie zu dem für die Rede konstitutiven Faktor der Öffentlichkeit. Im Prinzip genügt schon das Hinzutreten eines Dritten, um Öffentlichkeit entstehen zu lassen (Geißner). Die Sprecher bekommen einen Zuhörer. Der jeweils Redende wird versuchen, den Dritten auf seine Seite zu ziehen, ihn in seinem Sinn zu beeinflussen, eine den Dialog übergreifende allgemeine Meinung herzustellen. Will der Redende gegenüber Zuhörern seine Meinungen und Interessen durchsetzen, will er seine Handlungsziele erreichen, so wird er auf Dauer nicht ohne planende Überlegungen, den bewußten Einsatz rednerisch wirksamer Mittel und eine Redestrategie im ganzen auskommen. Das geformte Ganze, das auf Zuhörer wirken soll, ist dann schon: eine Rede. Rede im engeren Sinne wird aus dem zusammenhängend gesprochenen Wort aber erst, wenn es sich in einer Situation, die den privaten zwischenmenschlichen Bereich übersteigt, zu einer gestalteten Einheit formiert. Diese Rede wendet sich zum Zweck der Beeinflussung an ein größeres Publikum, indem sie zu überreden und zu überzeugen versucht. Medium der Öffentlichkeit ist sie in einem zweifachen Sinn. Sie wird vor einer größeren oder großen Öffentlichkeit gehalten. Zum anderen stellt sie selbst Öffentlichkeit her, indem sie ein allgemeines Bewußtsein, Einstellungen und überhaupt erst Sachverhalte von überpersonaler Bedeutung schafft.

Es liegt an ihrem elementaren Handlungs- und Öffentlichkeitscharakter, daß die Rede zu allen Zeiten einen immensen Einfluß auf die gesellschaftlichen Zusammenhänge ausübte. Ja, deren Konstitution ist ohne sie überhaupt undenkbar. Ein Blick auf die *Geschichte der Rede* kann das verdeutlichen.

Von außerordentlicher Bedeutung war die Rede im öffentlichen Leben des Altertums, in der griechischen Polis und in Rom: als Gerichtsrede zur Herbeiführung von Rechtsentscheiden, als politische Rede bei den Volksversammlungen, die zur Beratung und Entschlußfassung einberufen wurden, als Festrede zum Lob einer zu feiernden Person oder Begebenheit. Diese umfassende gesellschaftliche Bedeutung der Rede führte zur Theorie der Beredsamkeit, bei Platon und Aristoteles, bei Cicero und Quintilian, sowie deren praktischer Umsetzung in eigens dazu eingerichteten Rhetorenschulen. Beredsamkeit, Rhetorik wurde zum selbstverständlichen Bestandteil in der Bildung des freien antiken Menschen. Die unmittelbaren Auswirkungen reichten bis weit ins Mittelalter hinein. Zusammen mit Grammatik und Dialektik bildete die Rhetorik das Trivium der sieben freien Künste, blieb unerläßliche Bildungsvoraussetzung für Geistliche und Gelehrte.

Als Geburtsstätte der politischen Rede gilt die griechische Polis, der Stadtstaat, wo der Redner auf der Agora gleichsam die Gesamtheit des Volkes erreichte, das zur Entscheidung aufgerufen war. Hier und in den Ratsversammlungen konnte sich die politische Rede entfalten: abwägend, beratschlagend, zur demokratischen Entscheidung führend. Die große politische Rede des Altertums war an die republikanische Staatsform gebunden, in der klassischen Zeit Athens ebenso wie in der republikanischen Epoche Roms mit Cicero als dem bekanntesten Redner der Antike.

Ähnliches wiederholt sich an weltgeschichtlich späterer Stelle. Glanzzeiten politischer Beredsamkeit brachten die glorreiche Revolution in England 1688, die Unabhängigkeitserklärung in Amerika 1776, die französische Revolution von 1789 hervor. In England bestimmte die „bill of rights" schon 1669, „daß die Freiheit der Rede und der Debatten und Verhandlungen im Parlament in keinem Gerichtshof oder Platze außerhalb des Parlaments angefochten oder in Frage gestellt werden dürfe". Im Parlament, d.h. durch die parlamentarische Rede entschied sich Englands Geschichte.

Deutschland konnte aufgrund seiner gesellschaftlich-politischen Situation diesen Vorbildern nur zögernd folgen. Erst mit der Konstituierung des Deutschen Reichstags 1871 erhielt die Nation zum erstenmal „eine im ganzen Staatsgebiet gewählte und allseits anerkannte Volksvertretung" (Jäckel). Zu den berühmtesten Rednern des Reichstags gehörten neben Bismarck u.a. die Sozialisten August Bebel und Wilhelm Liebknecht. Musterbeispiel der sozialistischen Rhetorik liefern im 19. Jahrhundert sodann die Reden von Ferdinand Lassalle, im 20. Jahrhundert die von Karl Liebknecht und Rosa Luxemburg. Daß bereits im frühen 19. Jahrhundert von verschiedenen Richtungen aus die öffentliche Rede als politische Waffe benutzt wurde, dokumentieren z.B. die Reden Fichtes an seine Nation und die patriotischen Reden Schleiermachers. Im 20. Jahrhundert reicht das Spektrum großer politischer Redner von Rathenau, Stresemann, Wirth, Naumann bis zu Theodor Heuss, Carlo Schmid, Adolf Arndt, Richard von Weizsäcker.

Ein besonderes Kapitel in der Geschichte der politischen Rede stellt die Rhetorik des Nationalsozialismus dar. Die Reden des Dritten Reiches seien trotz ihrer Wirkung ohne jegliches rhetorische Niveau, stellt Hinderer fest. Walter Jens nennt Hitler den „erfolgreichsten Redner deutscher Zunge". Beides trifft zu. Denn die Wirkung der faschistischen Reden beruhte zunächst auf den außerrhetorischen Mitteln der theatralischen Inszenierung. Zum anderen ließen sich die Zuschauer von der propagandistischen Demagogie in unvorstellbarer Weise in den Bann ziehen.

Anders als die politische Rede haben in Deutschland die Kanzel- und dann auch die Kathederrede, also die Rede des Predigers und des Wissenschaftlers, eine lange Tradition.

Die Predigt ist der rednerische Vortrag religiösen Inhalts. Erste Formen der Predigt finden sich in den Evangelien, z. B. die Bergpredigt, und in der Apostelgeschichte aufgezeichnet. Die Entwicklung der Predigt schließt sich später eng an die Formen der antiken Rhetorik an. Für das ganze christliche Abendland wurde die Predigt Grundlage der Seelsorge. Erste deutsche Predigten hält Bonifatius im Zuge der Heidenbekehrung. Bekannt sind die Bußpredigten wie die Ketzerpredigten der Bettelorden des ausgehenden Mittelalters. In ihrer Nachfolge stehen die Predigten der Mystiker. Die Reformation erhob die Predigt zum Hauptteil des evangelischen Gottesdienstes. Als literarisch bedeutende und einflußreiche Prediger sind auf katholischer Seite im 16. Jahrhundert Geiler von Kaisersberg, im 17. Jahrhundert Abraham a Santa Clara zu nennen, auf evangelischer Seite im 18./19. Jahrhundert insbesondere Spener und Schleiermacher. Sehr oft hat dabei die Kanzelrede auch die Funktion des Politischen übernommen. Das gilt z. B. für Berthold von Regensburg im Mittelalter, für Martin Luther und Thomas Müntzer, für Schleiermacher oder in neuester Zeit für Martin Niemöller.

Als bemerkenswerte Kathederredner der Gegenwart nennt Hinderer die Philosophen Theodor W. Adorno und Ernst Bloch, die Physiker Max Planck, Max Born und Werner Heisenberg.

Die *Ziele und Funktionen der Rede* ergeben sich aus der Redeabsicht, dem Gegenstand der Rede und den verschiedenen Redearten.

Der Verteidiger vor Gericht will ein günstiges Urteil für seinen Klienten erwirken. Der Wahlredner versucht, für seine Partei möglichst viele Stimmen zu gewinnen. Der Redner einer Festversammlung ist z. B. bemüht, das Lob einer zu ehrenden Person einsichtig zu machen. Der Prediger zielt darauf, daß die Hörer im Sinn seiner religiösen Überzeugung denken und handeln. Wer über wissenschaftliche Fragen einen Vortrag hält, möchte seine Zuhörer belehren. In jedem Fall verfolgt der Redner einen Zweck. Er will eine Meinung durchsetzen, er spricht Wertungen aus, er gibt Ratschläge, er erhebt Forderungen. Solche Paraphrasierungen machen die Grundintention einer jeden Rede deutlich. Sie ist darauf angelegt, Denkweisen und Gefühle, das Verhalten und das Handeln zu beeinflussen.

Es gibt eine Vielzahl von Ansätzen, die Redefunktionen zu kategorisieren. In frühen Lehrbüchern der Beredsamkeit schrieb man der Rede nach antikem Muster drei Funktionen zu: zu unterrichten, zu überzeugen, zu rühren. Diese Funktionen waren auf unterschiedliche Gattungen der Rede bezogen. Ein zeitgenössischer Sprachwissenschaftler verfährt ähnlich, indem er nach dem semiotischen Modell Bühlers zwischen der Darstellungs-, der Ausdrucks- und der Appellfunktion der Rede unterscheidet und diesen Funktionen den wissenschaftlichen Vortrag, die Festansprache und die politische Rede zuordnet (Stötzer). Sicher werden mit solcher Unterscheidung Akzentuierungen getroffen. Aber die politische Rede etwa „stellt auch dar", und der politische Redner „drückt sich auch aus". Die Appellfunktion freilich wird man für die politische Rede als grundlegend und dominierend ansehen dürfen, weil sie sich letzten Endes immer als Aufforderung zu einer bestimmten Verhaltensweise oder Handlung an den Zuhörer wendet.

Die Ziele, durch Reden Einstellungen und Verhalten zu ändern – oder auch zu stabilisieren –, verlangen bestimmte Redestrategien. Die elementare strategische Aufgabe des Redners formulierte Cicero als „dicere ad persuadendum", so zu sprechen, daß der andere „überzeugt" und „überredet" werde. Die rhetorische Grundregel der Persuasion enthält also beides: die Möglichkeit, den Zuhörer zu vereinnahmen, und die Möglichkeit, ihn so anzusprechen, daß ihm die eigene Entscheidung bleibt. Die fortwährende Vermischung von beidem, die Tendenz, das eine zu wollen oder auch nur zu unterstellen, nämlich zu überzeugen, aber um der Effektivität der Rede willen eher oder bewußt das andere zu tun, nämlich zu überreden, macht das Dilemma aller Rhetorik aus.

Aufgrund dieser unausweichlichen Problematik verwundert es nicht, daß von Anfang an Vorbehalte gegen die Rhetorik erhoben sowie wertende Unterscheidungen getroffen wurden. Platons vehemente Kritik wandte sich letztlich aber nur gegen die sophistische Rhetorik und forderte eine philosophisch begründete. Ähnlich sieht es bei Kant aus, auf den sich viele Kritiker der Beredsamkeit berufen. Rednerkunst „als Kunst, sich der Schwächen der Menschen zu seinen Absichten zu bedienen", sei „gar keiner Achtung würdig", hatte sein Urteil gelautet. Jedoch auch für Kant gilt, daß er mit diesem Diktum wohl die Praxis der Überredungsrede ablehnt, daß er aber die auf Freiheit zielende Überzeugungsrede akzeptiert.

Auch die heutige Sprachwissenschaft und wissenschaftliche Rhetorik kreist, insbesondere im Hinblick auf die politische Rede, immer wieder um die Thematik.

So unterscheidet Siegfried J. Schmidt zwei Typen von Redestrategien: die „implikativ-thetische Rede" und die „explikativ-argumentative Rede". Im ersten Fall verweigert der Sprecher dem Hörer weitgehend die Möglichkeit, gedankliche Zusammenhänge nachzuvollziehen, zielt statt dessen auf affektive Identifikation und auf Emotionalisierung. Im zweiten Fall macht der Redner dem Zuhörer, so weit es geht, die eigene Gedankenbewegung durchsichtig, läßt sich von rationaler Argumentation leiten und intendiert den reflektierenden Nachvollzug auf seiten des Hörers.

Hans Dieter Zimmermann hat die strategische Strukturierung der politischen Rede mit den Kategorien der „Aufwertung" und der „Abwertung" zu erfassen versucht. Er geht davon aus, daß polarisierende Wertung in der benennenden Funktion von Sprache immer schon mitgegeben ist. Diesem Positiv-negativ-Mechanismus entsprechen die sozialen Mechanismen von „ingroup" und „outgroup". Daraus ergibt sich, daß sich die Strategie der Aufwertung auf die positiv gesehene Wir-Gruppe bezieht, die der Abwertung auf die negativ zu beurteilende Feindgruppe. Beides geschieht im Sinn des Überredens und des Überzeugens.

Nur die eine Seite, die der vorbehaltlosen Beeinflussung, scheint Georg Klaus im Blick zu haben, wenn er den appellativen Charakter der politischen Rede, im Sinn einer positiven Handlungsanweisung, als „Agitation" bezeichnet. Ziel der Politik sei nicht primär „die Gewinnung wahrer Aussagen über politische Sachverhalte". Ziel der Politik sei vielmehr, „Menschen zu bestimmten Verhaltensweisen zu veranlassen". Die politische Sprache und die Sprache der Agitation diene „nicht in erster Linie der sprachlichen Formulierung wahrer Aussagen, sondern der Beeinflussung des Bewußtseins der Menschen".

Solcher Strategie und Bewertung der politischen Rede steht Schmidts Forderung der „Rationalisierung der Politik" – im Sinn der explikativ-argumentativen Rede – diametral gegenüber. Er sieht, daß politische Sprache Handlungsziele formulieren muß, und verfällt auch nicht der Illusion, daß alle Handlungsziele aus sich heraus begründbar seien. Aber Rationalisierung der Politik müsse heißen, „daß die Begründung und Durchsetzung von Handlungszielen möglichst rational geführt wird", d. h. mit ihrer völligen Offenlegung. Ob dies zu idealistisch gedacht ist oder eine so geforderte Transparenz des politischen Handelns und der politischen Rede am Ende zu dem Paradox führt, daß sich die intendierte Persuasion selbst aufhebt, bleibt eine offene Frage. Mit den Extrempositionen von rationaler Transparenz und gezielter Verhaltenssteuerung markieren Schmidt und Klaus das Spannungsfeld, in dem politische Rede und politisches Handeln gesehen werden müssen.

Hier soll für die politische Rede darüber hinaus unterschieden werden zwischen der persuasiven, der demagogischen und der didaktischen Rede:

- ▷ Die persuasive Rede wertet zur Durchsetzung von politischen Interessen die eigene Position auf, die des politischen Gegners dagegen ab. Durch Auf- und Abwertung will sie überreden / überzeugen. Es handelt sich bei der persuasiven Rede gleichsam um den „Normalfall" der politischen Rede.
- ▷ Die ganz und gar vom Machterhalt oder Machtgewinn bestimmte demagogische Rede möchte die Gedanken der Zuhörer am liebsten ganz ausschalten: durch Emotionalisierung, bewußte Irreführung, durch schlagwortartige Propagierung der eigenen Position und denunziatorische Diffamierung der gegnerischen. Musterbeispiele demagogischer Rhetorik sind die Reden des Nationalsozialismus.
- ▷ Die didaktische Rede kennt keine interessenbedingte Auf- und Abwertung, schon gar nicht das demagogische Schlagwort. Sie will nicht überreden, sondern rational einsichtig machen; sie ist nicht einseitig positionsgebunden,

sondern setzt auf den Ausgleich der Vernunft; sie holt die Gedanken der Zuhörer in die Rede herein, statt das Denken auszuschalten oder zu manipulieren. Ein exemplarisches Beispiel politisch-didaktischer Rhetorik ist die Rede v. Weizsäckers zum 8. Mai 1945.

Der Realisierung der verschiedenen Redestrategien dienen die *Elemente der Rhetorik*. Während diese Elemente in den Rhetoriklehrbüchern ursprünglich als praktische Anleitung zum Reden fungierten, werden sie heute als Analysekritierien beschrieben.

Zur Rede gehörten nach den alten Regeln: die Erfindung, die Anordnung, der sprachliche Ausdruck, die Einprägung der Rede ins Gedächtnis und schließlich der mündliche Vortrag einschließlich der Gestik. Den Aufbau einer Rede skizziert ein Autor des 18. Jahrhunderts in Anlehnung an Quintilian so: 1. Eingang, 2. Erzählung des Sachverhalts, 3. Bestimmung der abzuhandelnden Frage, 4. Abhandlung oder Beweis, 5. Beschluß. Es fällt nicht schwer, entsprechende Teile des Redeaufbaus bei heutigen Rednern wiederzufinden, auch wenn sie sich nicht von einer praktischen Redelehre, sondern eher von Erfahrung und Intuition leiten lassen.

Es können im Blick auf die rhetorischen Elemente einer Rede drei Analysebereiche voneinander abgehoben werden: die Inhaltsanalyse, die lexikalisch-semantische Analyse und die im engeren Sinn rhetorische Analyse.

Die Inhaltsanalyse fragt nach der Redeintention sowie den Bedingungen der Redesituation und der Erwartung der Redewirkung und natürlich nach den zentralen Themen einer Rede.

Die lexikalisch-semantische Analyse ist auf die Identifizierung und Bewertung von Schlüsselwörtern gerichtet, wobei Aufschlüsse allein schon von der Worthäufigkeit erwartet werden. Sie untersucht Konnotationen, d.h. den Bedeutungshorizont, die Unschärfe von Wortinhalten und deren Mehrdeutigkeit. Sie beschäftigt sich mit Bildern und Metaphern. Ein wichtiger Gegenstand der semantischen Analyse sind schließlich die Hochwertwörter auf der einen Seite, die Schlagwörter auf der anderen sowie Ausdrücke von besonderer Bedeutungsdichte und großem Bedeutungsumfang (z.B. Freiheit, Gerechtigkeit, Demokratie).

Die rhetorische Analyse im engeren Sinn geht von der Annahme aus, daß sich an jedem persuasiven Text bestimmte Merkmale festmachen lassen. Dabei wird unterschieden zwischen der Argumentationsanalyse und der Analyse der Redefiguren.

Konstitutive Faktoren der Argumentation sind die Formulierung von Thesen und Gegenthesen. Das Ziel besteht immer darin, andere für die Übernahme der eigenen Thesen zu gewinnen. Das Grundschema der klassischen Argumentation besteht aus dem Dreischritt von These / Gegenthese – Begründungskette – Schlußfolgerung. Argumentation ist von Haus aus auf die Logik der Gedankenführung gegründet. Wo sie greift, hat die Rede die Möglichkeit zu überzeugen. Nur zu oft aber tritt die Scheinlogik an die Stelle argumentativer Gedankenführung, die pseudorationale Überredungstechnik an die Stelle der vernunftbestimmten Überzeugung. Als Trugformen der Argumentation nennt Bachem: faule Argumentationsgänge; Lüge, Unterstellung, Verschweigen; Einschüchterung und Tabuisierung; Vereinfachung, Schwarzweißmalerei und Polarisierung; Übertreibung und die Verwendung unverbindlicher Schlagwörter; Vereinnahmung.

Die seit der Antike bekannten Redefiguren sind im lexikalischen Bereich z. B. die Metapher, die Personifikation (so wird in heutigen Politikerreden z. B. immer wieder „die Geschichte“ als Person bemüht), der Euphemismus (manipulativ beschönigender Ausdruck), die Hyperbel (Übertreibung), die Ironie, die Periphrase (die wertende Umschreibung). Es wird schnell deutlich, daß diese Figuren unmittelbar in den Dienst der Redestrategien, etwa der Auf- und Abwertung, treten können.

Das gleiche gilt für syntaktisch-gedanklichen Figuren: z. B. die Doppelung (Wortwiederholung zur Bekräftigung), die Anapher (Wiederholung des gleichen Worts am Anfang aufeinanderfolgender Sequenzen), die Reihung, die Klimax (Reihung mit Steigerungseffekt), den Parallelismus, die Antithese, die Anspielung, die rhetorische Frage (Scheinfrage, in der die Antwort schon mitgegeben ist). Aber die syntaktisch-gedanklichen Figuren sind im ganzen formalerer Natur, sie können effektiv im Sinn des Überzeugens wie des Überredens eingesetzt werden.

Der Blick auf die rhetorischen Figuren zeigt die *Nähe der Rede zur Literatur.* Die Elemente, die sich als Merkmale der mündlichen Rede beschreiben lassen, sind auch konstitutiv für die schriftliche Beredsamkeit. Ja, infolge der „allmählichen Verschriftung der Rhetorik“ (Hinderer), ein Prozeß, der in Deutschland seit dem 18. Jahrhundert zu beobachten ist und die Dichtung zum „rhetorischen“ Vorbild werden ließ, wurden die rednerischen Figuren zu literarischen. Sichtbarer Ausdruck davon ist Lausbergs grundlegendes Buch über die „Elemente der literarischen Rhetorik“.

Die Affinität zwischen Rede und Literatur hat zwei weitere Dimensionen. Die eine ist die, daß es den Dichter immer wieder auch zur Rede drängt, um sein Publikum und die Öffentlichkeit zu erreichen. Das gilt für Klopstock und Lessing, für Lenz und Herder, für Goethe und Schiller, für Heine und Hofmannsthal, nicht minder für Autoren der Moderne, die nicht nur Schriftsteller, sondern gleichzeitig Essayisten und Redner sind.

Die originäre Verbindung zwischen Rede und Literatur besteht aber in dem ihnen gemeinsamen Öffentlichkeitscharakter. „Alle Poesie, die auf einen Effekt ausgeht, ist rhetorisch“, heißt es bei Schlegel. Alle Literatur ist nicht nur rhetorisch aufgebaut, sondern sie wirkt auch als Rede. Selbst da, wo sie l'art pour l'art sein will, also Kunst nur um der Kunst willen, stellt sie ein Phänomen der Öffentlichkeit dar, ist sie letztlich ein Politikum. Die Nähe wie die relative Unterscheidung zwischen Rede und Literatur gibt sich auch in der kategorisierenden Begrifflichkeit zu erkennen; Rhetorik und Poetik werden aufeinander bezogen wie neuerdings rhetorische und ästhetische Kommunikation.

Am augenfälligsten wird die Verbindung zwischen Rede und Literatur in der Dramatik. Das Drama in seiner Realisierung auf dem Theater ist die literarische Form, die zugleich zur Rede wird, und zwar nicht nur, weil sie auf der Bühne redende Figuren präsentiert, sondern weil sich das Drama im ganzen als Handlungsaufforderung an eine Öffentlichkeit wendet, jedenfalls an den prägnanten Schwerpunkten europäischer Dramengeschichte, in der antiken Tragödie, im bürgerlichen Trauerspiel, im epischen Theater. (Vgl. den Textartenartikel „Drama“).

Die *Didaktik der Rede* ist so alt wie diese selbst. Das haben schon die Hinweise auf die Rhetorenschulen des Altertums wie auf den Stellenwert der Rhetorik im Bildungskanon des Mittelalters erkennen lassen. Die Lehre von der Wohlredenheit und Beredsamkeit blieb an den Latein- und Gelehrtenschulen bis ins 19. Jahrhundert hinein zentrales Unterrichtsfach.

Ein entscheidender Wandel vollzog sich, als die deutsche Dichtung zum Vorbild der Wohlredenheit wurde. Die rednerische Rhetorik geriet öffentlich in Verruf. In der Schule wurde sie in den Aufsatzunterricht abgedrängt, für unnütz oder gar für schädlich befunden. Nicht Redner, sondern Leser solle die Schule erziehen, hieß es; und ein preußischer Kultusminister konstatierte: „Das Volk darf nicht weiter unterrichtet werden, als es zu seiner Arbeit paßt.“

Es ist erstaunlich, daß die Rede wie das Reden als Unterrichtsgegenstand erst mit der sogenannten „kommunikativen Wende“ des Deutschunterrichts zu Beginn der siebziger Jahre wiederentdeckt wurde.

In einer modernen demokratischen Gesellschaft hätte ein neuer Rhetorikunterricht zwei grundlegende Aufgaben zu erfüllen:

- Die Anleitung zur kritischen Analyse und Rezeption von Reden
- wie auch die Anleitung zur überzeugenden und begründeten Darstellung eigener Gedanken und Meinungen.

Die diaktische Herausforderung im Hinblick auf die politische Rede besteht darin, politisches Sprechen, als politisches Handeln, im Spannungsgefüge von manipulativer Verhaltenssteuerung und rationaler Transparenz begreiflich werden zu lassen. Darüber hinaus gilt es, auch literarische Texte als öffentlichkeitswirksame und handlungsbezogene „Rede“ verstehen zu lehren.

Literatur

Bachem, Rolf: Einführung in die Analyse politischer Texte. München 1979.

Geißner, Hellmut: Rede in der Öffentlichkeit. Eine Einführung in die Rhetorik. Stuttgart 1969.

Hinderer, Walter (Hrsg): Deutsche Reden, Teil 1 und 2. Stuttgart 1973.

Klaus, Georg: Sprache der Politik. Berlin (Ost) 1971.

Meurer, Renate; Meurer, Reinhard: Texte des Nationalsozialismus. Beispiele – Analysen – Arbeitsanregungen. München 1982.

Pelster, Theodor: Rede und Rhetorik. Düsseldorf 1972.

Schafarschick, Walter (Hrsg): Herrschaft durch Sprache. Politische Reden. Stuttgart 1973 (= Reclams Arbeitstexte für den Unterricht).

Schmidt, Siegfried J.: Sprache und Politik. In: Sprache und Gesellschaft. Rucktäschel, Annamaria (Hrsg). München 1972.

Ziesenis, Werner: Politische Rede im Deutschunterricht. In: Taschenbuch des Deutschunterrichts. Lange, Günter; Neumann, Karl; Ziesenis, Werner (Hrsg). Baltmannsweiler [4]1990.

Zimmermann, Hans Dieter: Die politische Rede. Der Sprachgebrauch Bonner Politiker. Stuttgart 1969.

Werner Ziesenis

Reisebericht

Das Thema „Reiseliteratur" ist bisher weder von der Fachwissenschaft noch von der Didaktik recht erschlossen, wie die dürftige Liste der Veröffentlichungen erweist, die obendrein meist ältere Literatur behandeln. Die Gründe dafür liegen zum Teil wohl in der Textsituation, die Gero von Wilpert im „Sachwörterbuch der Literatur" so umreißt:

„Reiseliteratur umfaßt das gesamte dem Stoffe nach von Reisen berichtende Schrifttum von Reisehandbuch oder -führer mit sachlichen Angaben und Ratschlägen für Reisende ... über die wissenschaftliche Reisebeschreibung ... und die dichterisch ausgestaltete Wiedergabe von Reiseerlebnissen und -erfahrungen oder Beschreibung der Zustände in fremden Ländern als unterhaltender Reiseroman bis zum humoristisch-satirischen, utopische Zustände schildernden Staatsroman oder der Phantasie freien Lauf lassenden Abenteuer- und Lügenroman."

Dabei wäre der Bestand noch zu ergänzen: Tagebuch, Brief und Essay sowie die ganze Palette der journalistischen Formen, dazu die Texte der touristischen Werbung gehören in den Umkreis des Themas. Für Lesebuch und Literaturunterricht ist eine Beschränkung auf die eigentlichen *Reiseberichte* sinnvoll: Texte, die weder rein pragmatischer Art sind noch rein ästhetischer, sondern Berichte von Reisenden über eigene Erlebnisse, die das Interesse der Leser an Informationen wie an Unterhaltung befriedigen.

Die Reiseliteratur hat eine ehrwürdige Tradition, und sie weist von Anfang an wenigstens zwei Tendenzen auf: Während die eine Linie dem Abenteuerlichen folgt und dabei der Fiktionalität breiten Raum gibt (z. B. Odyssee), führt die andere Linie, auf Forschungsreisen basierend, zu realitätsgesättigter Information über fremde Länder und Zustände. Doch war auch diesen auf Erkenntnis gerichteten Unternehmen und den Berichten über sie das Abenteuerliche eingeboren, wie es jeder Reise ins Unbekannte innewohnt.

Außerdem reicherten die Autoren ihre Reiseberichte häufig mit erzählerischen Textteilen anekdotisch-novellenhafter Art an, so daß sich im Endergebnis die Linien kreuzten, sehr zum Wohle der Leser, die auf diese Weise ihr Bedürfnis nach Wissen und Entspannung zugleich befriedigen konnten.

Neben den abenteuerlichen und den informationsreichen Reiseberichten, die ihre Leser in fremde Welten entführen, entwickelte sich gegen Ende des 18. Jahrhunderts eine weitere Art, die dem Zeitalter der Empfindsamkeit ihre Ausprägung verdankt. Damals begannen Reisende in zunehmender Zahl Europa, vor allem Frankreich, Italien und Deutschland, zu durchstreifen. Zunächst stammten sie vorwiegend aus England, doch in ihrem Gefolge wurde das Reisen bald auch für den Kontinent zur Leidenschaft und gehörte fortan zur Bildung. In den Werken dieser Zeit gewinnt der Reisebericht individuelle Ausdruckskraft. Diese Reiseliteratur ist geprägt durch die Verschmelzung von Stimmung und Reflexion, durch sensible Empfänglichkeit für die Besonderheiten der erfahrenen Welt – Städte und Landschaften, Kulturen und Menschen – und für die eigenen Reaktionen. Welt- und Selbsterfahrung gehen eine unauflösbare Verbindung ein; als Formen der Mitteilung werden die persönlichen des Briefs oder Tagebuchs, im Rückblick auch die Autobiographie, oder, stärker stilisiert, der Essay, gewählt.

Auch diese Sparte der Reiseliteratur ist bis in die heutige Zeit lebendig, wie sich an vielen Beispielen gerade anspruchsvoller Autoren zeigen ließe. Und offenbar findet sich auch ein Lesepublikum, wie die große Anzahl einschlägiger Taschenbuchausgaben – gerade auch ältere Veröffentlichungen – belegt. Dabei richtet sich das Interesse der Leser wohl ebenso auf den Autor als Erlebnismedium wie auf die von ihm erfahrene Welt.

Früh schon wurden Reiseberichte als Kinder- und Jugendliteratur gebraucht. Sobald im Zeitalter der Aufklärung die Gruppe der Jugendlichen als eigenständige Bildungs- und Leserschicht erkannt wurde, gelangten jugendgemäße Bearbeitungen (z. B. Campes „Robinson Crusoe") in ihre Hände. Die für Reiseberichte charakteristische Mischung von Unterhaltung und Belehrung schien sie besonders zu empfehlen. Offenbar ist gerade bei Reiseliteratur der Unterschied der Leseinteressen zwischen Erwachsenen und Jugendlichen so gering, daß bei einem großen Teil der Texte (Marco Polo, Nansen, Hedin, Heyerdahl ...) kaum eine Trennung der Rezipienten möglich ist, wie es ähnlich für die Abenteuerliteratur ja auch gilt. So sind auch die Lesemotivationen schwer auf einen Nenner zu bringen.

▷ Informationsbedürfnis,
▷ Neugierde,
▷ Abenteuerlust,
▷ Anteilnahme an menschlichen Zuständen,
▷ Erfahrungserweiterung,
▷ Phantasiebelebung,
▷ Heldenverehrung

können Beweggründe für den Leser sein. Und wahrscheinlich sind damit noch nicht einmal alle denkbaren Motive genannt.

Ebenso wie die Literaturwissenschaft dem umfassenden Komplex wenig Aufmerksamkeit gewidmet hat, finden sich auch kaum didaktische Reflexionen zum Thema. Das ist überraschend, bedenkt man, daß der Buchmarkt auf hinreichendes Interesse der Leser schließen läßt, und dies nicht nur im Hinblick auf die praktisch verwertbaren Publikationen (Reisehandbücher z. B.).

Reiseberichte können verschiedene Lesehaltungen befriedigen, das *evasorische Lesen* (mit dem Ziel, der eigenen Realität lesend zu entfliehen), das *informierende Lesen* (zum Zweck der Orientierung und des Gewinns nützlicher, womöglich praktisch verwertbarer Kenntnisse), das *ästhetische Lesen* (frei von Verwendungszwekken, phantasie- und reflexionsbestimmt, zur Erweiterung innerer und äußerer Welt-Anschauung, mit dem Vergnügen an der Erlebnis- und Darstellungsfähigkeit anderer, die fremde Welten vor dem inneren Auge des Lesers entstehen lassen).

Über die Lesehaltung entscheidet nicht allein die jeweilige Textgrundlage, obgleich sie eine bestimmte Haltung sehr wohl begünstigen, in manchen Fällen auch erfordern kann, sondern vor allem die Einstellung des Lesers, seine Bedürfnisse – und für das ästhetische Lesen seine Fähigkeiten, die er im Umgang mit Literatur überhaupt erworben hat. Gelingt es, dem Schüler am Beispiel des Reiseberichts auch diesen Bereich zu erschließen, so hat er für seine Privatlektüre Zugang zu einem umfangreichen Textangebot, das für ihn Bereicherung und Lesefreude bereithält.

Die Arbeit mit den Texten sollte alle drei Lesehaltungen berücksichtigen. Da aber beim freien, selbstvergessenen „Schmökern" jeder methodische Zugriff als Widerspruch erscheinen muß, kann die Schule hier nur Anregungen durch Literaturhinweise geben. Im übrigen sieht sich der Unterricht auf die beiden anderen Lesehaltungen verwiesen.

Informationsreiche Reiseberichte ermöglichen das Sammeln, Gruppieren, Ergänzen der Informationen, legen die Arbeit mit Nachschlagewerken, Kartenmaterial, Wörterbüchern zur Begriffserklärung nahe, geben Anlässe für Kurzreferate, schriftliche Darstellungen, Herstellung von Tabellen, Zeichnungen usw. Informatives Lesen heißt aber auch kritisches Lesen: Das heißt, die Schüler werden sich veranlaßt sehen – oder dazu angehalten werden müssen –, nach dem Wahrheitsgehalt, vor allem auch nach den Mitteilungsabsichten der Schreiber, nach Einstellungen, Urteilen usw. zu fragen.

Ästhetisches Lesen entfaltet sich an ästhetisch strukturierten Texten, in denen der Autor in Bewertung, Meinung, Empfindung als Person erkennbar wird. Der Reiz der Lektüre liegt dabei nicht nur in der Bekanntschaft mit neuen Weltverhältnissen, sondern auch im Vertrautwerden mit dem Vermittler als Person.

Die Erwartung, daß „Reisen bildet", bezieht sich nicht allein auf Reisen in der Realität, sie kann auf die Literatur übertragen werden. Vor allem sollte in der erweiterten Weltkenntnis auch ein Mittel gesehen werden, Distanz zu sich selber und Toleranz für andere zu gewinnen. Am leichtesten wird sich den Schülern der Zugang zu dem ganzen Komplex über den abenteuerlichen Reisebericht öffnen. Sie versprechen sich von dieser Art Literatur – und sie finden auch in der Regel (aber je nach Lesefähigkeit auch bei anders akzentuierten Texten):

- ▷ spannende Unterhaltung und Anregung der Phantasie,
- ▷ lehrreiche Einblicke in fremde Welten und ferne Zeiten,
- ▷ Anleitung zur Toleranz und zur Selbstreflexion im Vergleich mit den fremden Welten.

Literatur

Doderer, Klaus (Hrsg): Lexikon der Kinder- und Jugendliteratur, 3 Bd. Weinheim, Basel 1977–1979.

Giehrl, Hans E.: Der junge Leser. Einführung in Grundfragen der Jungleserkunde und der literarischen Erziehung. Donauwörth 1968.

Grünwaldt, Hans Joachim: Kritisches Lesen von Reisebeschreibungen. Ein Unterrichtsmodell. In: Politischer Deutschunterricht? Grünwaldt, Hans Joachim; Hoffacker, Helmut (Hrsg). Stuttgart 1976.

Heimrath, Ulrich (Hrsg): Deutsche Reiseliteratur. Texte von der Aufklärung bis zur Gegenwart. Frankfurt am Main 1985.

Schrembs, Edigna: Textproduktion und Textrezeption zum Thema Reisen. Hannover 1975.

Wilpert, Gero von: Sachwörterbuch der Literatur. Stuttgart ^{7}1989.

Doris Marquardt

Reportage

„Die Reportage ist ein tatsachenorientierter, aber persönlich gefärbter Erlebnisbericht, besonders über Handlungen. (...) Sie kann Themen aus allen Bereichen behandeln, wobei der Reporter entweder aus eigener Zeugenschaft berichtet oder die Auskünfte von Augenzeugen als Rohmaterial verwendet." So lautet die bündige Aussage eines Lexikons (Fischer Lexikon Publizistik / Massenkommunikation). Andererseits gilt, daß eine Theorie der Reportage noch kaum entwickelt ist. Sie müßte insbesondere den Zusammenhang zwischen der journalistischen und der literarischen Dimension der Textart herausarbeiten.

Um den Begriff Reportage genauer zu fassen, bietet sich zunächst eine kategoriale Einordnung an. Belke trifft zur Klassifizierung der literarischen Gebrauchsformen nach ihrer vorherrschenden praktischen Funktion die folgenden Unterscheidungen: Es gibt Formen mit *informierender* Funktion wie die Abhandlung, das Sachbuch, den Bericht, die Reportage, das Interview. *Wertende* Funktion haben Essay, Leitartikel, Kritik, Kommentar. Formen mit *appellierender* Funktion sind Rede, Predigt, Flugschrift, Pamphlet. Die Reportage kann demnach als informierender Gebrauchstext oder informierender Sachtext bezeichnet werden. Vom rein sachlichen Bericht wiederum unterscheidet sie sich aber durch ihre Erlebnisbezogenheit. Denn ihre Gestaltung wird nicht ausschließlich vom Gegenstand bestimmt, „sondern auch durch die Perspektive und das Temperament des Reporters."

Funktion und Merkmale der Textart Reportage lassen sich im einzelnen folgendermaßen beschreiben (vgl. Karst):

(1) Der Stoff muß interessant sein. Er kann auf der einen Seite Sensationscharakter tragen (Enthüllungsreportage), er kann auf der anderen Seite aber auch Unscheinbares und Alltägliches betreffen, wenn es sich nur als problemhaltig erweist.

(2) Die mitgeteilten Fakten sind authentisch. Damit ist der Anspruch der Überprüfbarkeit gestellt, die Reportage in ihrer Dimension als Tatsachenbericht und informierender Text angesprochen.

(3) Der Reporter steht zu seinem Gegenstand in einem unmittelbaren Verhältnis. Er ist Zeuge oder wendet sich durch Befragung an die unmittelbar Betroffenen. Aufgrund des persönlichen Engagements wird die informierende Reportage gleichzeitig zum Erlebnisbericht.

(4) Die mit der Authentizität der Fakten geforderte Objektivität der Berichterstattung wird durch ein subjektives Element ergänzt. Der Reporter tritt mit seiner persönlichen Stellungnahme wertend und u. U. parteilich hervor.

(5) Das subjektiv-erlebnisbezogene Moment der Reportage wird durch bestimmte Stilmittel realisiert: durch den Einbau einer Stimmungsschilderung, durch eine szenisch-dialogische Verlebendigung, durch Montagetechnik, Leitmotive und Rahmen-

konstruktionen, insgesamt durch ein polares, auf den Wechsel angelegtes Aufbauprinzip. Der Perspektivenwechsel kann sich vollziehen zwischen dem Konkreten und dem Allgemeinen, der Naheinstellung und der Totale, der Aktualität und der Generalisierung, der Stimmungsschilderung und der Dokumentation, dem Bericht und dem Zitat; es kann ein Wechsel im Tempus und im Tempo der Darstellung sein. Es ist ein Wechsel zwischen dem Begrifflichen und dem Anschaulichen, zwischen unterschiedlichen medialen Möglichkeiten wie dem Text und dem Bild.

(6) Die Reportage ist eine ausdrücklich auf den Leser/Hörer bezogene Darstellung. Er soll nicht nur informiert werden, er soll auch miterleben und u. U. im Sinne des Reporterstandpunkts beeinflußt werden.

Die journalistische Reportage muß in ihren verschiedenen medienspezifischen Erscheinungsformen gesehen werden. Die Zeitungsreportage unterliegt anderen Bedingungen als die Rundfunk- und die Fernsehreportage. Die Fernsehreportage hat die Möglichkeit, Bild und gesprochenes Wort zu kombinieren. Der Hörfunkreportage stehen das gesprochene Wort, Ton und Geräusch zur Verfügung. Die Zeitungsreportage ist auf das geschriebene Wort angewiesen und kann das Bild hinzuziehen. Eine weitere Unterscheidung ergibt sich aus dem Zeitunterschied zwischen Ereignis und Vermittlung. Hörfunk und Fernsehen können Live-Reportagen senden; sie entstehen aus der Improvisation des Augenblicks und ermöglichen dem Rezipienten partiell das unmittelbare Dabeisein. Die Zeitung kann nur zeitversetzte Reportagen bringen; ihr Vorteil besteht darin, daß sie bearbeitete Fassungen von Augenblickseindrücken sind.

Eine besondere mediale Bedeutung kommt der Bildreportage zu. Der heutige Mensch, publizistischen Bildeinwirkungen insbesondere des Fernsehens und der Illustrierten ausgesetzt, geht vom rein begrifflichen Denken mehr und mehr auf das Vorstellen in Bildern über. Bilder sind anschaulich, realitätsnah und begünstigen Identifizierung. Das Bild spricht unmittelbar an: aber es bedarf, weil es mehrdeutig sein kann, der sprachlichen Erläuterung. Man unterscheidet zwischen der Bildnachricht, die ihren eigenen Informationswert hat, und dem Nachrichtenbild, das der Illustration dient.

Von der im engeren Sinn journalistischen Reportage wird häufig die literarische Reportage abgehoben. Die Reportage als Textart, zunächst dem Bereich der Journalistik zugehörig, wird mehr und mehr auch zum Gegenstand literaturwissenschaftlichen Interesses. Dieses Interesse entsteht dort, wo Reportagen über die Tagesaktualität hinausreichen und eine eigene darstellerische – eben literarische – Qualität gewinnen, in den zwanziger Jahren bei Joseph Roth und vor allem bei Egon Erwin Kisch. In der Kisch-Nachfolge ist gegenwärtig Günter Wallraff mit seinen sozialkritischen Reportagen zu sehen. Literaturwissenschaftliches Interesse stellt sich ferner ein, wo reportagehafte Züge in der Literatur aufgefunden werden, die auf die Entwicklung der journalistischen Reportage eingewirkt haben könnten. Das ist insbesondere in Reisebeschreibungen der Fall, z. B. bei Goethe,

Forster, Heine, Börne, Chamisso oder Fontane. Dieses Interesse gilt drittens dem Einfluß der Reportagetechnik auf die moderne Romankunst sowie dem Reportageroman, in der amerikanischen Literatur besonders deutlich bei Upton Sinclair, John Dos Passos, Truman Capote, Ernest Hemingway.

Mit der Erweiterung des Literaturbegriffs in den siebziger Jahren setzte auch das literaturdidaktische Interesse an den literarischen Gebrauchsformen und speziell an den journalistischen Textarten ein. Literaturdidaktiker empfehlen die Beschäftigung mit der Zeitung schon in der Grundschule. Reportagen über lokale Ereignisse können am besten die ersten Zugänge zum Medium Zeitung vermitteln. Bestimmte Formen der Reportage, z. B. die Sportreportage, können vom 5. Schuljahr an intensiver behandelt werden. Im 8./9. Schuljahr sind literarische und sozialkritische Reportagen zugänglich.

Die lesedidaktische Zielsetzung beim Umgang mit der Reportage sollte sich richten auf: die Fähigkeit der Informationsentnahme aus unterschiedlichen medialen und literarischen Angeboten, die Bewertung und Beurteilung der Informationen (hinsichtlich ihrer Brauchbarkeit und ihres speziellen und allgemeinen Interesses) sowie ihrer Darbietungsweise (literarische Elemente und deren Funktion, Standpunkt des Reporters, Manipulation), die Anleitung, die aufgenommene Information in Gebrauch zu nehmen und sie den eigenen Interessen nutzbar zu machen.

Literatur

Belke, Horst: Literarische Gebrauchsformen. Düsseldorf 1973 (Grundstudium Literaturwissenschaft Bd. 9).

Dovifat, Emil; Wilke, Jürgen: Zeitungslehre I und II. Berlin, New York 1976 (Sammlung Göschen).

Fischer, Heinz-Dietrich: Lehr- und Lernmittel „Presse". Kastellaun 1979 (Henns Studientexte 11).

Hasubek, Peter; Günther, Wolfgang: Sprache der Öffentlichkeit. Informierende Texte und informatorisches Lesen im Unterricht der Sekundarstufe. Düsseldorf 1973.

Karst, Theodor (Hrsg): Reportagen. Stuttgart 1976.

Noelle-Neumann, Elisabeth; Schulz, Winfried; Wilke, Jürgen (Hrsg): Fischer Lexikon Publizistik / Massenkommunikation. Frankfurt am Main 1987.

Siegel, Christian: Die Reportage. Stuttgart 1978 (Sammlung Metzler).

Werner Ziesenis

Roman

Die Bezeichnung „Roman“ stammt aus dem romanischen Sprachraum, wo zunächst jede in der Volkssprache (lingua romana) – so im Unterschied zur Sprache der gebildeten (lingua latina) – abgefaßte Schrift so benannt wurde. Erst allmählich, mit der Entwicklung der erzählenden Prosa, wurde die Bezeichnung für Werke größeren Umfangs verwendet und damit zwischen Epos (erzählende Vers-Großform) und Roman im heutigen Sinn unterschieden. In dieser Bedeutung ist sie im Deutschen seit dem 17. Jahrhundert üblich.

Der Roman ist als Textart nicht eindeutig zu bestimmen; normative Festlegungen sind ihm fremd, so daß gerade Mannigfaltigkeit inhaltlich-thematischer und formaler Gestaltung sein Wesen ausmacht. Dies hat dazu geführt, daß der Roman zu den entwicklungsfähigsten literarischen Gebilden gehört, die sich der Gestaltungsabsicht der jeweiligen Zeit und dem Publikumsgeschmack anschmiegen. So wird der Roman zu einem verläßlichen Indikator der gesellschaftlich-historischen Entwicklung.

Diese Offenheit hat allerdings auch zur Folge gehabt, daß er lange auf seine Anerkennung im Gefüge der etablierten Literatur warten mußte. Erst als seit der Mitte des 18. Jahrhunderts die Herrschaft der an der Antike orientierten Poetik im Rahmen der bürgerlichen Aufklärung ins Wanken geriet, hatte der Roman, für den es keine antiken Muster gab, eine Chance, ernstgenommen zu werden.

Diese Unsicherheit in seiner Bewertung spiegelt auch das Verhalten der Leser. So finden sich noch nach 1800 Hinweise, daß der literarisch Gebildete seine Romanlektüre wie ein zu verheimlichendes Laster betrieb. Natürlich gab und gibt es viele Romane, die der Trivialliteratur zuzurechnen sind und deren Konsum auch heute noch gern verschwiegen wird, aber bemerkenswert ist die Tatsache, daß dieser Verdacht einst der ganzen Textart anhaftete.

Wenn heute der Roman in der Wertschätzung der Leser eine bevorzugte Stellung einnimmt, so hängt das einerseits mit der Entwicklung der Textart, andererseits aber auch mit der gleichzeitig entstehenden Theoriebildung zusammen.

Da die eindeutige Fixierung literarischer Gattungen und Textarten insgesamt problematisch geworden ist, so verwundert es nicht, daß es für den wandlungsfähigen Roman keine schlüssige Definition gibt. Trotzdem weiß jeder Leser, was ein Roman ist.

„Der Roman ist keine Gattung im Sinne der Ballade, Novelle, Idylle, sondern ist zunächst das Erzählen von privater Welt in privatem Tone“ (Kayser). Immer handelt es sich um ein umfangreicheres fiktionales Werk erzählenden Charakters, in dessen Mittelpunkt eine oder mehrere Figuren stehen, deren Lebensweg und innere Zustände durch Raum und Zeit auf dem Hintergrund einer bestimmten historischen Situation verfolgt werden. Auf diese Weise kann der Roman zum Modell individueller Existenz in einer sich ständig wandelnden Welt werden, „in der nach

Verlust der alten Ordnungen und Geborgenheiten die Problematik, Zwiespältigkeit, Gefahr und die ständigen Entscheidungsfragen des Daseins an sie (die Individuen) herantreten und die ewige Diskrepanz von Ideal und Wirklichkeit, innerer und äußerer Welt, bewußtmachen. Dabei bildet nicht die Gegensätzlichkeit der Welt an sich, am Einzelfall aufgerollt, das Hauptthema wie im Drama, sondern das in das Weltgeschehen eingebettete Schicksal spielt sich in ständig erneuter Auseinandersetzung mit den äußeren Formen und Mächten ab, ist ständig individuelle Reaktion auf die Welteindrücke und -einflüsse und damit ständige eigene Schicksalsgestaltung. Bei aller Gebundenheit an die Außenwelt bestimmen letztlich nicht äußere Taten, sondern innere Entwicklungen den Gang des Romans und führen in der Gegenwart bis zu seiner 'Entfabelung', d.h. dem Verzicht auf äußere Handlung und der Beschränkung auf subtile Seelenanalyse als Beitrag zur Selbstvergewisserung des Menschen." (Wilpert)

Die *Entwicklung des Romans* setzt in Deutschland in der Barockzeit in Anlehnung an Muster aus dem romanischen Sprachraum ein. Erste Ausformungen findet er im höfischen Staatsroman und im Schelmenroman, der zugleich die Zeit realistisch spiegelt, dessen überdauerndes Muster Grimmelshausen 1668 mit seinem Roman „Der abenteuerliche Simplizissimus" geliefert hat. (In seiner Nachfolge stehen noch im 20. Jahrhundert Thomas Manns „Felix Krull" und „Die Blechtrommel" von Günter Grass.) Mit Wielands „Geschichte des Agathon" (1766) tritt der Entwicklungsroman auf den Plan, mit dem die deutsche Literatur einen spezifischen Beitrag zur Entwicklung der Textart geleistet hat. Weitere Beispiele sind Goethes „Wilhelm Meister", in der Romantik Novalis' „Heinrich von Ofterdingen", Kellers „Der grüne Heinrich", Raabes „Hungerpastor". Bis in unser Jahrhundert läßt sich die Linie verfolgen, und zugleich werden die modernen Umformungen sichtbar. (So führt die Lebensfahrt in Thomas Manns „Zauberberg" den „Zögling" nicht mehr in die Weite der Welt, sondern in die Labyrinthe der Seele und des Geistes, während in dem Roman von Siegfried Lenz „Die Deutschstunde" das politische Geschehen dominiert.)

Die Realisten des 19. Jahrhunderts haben ganz wesentlich die Vorstellungen vom Roman geprägt und mit ihren Werken den Übergang zum modernen Roman vorbereitet und eingeleitet. Immer stärker tritt gegen Ende des Jahrhunderts die Fabel hinter dem Interesse an der Wechselwirkung von Individuum und Gesellschaft zurück, erhalten die innerseelischen Konflikte das Übergewicht. So führt ein kontinuierlicher Weg von den späten Romanen Fontanes zum Roman des 20. Jahrhunderts.

Der Roman reagiert auf die zunehmende Undurchschaubarkeit der Welt mit Subjektivierung und Vereinsamung der Romanfiguren, mit der Zurücknahme oder Ironisierung des auktorialen Erzählers, der bis dahin dem Leser noch immer ein Gefühl der Sicherheit inmitten aller Weltverworrenheit vermitteln konnte. Für die Haltung des ironischen und damit relativierenden Erzählens ist das Werk Thomas Manns ein Beispiel. Andere Erzähler wählen Montage- und Collagetechniken, um der verwirrenden Undurchdringlichkeit der modernen Welt adäquaten Ausdruck zu geben (Alfred Döblins „Berlin Alexanderplatz“ z.B.). Der Erfahrung des Ausgeliefertseins an eine unentwirrbare Realität entspricht der Rückzug in die Innenwelt, von der nur noch in der Form des Ich-Romans berichtet werden kann. Daneben spielen eher traditionelle Erzählmuster natürlich noch immer eine Rolle, sei es im Unterhaltungsroman oder bei ausgesprochen sozialkritisch und gesellschaftspolitisch engagierten Autoren wie z.B. bei Heinrich Böll.

Versuche, die Vielfalt der Romanliteratur nach bestimmten Ordnungsgesichtspunkten zu gliedern, können kaum zu einem restlos befriedigenden Ergebnis führen, da es bei der Freiheit des Romans und seiner ständigen Veränderung Überschneidungen und immer neue Erscheinungen gibt. Trotzdem sind sie nicht ohne Erkenntniswert, da sie, bei vorsichtigem Gebrauch, die Interpretation eines Textes erleichtern können. Zuordnungsmöglichkeiten ergeben sich

- ▷ nach der Form: Ich-, Brief-, Tagebuch-, chronikalischer Roman usw.,
- ▷ nach der Eigenart der Aussageweise: empfindsamer, humoristischer, satirischer, realistischer Roman usw.,
- ▷ nach der Erzählsituation: auktorialer, personaler, Ich-Roman,
- ▷ nach den dominierenden Schichten der Erzählung: Geschehnis-, Figuren-, Raumroman,
- ▷ nach thematisch-stofflichen Gesichtspunkten: Abenteuer-, Liebes-, Entwicklungs-, Künstler-, Kriminal-, Reise-, Zeit-, Gesellschafts-, Heimat-, Familienroman usw.,
- ▷ nach dem künstlerischen Rang: Reißer, Trivial-, Unterhaltungsroman, künstlerisch hochwertiger Roman (Wilpert).

Dabei kommt es zu vielfältigen Überschneidungen, die am Einzelfall überprüft werden müssen, und die Entscheidung ist oft schwierig und ins Ermessen des Interpreten gestellt. Auf alle Fälle gibt diese keinesfalls vollständige Übersicht einen Eindruck von der Vielgestaltigkeit und Wandlungsfähigkeit des Romans.

Immer wieder, aber zu Unrecht, ist dem Roman Formlosigkeit vorgeworfen worden. Das Urteil ist ein Ergebnis der Weiträumigkeit und Vielfalt von Romanen. Der Interpret muß über ein großes Repertoire von Kriterien verfügen, um dem je eigenen Baugesetz eines Romans – und damit der Intention des Autors – auf die Spur zu kommen. Der Textumfang macht darüber hinaus Umsicht und Erinnerungsvermögen erforderlich, damit bei der Fülle der Aspekte ihre Beziehungen zueinander einsichtig werden.

Es lohnt sich, besonders dem Romanbeginn Aufmerksamkeit zu schenken, denn in der Ausgangskonstellation ist in der Regel das Grundmuster bereits enthalten. Hier erfolgt die Einführung in Raum, Zeit, Figuren und Situation, wird die Stimme des Erzählers in der ihr eigenen Weise vernehmlich. Erzählhaltung und Perspektive werden konstituiert. Diese eben genannten Kategorien sind weiterhin durch den Text zu verfolgen.

Obgleich ganz äußerlich erscheinend, gibt die Gliederung des epischen Vorgangs in Kapitel und Abschnitte Auskunft über den Bauwillen des Autors, über die Verknüpfungstechnik (nach Zeit, Raum oder Personen), die Behandlung des Zeitverlaufs (chronologisch, umstellend, raffend, springend, dehnend).

Das führt zur Beobachtung des Verhältnisses von Erzählzeit zu erzählter Zeit (lange Zeitspannen berichtend gerafft, zeitdeckendes Erzählen in der Szene, kurze Zeitspannen über die Erzählzeit ausdehnend), wobei Dehnungspartien meist besondere Bedeutung zukommt.

Aussagekräftig ist auch die Verwendung der epischen Grundformen (Bericht, Beschreibung, Szene, Erörterung). Häufigkeit oder Bevorzugung der einen vor der anderen läßt auf die Nähe oder Ferne des Erzählers zum Geschehen, auf seinen Führungsanspruch, seinen Überblick, die Tendenz und Weltsicht schließen.

Redeformen wie Monolog, Dialog und indirekte Rede führen an die Figurengestaltung heran. Für die Gewißheit des Lesers macht es einen Unterschied, ob der Erzähler die Figuren selbst beschreibend-wertend vorstellt, ob sie sich selbst im Dialog unmittelbar zu Gehör bringen und ihr Korrektiv in den Gesprächspartnern finden oder im Monolog in verengter Ich-Perspektive über sich selbst Auskunft geben. Zur Konturierung der Figuren trägt auch die Möglichkeit der Kontrastierung oder Spiegelung in anderen Personen bei.

Die Raumgestaltung kann zum indirekten Ausdruck der Personen genutzt werden, das gilt für Innenräume ebenso wie für die Einbeziehung des Naturraums, durch den häufig Stimmungen und seelische Verfassung vermittelt werden. Sie haben ihren Zweck aber auch in sich selbst, indem sie dem Leser die imaginäre Bühne eröffnen, auf der das Geschehen sich abspielt.

Ein wesentliches Mittel, den Zusammenhalt der weitgedehnten epischen Welt zu sichern, sind Vorausdeutung und Rückwendung im Binnenbereich des Romans. Zitat und Anspielung dagegen öffnen diese Eigenwelt nach außen, nehmen Beziehung zum Leser auf – sofern er sie als Fremdkörper zu erkennen vermag –, und je nach ihrer Einbindung charakterisieren sie die Figuren, erhellen die Situation oder deuten in die Tiefenschicht des erzählten Vorgangs. Mit Vorliebe machen die ironisch-humoristischen Erzähler (z.B. Fontane, Raabe, Thomas Mann) von ihnen Gebrauch.

Leitmotive und Symbole ermöglichen dem Erzähler nicht nur ein raumsparendes Vorgehen, in dem sie zur Kohärenz des Textes beitragen, sie verweisen zugleich auf die Tiefendimension, den Gehalt der erzählten Welt. Oft treten sie schon im Titel zutage (z.B. „Der grüne Heinrich“, „Der Zauberberg“, „Das Glasperlenspiel“, „Die Blechtrommel“) und steuern mehr oder weniger auffällig das adäquate Verständnis.

Nicht alle dem Roman zu Gebote stehenden erzähltechnischen Mittel konnten erwähnt werden, aber schon dieser knappe Überblick vermittelt einen Eindruck vom Reichtum der Formensprache und kennzeichnet Zugänge zur Erschließung. Dabei ist zu bedenken, daß nicht das Einzelphänomen allein, sondern erst die sich gegenseitig stützende Verbindung mehrerer zu schlüssigen Ergebnissen führt.

Bei einer Situationsanalyse des freien Leseverhaltens zeigt sich, daß der Roman für Erwachsene wie Jugendliche die bevorzugte Textart darstellt. Ein erheblicher Teil der Rezeption erfolgt heute über das Fernsehen, das in seinem Stoffhunger nicht nur die Unterhaltungsliteratur, sondern auch die bedeutenden Werke der Weltliteratur als Vorlage benutzt und unter das Publikum bringt, manchmal mit der Wirkung, daß die Zuschauer anschließend zu Lesern werden.

Es sind also nicht die von der Schule bevorzugten Kleinformen der Literatur, die das Freizeitlesen bestimmen. Diese Erkenntnis hat zunächst dazu geführt, daß die Schule sich verstärkt der Jugendliteratur, dem Jugendroman, zuwandte, wobei nicht vergessen sei, daß die Forderung nach Romanlektüre schon länger besteht, aber doch häufig aufgrund der mit ihr verbundenen Schwierigkeiten unbeachtet blieb.

Der *Jugendroman* ist, im Blick auf die Erwachsenenliteratur, ein guter Vermittler, obgleich sich seine Funktion keineswegs darin erschöpft. Er hat durchaus eigenen Wert sowohl für die Leseerziehung wie vor allem für die entwicklungsbedingten Bedürfnisse des jungen Lesers, der Welt- und Selbstorientierung aus ihnen gewinnt.

Daß diese Texte auf die Verstehensmöglichkeiten noch ungeübter Leser Rücksicht nehmen, spiegelt sich in ihrer Struktur (übersichtlicher Aufbau, Begrenzung des Weltausschnitts und der Personenzahl, einfacher Satzbau, verständliche Sprachgebung usw.) wie auch in ihrer Thematik, die entweder direkt auf die Interessen ihrer Klientel zielt oder das aus pädagogischer Verantwortung Wünschbare vermittelt. An diesen Texten, sofern die Schule sie in ihr Programm aufnimmt, lassen sich bereits wesentliche Erfahrungen für den Umgang mit umfangreicheren Texten gewinnen, Lesefreude wie Einsichten in Bauformen und Elemente der Struktur von Texten.

Das Hauptkontingent der von Erwachsenen und Jugendlichen frei gewählten Lektüre besteht zumeist aus dem Reservoir der Unterhaltungsliteratur, die aufgrund ihrer Machart und Thematik ohne Anstrengung konsumierbar ist. Daß sie ihre Berechtigung hat, sei unbestritten, aber in ihrer Unverbindlichkeit liegt auch eine Einschränkung und Begrenzung des Lesers. Von hier aus bedarf es noch eines ziemlichen Schrittes, um den Weg in die komplexere Welt des großen, anspruchsvollen Romans zu finden.

Um diesen Weg anzubahnen, darf sich die Schule nicht auf die Vermittlung von Trivialliteratur, Jugendbüchern und Kleinformen der Erwachsenenliteratur beschränken. Doch steht sie dabei vor besonderen Schwierigkeiten, weshalb auch der Roman noch immer ein Stiefkind des Unterrichts ist.

Die Schwierigkeiten liegen auf vier verschiedenen Ebenen:

- ▷ einer unterrichtspraktischen (Zeitaufwand, Textbeschaffung),
- ▷ einer sachlich-literarischen (Textumfang, Schwierigkeitsgrad, Repräsentativität),
- ▷ einer anthropologischen (Alter der Schüler, geistige Fähigkeiten, soziale Herkunft),
- ▷ einer didaktisch-methodischen (Legitimationsproblem, Vermittlungsverfahren).

Für die Rechtfertigung der Romanlektüre im Unterricht verweist Geißler neben der schon genannten Tatsache ihrer weiten Verbreitung im Freizeitbereich auf Umfang und Vielschichtigkeit des Gegenstandes, die zu ihrer Durchdringung eine selbständige Arbeitsweise erfordern: „Die Vielschichtigkeit und der Facettenreichtum des Romans bilden in gewisser Weise ein Analogon zur menschlichen Gesellschaft. Sie resultieren daraus, daß die Fülle der Informationen heute nicht mehr ohne rationale Anstrengung – etwa auf der Basis tradierter Verhaltensmuster und damit gleichsam unmittelbar – zu einer Einheit des Verstehens integriert werden kann ... An die Stelle passiver Datenverarbeitung ist der Mensch in der Überfülle der Daten zur aktiven Selektion und rational begründeten Zusammenordnung genötigt ... Die Formlosigkeit des Romans ... bedeutet informationstheoretisch gesprochen, daß das Ganze nicht unmittelbar eingesehen werden kann. Sie hat Aufforderungscharakter, nämlich den, daß der Leser aus der Fülle der Elemente die Einheit der erkennenden Einsicht erst aufzubauen, d. h. zu erarbeiten hat ... Die Strukturierung ist ein produktives Eingreifen in den Text, das dessen Einheit und Ganzheit erst herstellt." Im Unterschied zur reinen Unterhaltungsliteratur setzt der anspruchsvolle Roman dem Leser Widerstände entgegen, die seine schlichte Hingabe verhindern, ihn zum Denken und Urteilen herausfordern, ihm anderes als das Vertraute oder Erwünschte vermitteln und ihn so sich selbst neu begegnen lassen.

Für den Bereich der Sekundarstufe I gibt es hinsichtlich der *Textauswahl* kaum Hilfen, hier liegt für den risikofreudigen Lehrer ein lohnendes Betätigungsfeld. Er wird aus der Kenntnis seiner Schüler, ihrer Fähigkeiten und Neigungen und den Absichten seines Unterrichts am ehesten die richtige Wahl treffen können. So sollte der gewählte Text den natürlichen Motor der Lesefreude über die unausbleiblichen und notwendigen „Durststrecken" in Gang zu halten vermögen. Das werden handlungsreiche Romane, die an die Abenteuerliteratur anknüpfen, besser leisten als handlungsarme; auch Romane, in deren Mittelpunkt Figuren – nicht zu viele! – stehen, die menschliche Anteilnahme wecken, sind geeignet, sofern die Psychologisierung nicht zu weit getrieben wird; und schließlich werden Texte, die zu zeitkritischer Auseinandersetzung herausfordern, den Schülern entgegenkommen.

Wo immer es geht, sollten die Schüler an der Wahl der Lektüre beteiligt werden, selbst auf die Gefahr hin, daß sie zu hoch greifen; sie werden, u. U. zur Überraschung des Lehrers, die selbstgewählte Lektüre besser durchhalten und intensiver bearbeiten, als ihnen der vorsichtige Pädagoge zutraut. So weit wie möglich sollte die Schule die Situation des natürlichen Lesevorgangs nachahmen, nur mit dem bedeutsamen Unterschied, daß Mitschüler und Lehrer sachverständige Gesprächspartner darstellen, die durch ihre vielleicht anders gelagerten Interessen und Leseerfahrungen den Auseinandersetzungsprozeß bereichern.

Das hat Konsequenzen für die methodische Anlage des Unterrichts. Wenn die Schüler als Leser ernstgenommen werden sollen, müssen sie Schwerpunkte setzen, den Arbeitsprozeß weitgehend selbst planen und durchführen können, genügend Zeit auch zur Verfolgung unergiebiger Fährten haben. Dem Lehrer kommt die Aufgabe zu, zunächst für sich selbst den Überblick zu wahren und vorsichtig zu helfen, wenn das Gespräch oder der Gang der Untersuchung sich festgefahren haben.

Da umfangreichere Texte aufgrund ihrer Vielschichtigkeit nie vollkommen auszuschöpfen sind und obendrein jeder Leser den Text in seinem individuellen Erfahrungshorizont anders aktualisiert, ist von vornherein mit unterschiedlichen, auch kontroversen Auslegungen zu rechnen. Das sollte als Bereicherung verstanden und als Anlaß genutzt werden, immer wieder den Text genau zu prüfen. Je lebhafter der Meinungsaustausch und die Notwendigkeit, Urteile und Meinungen zu begründen, um so besser.

Es ist zu hoffen, daß die Schüler im vorausgegangenen Literaturunterricht bereits Grundbegriffe zur Erschließung erzählender Literatur erworben haben, so daß die Romanlektüre damit nicht zusätzlich belastet werden müßte, sie aber in der Lage sind, ihr Elementarwissen sinnvoll anzuwenden. Dann kann sich die Aufmerksamkeit ganz auf Inhalt und Thema der Lektüre konzentrieren, und nur wo es unumgänglich ist, sind formale Gestaltungszüge um der Auslegung willen zu erheben, ist methodisches Wissen einzubeziehen und eventuell zu erweitern.

Für den Ablauf des Unterrichts schlägt Wangerin drei Phasen vor:

(1) Die Schüler müssen zunächst die Möglichkeit haben, ihre eigenen ersten Leseerfahrungen (die auch Abneigungen sein können) ungesteuert und ausführlich zu aktualisieren. Wer im Unterricht gleich loslegt mit festen lernzielorientierten Anweisungen, mit rein kognitiver Analyse und ich-ferner Interpretation, der bringt die Schüler um die Möglichkeit, sich bewußtzuwerden und zu artikulieren, was der gelesene Roman für sie selbst bedeutet.

(2) Sie brauchen sodann Raum für ein Gespräch über ihre eigenen, im Zusammenhang mit dem Text stehenden Erfahrungen, Assoziationen usw., um sich mit ihnen und denen der anderen Schüler auseinandersetzen zu können.

(3) Von hierher kann sich dann ein verschärftes Hinsehen ergeben, exaktes Lesen unter bestimmten Fragestellungen und unter Hinzuziehung des Kontextes usw., das mit älteren Schülern umfangreicher sein wird als mit jüngeren. Hier kann auch ein reflektierter Umgang mit Texten geübt werden, können auch Elemente des Erzählens erarbeitet werden, und hier kann der Unterricht das vermitteln, was sich außerschulisch gerade nicht von selbst ergibt. [Dahrendorf] (Wangerin)

Ins einzelne gehende methodische Planungsschritte sind nur im Zusammenhang mit einem bestimmten Text zu entwickeln, aber ein paar Hinweise allgemeinerer Art können vielleicht doch nützlich sein.

Zur Textauswahl: Will man das Risiko einer frei gewählten Lektüre nicht eingehen, könnten die Schüler eine Vorschlagsliste erhalten, deren Texte sie mit Hilfe von Verlagsprospekten, Waschzetteln, Anlesen (in Bücherei, Buchhandlung, Buch aus Privatbesitz) in Kleingruppen prüfen und das Buch ihrer Wahl mit Begründung vorschlagen.

Zum Zeitaufwand: Mehr als 6–10 Stunden werden kaum zur Verfügung stehen, auch von den Schülern ohne Aufmerksamkeitseinbuße nicht zu bewältigen sein. Stellen sich Ermüdungserscheinungen früher ein, wird eine Kürzung guttun, um Romanlesen nicht ein für allemal mit dem Odium der Langeweile zu belasten. Allerdings wäre sicher auch ein zu schnelles Segelstreichen unangebracht, denn zum richtigen Lesen gehört auch Durchhaltevermögen und Frustrationstoleranz.

Zur Textvermittlung: Nicht immer wird es nötig oder geschickt sein, daß die Schüler zum Beginn des Unterrichts bereits den ganzen Text oder auch nur große Teile davon gelesen haben. Ein gemeinsamer Anfang kann motivierend wirken, z.B. durch Vorlesen, sofern der Text sich dafür besonders gut eignet. Er kann Vermutungen über den Fortgang wecken, zu ersten Gesprächen führen. Es kann auch nötig sein, den Schülern Informationen über Autor, Zeitumstände, Fakten oder Probleme zu vermitteln, die zum Verständnis bei der folgenden selbständigen Lektüre helfen.

Zur Arbeitsweise: Für nicht wenige Schüler ist Lesen kein Vergnügen, sondern eine Aufgabe, die sie mit Desinteresse, wenn nicht mit Widerwillen absolvieren. Dem ist durch eine gelungene Textauswahl, aber auch durch Vielfalt und gestuften Schwierigkeitsgrad der Arbeitsformen zu begegnen. So werden spezielle Fähigkeiten und Interessen der Schüler zum allgemeinen Gelingen beitragen können, Erfolgserlebnisse sichern und auch den Nichtlesern vielleicht Mut machen. Gruppen- und Einzelarbeit, je nach Aufgabe und eigener Wahl, sind denkbar (z.B. Zusammenfassung eines Kapitels, Diskussionsleitung, Heraussuchen von Schlüsselstellen, tabellarische Verdeutlichung von Handlungs- oder Zeitverlauf, Beschaffung von zusätzlichem Informationsmaterial und seine Repräsentation, Dialoge oder wichtige Textstellen auf Tonband einspielen, Textpartien vorlesen, schriftliche Umformungen, Erweiterungen, Rezensionen sammeln oder herstellen).

Auch für den Lehrer bedeutet die Romanlektüre einen erheblichen Arbeitsaufwand mit einer langen Zeit der Vorbereitung. Die verfügbare Literatur wird ihm nur begrenzt helfen, vieles muß er auf die eigene Kappe nehmen; dafür findet er aber auch für sich einen spannenden Arbeitsbereich vor.

Literatur

Brauneck, Manfred (Hrsg): Der deutsche Roman im 20. Jahrhundert. Analysen und Materialien zur Theorie und Soziologie des Romans, 2 Bde. Bamberg [2]1984.

Dahrendorf, Malte: Kinder- und Jugendliteratur im bürgerlichen Zeitalter. Beiträge zur ihrer Geschichte, Kritik und Didaktik. Königstein 1980.

Delius, Annette: Anna Seghers' „Das siebte Kreuz" in einer 9. Klasse. Der Deutschunterricht (1982), H. 2.

Emmel, Hildegard: Roman. In: Reallexikon der deutschen Literaturgeschichte. Kohlschmidt, Werner; Mohr, Wolfgang (Hrsg). Berlin 1977.

Geißler, Rolf (Hrsg): Möglichkeiten des modernen deutschen Romans. Analysen und Interpretationen zu Romanen von Thomas Mann, Alfred Döblin, Hermann Broch, Gerd Gaiser, Max Frisch, Alfred Andersch und Heinrich Böll. Frankfurt am Main [3]1968.

Geißler, Rolf; Hasubek, Peter: Der Roman im Unterricht (5.–9. Schuljahr). Didaktische Erörterungen und Interpretationshilfen. Frankfurt am Main [2]1972.

Geißler, Rolf: Der Roman im Unterricht. In: Taschenbuch des Deutschunterrichts. Wolfrum Erich (Hrsg). Baltmannsweiler 1972.

Gerth, Klaus: Elemente des Erzählens. Lesen und Verstehen epischer Texte (Sekundarstufe I). Hannover 1983.

Grünewald, Dietrich: Roman in der Kinder- und Jugendliteratur. In: Lexikon der Kinder- und Jugendliteratur, 3. Bd. Doderer, Klaus (Hrsg). Weinheim, Basel 1979.

Kayser, Wolfgang: Das sprachliche Kunstwerk. Bern [19]1983.

Lämmert, Eberhard: Bauformen des Erzählens. Stuttgart 1967.

Lehmann, Jakob (Hrsg): Deutsche Romane von Grimmelshausen bis Walser, Bd. 1 und 2. Königstein/Taunus 1982.

Mayer, Dieter (Hrsg): Hans Fallada: Kleiner Mann – was nun? Mit Lehrerkommentar. Frankfurt am Main 1978.

Seifert, Walter: Rätsel und Kriminalschema. Karl Mays „Winnetou“ als Unterrichtsgegenstand (7./8. Jahrgangsstufe). Der Deutschunterricht (1982), H. 2.

Schiller, Dieter: Stundenblätter Alfred Andersch „Sansibar oder der letzte Grund“. Eine Einführung in den modernen Roman für Klasse 10. Stuttgart 1979.

Wangerin, Wolfgang: Romane im Unterricht. In Taschenbuch des Deutschunterrichts, Bd. 2. Lange Günter; Neumann, Karl; Ziesenis, Werner (Hrsg). Baltmannsweiler [4]1990.

Weber, Albrecht (Hrsg): Ein Roman in der Hauptschule. Alfred Andersch „Sansibar oder der letzte Grund“. Ein Projekt. München 1974.

Wilpert, Gero von: Sachwörterbuch der Literatur. Stuttgart [7]1989.

Doris Marquardt

Sachtext

Was ein *Sachtext* ist, weiß jeder, denn mit Sachtexten haben alle tagtäglich zu tun, dennoch fällt die Abgrenzung, geschweige denn eine Definition schwer. Das liegt einmal an der Fülle ganz unterschiedlicher Sachtexte nach Inhalt und Textgestalt, zum anderen an den verschiedenen Intentionen dieser Texte, dic auf wechselnde Weise Einfluß auf ihre Leser nehmen wollen. Auf diesen Sachverhalt macht die schwankende Terminologie aufmerksam: Gebrauchsprosa, Gebrauchstext, Sprache der Öffentlichkeit, expositorischer Text, Sachtext – jede dieser Bezeichnungen beruht auf einem anderen Konzept der Abgrenzung von im engeren Sinn literarischen Texten und setzt andere Akzente.

Klaus Gerth wählt für die in Frage stehende Gruppe von Texten die Bezeichnung „Gebrauchstext“ und definiert sie so: „Es handelt sich um Texte, die informieren oder appellieren wollen. Gemeinsam ist ihnen allen, daß sie in einer realen Kommunikationssituation stehen: Sender und Empfänger gehören unserer empirischen Realität an, und die Information ist auf eine raum-zeitliche Wirklichkeit bezogen.“ Während Gerth die Bezeichnung aus der Textfunktion herleitet, wird hier der Ausdruck „Sachtext“ benutzt, der sich am Inhalt der Texte orientiert. Beiden Bezeichnungen wäre unschwer Unzulänglichkeit nachzuweisen, denn auch ein so literarisches Gebilde wie ein Gedicht kann in gewissem Sinne zum „Gebrauch“ bestimmt sein oder benutzt werden, und natürlich redet es auch von „Sachen“.

Damit ist ein kompliziertes Gebiet berührt, das allen um Sachtexte Bemühten zu schaffen macht: die Abgrenzung von den im eigentlichen Sinn literarisch-ästhetischen Texten; denn auch ein Werbetext, ein Zeitungsartikel, ein Essay können ästhetische Qualitäten haben, wie umgekehrt ein literarischer Text alle möglichen Inhalte einschließen und an Sachformen partizipieren kann. Die Kochrezepte z. B., die in Simmels Roman „Es muß nicht immer Kaviar sein“ eingefügt sind, können so professionell sein, wie sie wollen, ja einem Kochbuch direkt entstammen, sie werden durch diesen Transfer verwandelt. Der Romanleser wird sie, bewußt oder unbewußt, auf den Kontext des Romans beziehen, innerhalb dessen sie mehrere Funktionen erfüllen: so charakterisieren sie den Helden mit seinen Neigungen zum gehobenen Lebensstil und als jeder noch so prekären Situation überlegen, versetzen den Leser in eben dieses Umfeld, erregen seine Geschmacksnerven – eine in erzählender Literatur nicht so häufig beanspruchte Gefühlsdimension –, sie gliedern die Kapitel, unterbrechen auf amüsante Weise die Handlungsspannung und schaffen eine weitere Spannungsebene, nämlich die auf das nächste Rezept; da sie jeweils mit genauer Datumsangabe versehen sind, beglaubigen sie obendrein den Realitätsgehalt der Fiktion.

Diese Mehrfunktionalität ist der entscheidende Unterschied zu allen Arten von Sachtexten, die immer auf die Realität des Lesers zielen, sein Wissen bereichern, seine Meinung beeinflussen, sein Handeln lenken wollen. Zugleich sind Sachtexte ihrer Zahl nach die Texte, die allen Gesellschaftsmitgliedern am häufigsten begegnen – die gesprochenen Texte der Funkmedien eingeschlossen – und denen sich der einzelne nicht entziehen kann, ja die er in bestimmten Lebenssituationen dringend braucht.

Wegen der Vielfalt ihrer Erscheinung und der unbegrenzten Menge der in ihnen vermittelten Inhalte ist das *Auswahlproblem* so schwer zu lösen; undenkbar, daß alle ihre Erscheinungsformen im Deutschunterricht irgendwann einmal auftauchen könnten.

Die zweite Schwierigkeit liegt in den „Sachen", den Gegenständen, auf die solche Texte sich beziehen. Häufig wird sich der Deutschlehrer außerstande sehen, mit Sachkomptenz zum Inhalt Stellung zu nehmen oder ergänzend Aufklärung zu geben. Wenn er nicht in unverantwortlichen Dilettantismus geraten will, kann Hilfe nur eine strikte Besinnung auf die wesentlichen Aufgaben des Deutschunterrichts bringen, und es wird klar, daß die Sachtexte nicht um ihrer Inhalte willen Ansprüche auf den Deutschunterricht machen können. Sie dürfen außerdem, trotz ihrer Masse, den Unterricht nicht okkupieren und andere wesentliche Aufgaben verdrängen.

Was das Fach vermitteln muß, ist die Fähigkeit, solche Texte richtig zu lesen, d. h. ihre Funktion zu erkennen, um sie richtig zu gebrauchen. Und das schließt ein, daß der Leser sich von ihnen auch im rechten Maß zu distanzieren lernt dort, wo diese Texte, d. h. ihre „Sender", ihn überrumpeln, überreden oder für dumm verkaufen wollen.

Sachtexte haben aus guten Gründen inzwischen ihren festen Platz im Textangebot der Schule. Hatten sie anfangs noch Mühe, sich neben den literarischen Texten zu behaupten, kehrte sich das Verhältnis mancherorts beinahe um, so daß es nötig erschien, auch auf ihre Begrenztheit zu verweisen. Bei aller Einsicht in die Nützlichkeit und ergiebigen Arbeitsmöglichkeiten mit Sachtexten muß daran erinnert werden, daß die literarischen Texte das eigentliche, von keinem anderen Fach wahrgenommene Gebiet des Deutschunterrichts sind. Die Sachtexte finden ihren Ort auch in den Sachfächern oder sollten ihn dort finden, so daß dem Deutschunterricht vor allem die Aufgabe zufällt, ihre sprachliche Form im Zusammenhang mit ihren Funktionen zu erschließen und die angemessene Lesehaltung zu lehren – wobei natürlich von den vermittelten Inhalten nicht abgesehen werden kann.

Hier, bei den Funktionen, liegt denn auch ein weiteres Auswahlkriterium für den Unterricht. Er muß darauf achten, daß die wichtigen *Textfunktionen* in brauchbaren Beispielen repräsentiert werden. Im wesentlichen werden es drei Gruppen sein:

- ▷ informative Texte (z.B. Lexikontext, Bericht, Reportage),
- ▷ regulative Texte (Vertrag, Verordnung, Gesetz),
- ▷ appellative Texte (Werbung, Propaganda).

Selten ist ein Text von einer einzigen Funktion geprägt, so daß sich Kombinationen verschiedenster Art ergeben können.

Am gelungensten ließe sich die Aufgabe lösen, wenn die Sachtexte, die herangezogen werden sollen, zugleich Gegenstände des Deutschunterrichts beträfen, also z.B. Lexikonartikel zur Literatur, Vertragstext eines Buchclubs, Werbetext für ein Buch. Aber nicht alle Bereiche sind auf diese Weise abzudecken, weil die entsprechenden Texte vielleicht für das Lesealter der Schüler zu schwer sind oder ihr Umfang zu groß erscheint. In solchen Fällen erfolgt dann die Orientierung am Thema, um bestimmte Sachtexte funktional einzubinden.

Die Arbeit mit Sachtexten verfolgt *Intentionen*, die sich aus den Besonderheiten dieser Texte ergeben; auch wenn sie nicht ausschließlich an diese Textart gebunden sind, so sind sie hier doch dominierend und deshalb besonders leicht zu erreichen:

- ▷ Sachtexten Informationen entnehmen, sie ordnen, ergänzen, prüfen,
- ▷ spezifische Darstellungsmittel (auch Abkürzungen, Zeichen z.B. in Lexikontexten) kennen und gebrauchen lernen,
- ▷ Informationen und Meinung voneinander abheben,
- ▷ besondere Wirkungsmittel erkennen, Absichten der Autoren durchschauen und prüfen,
- ▷ Sprache als Lenkungsinstrument begreifen,
- ▷ Textarten unterscheiden,
- ▷ Anwendungs- und Verwendungsbereiche von Texten erkennen,
- ▷ die eigenen Lese- oder Handlungsbedürfnisse bedenken.

Der Unterrichtsgegenstand Sachtext wird vielfach keine methodischen Varianten erfordern im Vergleich zum Umgang mit literarischen Texten, da alle inzwischen gewöhnt sind, auch bei ihnen nach den Absichten der Autoren, Meinungssteuerung und den dazu eingesetzten Mitteln zu fragen. Doch sind solche Textkonstituenten in Sachtexten meist deutlicher ausgeprägt und deshalb einfacher zu beobachten.

Die Schüler sollen im Umgang mit Sachtexten eine gewisse Sicherheit des Zugriffs erlernen, so daß sie Texte schnell identifizieren können, denn auf den eiligen Gebrauch sind die meisten dieser Texte abgestellt. Wichtig wäre ebenfalls, daß die Schüler sich als Rezipienten beobachteten, um Absichten zu erkennen, vor allem die, die den Leser unterschwellig beeinflussen wollen.

Daß Sachtexte in einem fächerübergreifenden Unterricht besonders angemessen Verwendung fänden, leuchtet ein, da die verschiedenen Kompetenzen der beteiligten Fachvertreter einander ergänzten und die Schüler die Texte in sinnvollen Verwendungssituationen erlebten.

Innerhalb des Deutschunterrichts erschließen sich die Eigentümlichkeiten eines Sachtextes besonders leicht, wenn er mit einem thematisch benachbarten literarischen Text in Beziehung gesetzt wird. Umgekehrt profitiert davon natürlich auch der literarische Text. Beim Vergleich z. B. eines Lexikonartikels zum Stichwort „Ölpest“ und einem literarischen Text zum Thema wird sich die Nüchternheit, Unpersönlichkeit, Distanziertheit der Informationen einerseits von der emotionalen Beteiligung, der Provokation oder Vereinnahmung des Lesers andererseits abheben. Um dieser unterschiedlichen Wirkung auf die Spur zu kommen, müssen Stil und Sprache der Texte untersucht werden und zuletzt die Funktionen – schnelle, allgemeine Sachinformation hier, Ausdruck innerer Bewegtheit und Bewegung des Lesers dort – erfaßt werden.

Im Blick auf die Ausbildung der Schüler im Schreiben bieten Sachtexte besonders geeignete Anlässe, Textrezeption und Textproduktion eng aufeinander zu beziehen und so zur wechselweisen Förderung zu gelangen. Sind die Textstrukturen erkannt, sprachliche Mittel identifiziert, können die Schüler sie in eigenen Texten anwenden. Dabei muß solche Arbeit nicht in trockenes Nachahmen von Mustern ausarten, die Textart läßt genügend Spielraum auch für Abweichungen, innerhalb derer der Schüler eigenen Intentionen folgen kann. Spielerische Abwandlung (Anti-Werbung, Gebrauchsanleitung für einen nicht existierenden Gegenstand u. a.) ernst gemeinter Modelle wäre ebenso denkbar, wie ernsthafte Auseinandersetzungen in Form von Ergänzung, Befragung, Gegenargumentation möglich sind.

Literatur

Belke, Horst: Gebrauchstexte. In: Grundzüge der Literatur- und Sprachwissenschaft, Bd. 1. Arnold, Heinz Ludwig; Sinemus, Volker (Hrsg). München 1973.

Belke, Horst: Gebrauchstexte. In: Deutschunterricht in der Diskussion, Bd. 2. Boueke, Dietrich (Hrsg.). Paderborn, München, Wien, Zürich 1979.

Gerth, Klaus: Gebrauchstexte im Unterricht. Praxis Deutsch (1974), H. 2.

Hasubek, Peter: Didaktische Grundlegung zur Behandlung von Gebrauchstexten im Unterricht. In: Taschenbuch des Deutschunterrichts, Bd. 2. Lange, Günter; Neumann, Karl; Ziesenis, Werner (Hrsg.). Baltmannsweiler [4]1990.

Sowinski, Bernhard: Gebrauchstexte im Unterricht. In: Fachdidaktik Deutsch. Sowinski, Bernhard (Hrsg). Köln, Wien 1980.

Doris Marquardt

Sage

Die Sage ist eine „mimetische Form des Erzählens“ (Schrader), die den Anschein erweckt, die erzählten Vorgänge seien wirklich geschehen, und die dies durch zeitliche, räumliche und personale Angaben zu belegen sucht. Auch übernatürliche und phantastische Begebnisse werden in der Realität festgemacht und durch Bezugspersonen beglaubigt. Morphologisch betrachtet ist sie eine Form, die durch die Simplizität ihrer Struktur einen leichten Zugang zu ermöglichen scheint. Inhaltlich umfaßt sie das breite Spektrum der Auseinandersetzung des Menschen mit seiner eigenen und der ihn umgebenden Natur, mit der historischen Realität und der transzendenten Welt.

So gesehen ist die Sage eine „Urform menschlicher Aussage“ und gehört als dichterische Form zu den „ontologischen Gattungs-Archetypen“ (K. Ranke), die, wie alle diese Formen volkstümlicher Dichtung, Grundbedürfnissen der menschlichen Psyche entspringen.

Als entscheidendes Kriterium für die Sage wird ihre „wahrnehmungspsychologische Authentizität“, d.h. der individuelle Wahrheitswert angeführt. Ein weiteres strukturelles Merkmal wird in der Mehrdimensionalität der Sage sichtbar. Der Einbruch des Übernatürlichen wird hier – im Gegensatz zum Märchen – als etwas Schreckhaftes erlebt, ja es bildet selbst die Sage. Individualisierende Darstellung und das Verhältnis zwischen Diesseits- und Jenseitswelt, ihre Kontrastierung, sind Merkmale der inneren Form. Die äußere wird zum einen durch ihre Kürze, Einepisodigkeit, eine reduzierte Syntax und schließlich durch die genaue Lokalisierung und Zeitangabe bestimmt. Aus ihrer Affinität zur übernatürlichen Welt bezieht die Sage einen Teil ihrer emotionalen Anziehungskraft, was dazu führt, daß sie oft im persönlichen Erlebnis motiviert ist. Das persönliche Erlebnis ist aber in den meisten Fällen der faszinierende und erschreckende Zusammenstoß mit dem Unbekannten, dem Übernatürlichen, dem Jenseitigen, sei es ein Aufhockererlebnis, Naturdämonen, das Mittagsgespenst, der feurige Hund auf der Dorfstraße, der sich körperlich manifestierende Geist eines Wiedergängers oder auch nur der Tritt auf eine Irrwurzel, der den einsamen Wanderer in die Irre gehen läßt. Das Einsamkeitserlebnis, heute kaum mehr nachvollziehbar, ist in diesem Zusammenhang sicher ein Sagen konstituierendes Element gewesen. Der Zusammenstoß des Numinosen und Profanen wird in der Sage mit beklemmender Eindringlichkeit geschildert. Sie erfährt keine sprachliche Formung, im Gegenteil gewinnt sie gerade durch die umgangssprachliche Lautung, Kargheit der Ausdrucksmittel, parataktische Aneinanderreihung der einzelnen Glieder, Dialektformung und Regionalismen den Wert authentischer Berichterstattung. (Petzoldt, 1989)

Die Sage gibt scheinbar einmalige, individuelle Begegnungen und Erlebnisse wieder, die vor dem Hintergrund kollektiver Glaubensvorstellungen und Erfahrungen interpretiert werden; auf diese Weise werden sie selbst Bestandteil der gemeinschaftlichen Erfahrung.

Die Sage ist eine spezifische, anthropologische Form von Realitätserfahrung und -erfassung auf der Ebene eines prärationalen Bewußtseins. Sie versucht Vorgänge, die dem einzelnen Individuum unerklärbar erscheinen, durch mythisierende und symbolisierende Darstellung zu deuten. Ihre „explikative Tendenz“ gibt Erklärungen vor, die als Anweisungen für den Umgang mit dem Übernatürlichen und den unerklärbaren Dingen des Lebens (z.B. Totensagen) verstanden werden können. Sagen haben über die in ihnen handelnden Personen einen engen Bezug zur Lebenswelt des Erzählers und seines Publikums, dadurch wirken sie unbewußt auf das zwischenmenschliche und gesellschaftliche Verhalten des einzelnen.

Von den Volkssagen müssen die *Sagas*, die nordischen Geschlechterüberlieferungen sowie die *Götter- und Heldensagen*, die als Gegenstand der Dichtung schon früh literarisch geformt sind, unterschieden werden. Während die Volkssage als ursprünglich nicht schriftlich fixierte Erzählung einer vorwiegend mündlich tradierten „Gedächtniskultur“ angehört, deren Existenz weitgehend an einen eng begrenzten, nicht durch moderne Medien erweiterten Kommunikationshorizont gebunden ist, sind die nordischen Sagas ebenso wie die antiken oder germanischen Götter- und Heldensagen schon von ihrer Genese her bewußt geformte Dichtung.

Innerhalb des Bereichs der Volkssage unterscheiden wir zwei Großgruppen. Eine bilden die mythischen oder *dämonologischen* Sagen, d.h. die eigentlichen Volkssagen, deren Struktur durch numinose Elemente gekennzeichnet ist. Ihnen stehen die *historischen* Sagen gegenüber. Zu den dämonologischen Sagen rechnen etwa Zwergensagen, Teufelsagen, Totensagen, d.h. alle Erzählungen, die von übernatürlichen Wesen oder von einer Begegnung mit dem Übernatürlichen berichten. Zu den historischen Sagen werden Erzählungen gerechnet, in deren Mittelpunkt ein historisches Ereignis oder eine historische Persönlichkeit stehen.

Geht man von der Genese der Sagen aus, so läßt sich eine dritte funktional definierte Gruppe der Erklärungssagen oder *ätiologischen* Sagen bestimmen. Sie beruht auf Vergegenständlichungen (Objektivationen), die zu Deutungen auffordern, einer Burgruine oder einem seltsam geformten Felsen etwa, an den sich dann ein erklärendes Motiv, z.B. vom Jungfernsprung, heftet.

Bei allen diesen Typisierungs- und Definitionsversuchen darf jedoch nicht vergessen werden, daß lebendiges Erzählen sich nicht an solche Kategorien hält, daß der einzelne Erzähler seine Erzählungen nicht als „Sage“, „Märchen“ oder „Schwank“ apostrophiert, sondern je nach landschaftlicher Herkunft „Vertellsels“, „Dönekens“ oder einfach „Geschichten“ nennt.

Die Mehrdimensionalität der Sage, die Opposition von Diesseitigem und Jenseitigem, läßt sich in der Grundschule kaum ausschöpfen. In der Sekundarstufe jedoch vermag gerade die Verbindung von mythischer Weltsicht und konkretem Realitätsbezug einen Einstieg zu ermöglichen. So eignen sich besonders die ätiologischen Sagen dazu, im Zusammenhang mit der Erschließung der heimatlichen Landschaft zu einer Behandlung der Volkssage zu kommen. Dabei ist es notwendig, auf das Moment des Irrationalen hinzuweisen, das besonders den mythischen / dämonologischen Sagen eignet, und es als eine frühe Möglichkeit der Weltschau zu erklären.

Eine rationale Textanalyse verlangt die Befragung der Sagen auf ihre Struktur, auf stoff- und motivgeschichtliche Zusammenhänge, auf kulturhistorische Hintergründe, auf gesellschaftliche Relevanz; dabei werden sich je nach Sagentypus andere Schwerpunkte bilden. Bei der morphologischen und strukturellen Betrachtung der Sage bietet sich der Vergleich mit anderen epischen Kurzformen an, da sich Unterschiede besser in der Gegenüberstellung verschiedenartiger Texte herausarbeiten lassen. Das reicht jedoch für eine Behandlung der Sage nicht aus. Von literaturpädagogischen Gesichtspunkten her tragen Fragen nach der Genese und Struktur eines Textes, die Untersuchung von Motivzusammenhängen und ihre Verfolgung bis in die Literatur hinein Wesentliches zum Verständnis nicht nur der volkstümlichen Sagenüberlieferung, sondern auch der Arbeitsweise literarischer Autoren bei.

Literatur

Bürger, Christa: Sage und Märchen im Deutschunterricht der Primarstufe. Für eine ideologiekritische Textinterpretation. In: Deutschunterricht in der Grundschule. Zander, Sönke (Hrsg). Bad Heilbrunn 1974.

Lüthi, Max: Volksmärchen und Volkssage. Zwei Grundformen erzählender Dichtung. Bern [3]1975.

Pellens, Karl; Petzoldt, Leander: Historische Sagen im Unterricht. Freiburg 1978.

Petzoldt, Leander (Hrsg): Vergleichende Sagenforschung. Darmstadt 1969.

Petzoldt, Leander: Deutsche Sagen. Stuttgart 1977. (= Reclams Arbeitstexte für den Unterricht).

Petzoldt, Leander: Deutsche Volkssagen. München [2]1978.

Petzoldt, Leander: Dämonenfurcht und Gottvertrauen. Zur Geschichte und Erforschung unserer Volkssagen. Darmstadt 1989.

Psaar, Werner; Klein, Manfred: Sage und Sachbuch. Beziehung – Funktion – Informationswert – Didaktik. Paderborn 1980.

Ranke, Kurt: Die Welt der einfachen Formen. Berlin, New York 1978.

Röhrich, Lutz: Sage. Stuttgart [3]1979.

Ziesenis, Werner: Epische Kurzformen: Märchen und Sage, Fabel und Parabel. In: Taschenbuch des Deutschunterrichts. Lange, Günter; Neumann, Karl; Ziesenis, Werner (Hrsg). Baltmannsweiler [4]1990.

Leander Petzoldt

Satire

Die Satire als Textart hat einen besonderen Status. Denn sie grenzt sich von den übrigen Formen nicht ab, indem sie als eine weitere zu ihnen hinzutritt, sondern steht gleichsam quer zu den Gattungen und den anderen Textarten. Wenn man von einer Satire spricht, kann es sich um ein Märchen, eine Fabel, eine Kurzgeschichte handeln, um ein Gedicht ebenso wie um einen Roman oder ein Drama. Hinzu kommt, daß nicht nur alle literarischen Texte satirisch sein oder zur Satire werden können, sondern auch pragmatische, wie die Glosse, ein fingierter Bericht, eine persiflierte Rede und manches andere mehr.

Ob man einen Text als „satirisch“ bezeichnet oder im ganzen eine Satire nennt, wird davon abhängen, wie ausgeprägt und umfassend die Merkmale des Satirischen in Erscheinung treten. Hauptmanns „Biberpelz“, so Gerth, habe zweifellos satirische Partien, aber niemand würde das ganze Stück eine Satire nennen wollen. Anders verhalte es sich etwa bei Brechts „Aufhaltsamer Aufstieg des Arturo Ui“, hier herrsche das Satirische durchgängig, so daß das ganze Drama zur Satire wird. Umstritten sei zum Beispiel, ob Heines „Wintermärchen“ eine satirische Verserzählung und Heinrich Manns „Untertan“ ein satirischer Roman sei oder ob beides „Satiren“ sind.

Nicht zuletzt solche Zuordnungsprobleme führten zu der Auffassung, daß es richtiger sei, überhaupt nur von satirischen Texten statt von der Satire zu sprechen. Dem stehen aber sowohl der Sprachgebrauch wie die Ausformung einer Vielzahl von Texten gegenüber, deren dominante Struktur und Funktion die spezifische Bezeichnung „Satire“ herausfordern. Am Ende mag es unerheblich sein, ob ein bestimmter Text etwa eine satirische Erzählung oder eine erzählende Satire (im Unterschied zur Verssatire oder zur dramatischen Satire) genannt wird.

Der Begriff „Satire“ geht auf das Lateinische „satura“ zurück, dessen Bedeutungskern mit „buntes Allerlei“ wiedergegeben wird; ursprünglich ist die „satura“ die „mit verschiedenen Früchten gefüllte Opferschale“. Das Wort Satire verweist also auf den Aspekt der inhaltlichen und formalen Mischung. Satiren hießen Schriften, in denen unterschiedliche Texte versammelt waren. Umgekehrt hießen Texte, die sich aus einem Konglomerat heterogener Stoffe und Formen aufbauten, Satiren. Das Genre war also schon im Altertum nicht auf eine Gattung festzulegen.

Entscheidend für die *Definition der Satire* wurde schließlich die Wirkungsabsicht, die sich immer zielstrebiger mit den entsprechenden Texten verband. Gottsched nannte die Satire nach den Beispielen der Antike ein „moralisches Strafgedicht“. Schiller formulierte: „In der Satire wird die Wirklichkeit als Mangel dem Ideal als der höchsten Realität gegenübergestellt.“ Damit wies er die Richtung für alle späteren Auseinandersetzungen mit dem Phänomen des Satirischen. Die Intention der Satire ist es, „die Wirklichkeit als Mangel“ erkennbar zu machen und diesen Mangel zu bekämpfen. Das tut sie aus einer eigenen begründeten Position heraus. Um wirksam zu sein, verwendet sie bestimmte sprachliche, stilistische und strategische Mittel. Aus diesem gedanklichen Zusammenhang ergibt sich die Erkenntnis, daß zur Satire dreierlei gehört: der Angriff, die Norm und die Indirektheit (vgl. Brummack u. Gerth).

Daß die Satire menschliches Fehlverhalten und gesellschaftliche Mißstände angreift, ist ihre originäre Funktion. Hier liegen die Wurzeln ihrer Entstehung in der römischen und der altgriechischen Dichtung. Nach Gottsched soll der Satirenschreiber die Absicht „der Ausbreitung und Fortpflanzung der Tugend“ und der „Unterdrückung des Bösen“ haben. Entsprechend dieser Akzentuierung unterscheidet man die „lustige und scherzhafte“ von der „ernsthaften und beißenden“ Satire. Die beiden Typen wurden nach ihren antiken Vorbildern auch als Horazische und Juvenalsche Satire bezeichnet. Die eine, die komische, greift Torheiten an, die andere, die tragische, Laster. „Torheiten" und „Laster", das umfaßt in der Geschichte der Satire aber immer beides, individuelle Schwächen und gesellschaftliche Mißstände. Immer will die Satire mit ihrem Angriff Erkenntnisprozesse auslösen und Wirklichkeit verändern.

Die Norm muß als zweites Wesensmerkmal der Satire genannt werden, nicht weil sie bestehende Normen angreift, sondern weil sie selbst wieder von Normen ausgeht. Die Abneigung gegenüber der bestehenden Wirklichkeit, so Schiller im Aufsatz „Über naive und sentimentalische Dichtung", „muß wieder notwendig aus dem entgegenstehenden Ideale entspringen". In diesem Sinn hat Arntzen die Satire „eine Utopie ex negativo" genannt (vgl. Gerth). Es muß in diesem Zusammenhang zweierlei gesehen werden: In der aktuellen Situation ist der ideale Gegenentwurf zu den Mißständen der Wirklichkeit daran gebunden, daß zwischen Autor und Publikum ein gewisses Einverständnis über die Norm herrscht oder daß Einverständnis herbeigeführt werden kann. Der Satiriker wird seine Adressaten nicht erreichen, wenn seine Negationen nur persönlicher Natur sind oder bleiben. Umgekehrt wird sich der Leser, der die Satiren einer vergangenen Epoche verstehen will, ihr Normengefüge erst vergegenwärtigen müssen. „Gullivers Reisen" von Swift, ein aggressiver satirischer Zeitroman, sank zur Kinder- und Jugendlektüre herab, nachdem die direkten politischen Zusammenhänge nicht mehr verstanden wurden.

Die Indirektheit als Wesensmerkmal der Satire bezieht sich auf die Form, in der der Satiriker seinen Angriff vorträgt. Er spricht gleichsam mit verstellter Stimme, indem er alle Spielarten des komischen Kontrasts verwendet, die Ironie, die Karikatur, die Parodie, die Groteske. Von daher wurde als entscheidendes Kriterium für die Satire der Begriff der „verkehrten Welt" in Anspruch genommen (Lazarowicz). Die Indirektheit der Satire ist aus der satirischen Situation wie unter dem Wirkungsaspekt zu begreifen. In der aktuellen Situation des Angriffs muß sich der Satiriker in verstellter Sprache vor Verfolgung, Repressionen und Sanktionen schützen. Die Verfremdungen und Verkehrungen, der komische Kontrast, die Übertreibung, Verzerrung und Ironisierung sind zugleich die Mittel, um die Mißstände offenzulegen, sie der Lächerlichkeit preiszugeben, gesellschaftliche Realität und individuelles Fehlverhalten widerzuspiegeln und zu entlarven. Überdies bereitet die Indirektheit des Satirischen intellektuelles und ästhetisches Vergnügen und kann auf diese Weise seine Wirksamkeit entfalten.

Die *Thematik der Satire* reicht von der Kritik am speziellen Mißstand eines Einzelfalls bis zur allgemeinsten Anklage der gesamten Weltordnung. Feinäugle faßt die Möglichkeiten in eine Übersicht. Danach sind die Gegenstandsbereiche der Satire:

▷ individuelles, zugleich aber typisches Fehlverhalten (ein historisches Beispiel dafür ist die sog. „Narrensatire"),

▷ Fehlverhalten von Gesellschaftsständen und Berufsgruppen (auch dafür gibt es ein historisches Beispiel, die „Ständesatire"),

▷ die Gesellschaftsform, entweder als Herrschaftsform oder als Wirtschaftsform und ihre Auswirkung, oder ihre Institutionen, z.B. Kirche, Militär, Schule,

- die Unvollkommenheit und Schlechtigkeit der Menschheit überhaupt.

Eine weitere Möglichkeit ist die, daß die Literatur selbst zum Gegenstand der Satire, zum Opfer des polemisch-satirischen Angriffs wird. Das geschieht in der traditionsreichen „Literatursatire“.

Die grundlegenden Darstellungsmittel der Satire ergeben sich nicht nur aus der Situation des Autors und des Publikums. Sie erwachsen unmittelbar auch aus ihrer *Intention*. Verfolgt die Satire alles in allem die Absicht, „den Widerspruch der Wirklichkeit mit dem Ideal“ (Schiller) zu zeigen, so kann sie von ihrer Formgebung her als der „dargestellte Widerspruch“ verstanden werden. Die Aufgabe des Satirikers besteht nicht darin, über den Widerspruch zu reden, sondern ihn in der Form der Satire sichtbar und sinnfällig zu machen. „Das grundlegende Darstellungsmittel der Satire ist“, so betrachtet, „der Kontrast, die Gegenüberstellung“ (Feinäugle). Der Satiriker läßt das Große klein erscheinen, das scheinbar Wertvolle als wertlos, das vorgeblich Harmlose als gefährlich. Er zeigt den Widerspruch zwischen Worten und Taten, zwischen den Taten und ihren Folgen; er stellt eine falsche Ordnung in Frage, indem er sie mit grenzenloser Unordnung konfrontiert usw. Der Kontrast, der sich bei solchen Gegenüberstellungen ergibt, wirkt zumeist von sich aus komisch. Der Satiriker versucht diese Wirkung nach Möglichkeit zu steigern.

Der Satiriker macht den Widerspruch sichtbar, indem er Gegensätzliches zusammenbringt, Unvereinbares verbindet, den komischen Kontrast und die ironische Brechung erzeugt, die Erwartungen des Lesers in eine Richtung lenkt, um sie dann plötzlich zu enttäuschen – indem er durch Abweichungen von der Erwartung „verfremdet“.

Nimmt man beide Konstituenten zusammen, den antithetischen Kontrast und die abweichende Verfremdung, so lassen sich die Darstellungsmittel der Satire tabellarisch so anordnen (vgl. Feinäugle) (s. S. 159).

Festzuhalten bleibt, daß keines dieser Stilmittel an und für sich „satirisch“ ist. Sie werden es erst unter den Funktionen des Angriffs, der Bloßstellung, der Herabsetzung, des Lächerlichmachens, des Anprangerns, der Entlarvung.

In der tabellarischen Übersicht erscheinen Figuren der Indirektheit, die wegen ihrer Bedeutung für die Formensprache der Satire noch einmal hervorgehoben werden sollten:

- Am häufigsten anzutreffen ist die *Ironie*. Die ironische Brechung entsteht dadurch, daß das Gegenteil dessen gesagt wird, was gemeint ist.
- Bei der *Metapher* wird nicht der gemeinte Begriff genannt, sondern ein anderer, der mit ihm in bestimmten Bedeutungsmerkmalen übereinstimmt.
- Bei der *Mehrdeutigkeit* wird mit möglichen Wortinhalten gespielt, die sich je nach ihrem Kontextbezug verschieben.
- Bei der *Verkleidung* werden z. B. die handelnden Figuren so verändert, daß erst eine Übertragung vorgenommen werden muß, um sie zu erkennen. Ein Beispiel ist Tucholskys „Kleine Begebenheit“.
- Eine *räumliche und zeitliche Verschiebung* findet statt, wenn der Text etwa in märchenhafter Verkleidung, als Science-fiction oder Utopie erscheint.

Grundzüge der Strategie	Formen der Realisierung
Verzerrung oder Übertreibung	Verzeichnung der Person, des Gegenstands und seiner Bedeutung, der Handlung und ihrer Folgen, der Darstellungsperspektive
Ersetzung	unterstellte Gleichsetzung, Metaphorik und Bildsprache, Doppeldeutigkeit und Anspielung, verschleiernde Umschreibung, ironische Brechung
Gegenüberstellung	Montage, Antithese, Paradox, heterogene Fügung, ausgesprochene Gleichsetzung und Vergleich
Vertauschung	Anwendung des Prinzips der „verkehrten Welt“, Scheinlogik, Wortspiel und Bedeutungsverschiebung

- ▷ Bei der *Montage* zieht sich der Autor hinter sein Material zurück, das sich gegenseitig verfremdet und in seiner Disparatheit gedeutet werden will.
- ▷ Eine beliebte Strategie ist das *perspektivische* Sprechen, wobei der Satiriker die Darstellung z.B durch die Einführung fingierter Erzählerfiguren bewußt verstellt oder verzeichnet. So hatte sich Tucholsky vier Pseudonyme zugelegt, unter denen er als Satiriker, in je spezifischer Weise, an die Öffentlichkeit trat.

Die *Geschichte der Satire* hat ihre Wurzel im alten Rom. Vorformen gibt es in der altgriechischen Dichtung, z. B. in der älteren attischen Komödie bei Aristophanes mit den expliziten zeitkritischen Einlagen in der sog. Parabase. Horaz setzt in seinen „Sermones“ die Hexameter-Satire in heiter-ironischem Ton gegen allgemeine menschliche Schwächen und Torheiten ein. Mit Juvenal beginnt die aggressive und ernste, die auf existentielle Welterfahrung und aktuelle gesellschaftliche Realität bezogene Moralsatire.

Im deutschen Mittelalter ist die Ständesatire zu Haus, z. B. im Fastnachtsspiel. Eine reiche Fülle von Satiren bringt das Zeitalter des Humanismus und der Reformation in Form von Flugschriften, fingierten Dialogen und Briefen. Die Aufklärung karikiert allgemeinmenschliches Fehlverhalten, zum Teil in moralisierender Lehrdichtung, insbesondere aber im Aphorismus und im Epigramm, besonders geistvoll bei Lichtenberg.

Der Sturm und Drang benutzt das Drama als Form seiner politisch-sozialen Satire. Goethes und Schillers „Xenien“, eine Reihe gemeinsam verfaßter epigrammatischer Distichen, liefern ein besonderes Beispiel der Literatursatire, indem sie das gesamte literarische Leben ihrer Zeit einer kritisch-ironischen Musterung unterziehen.

Die Satire der Romantik, bei Schlegel, Tieck, Brentano, ist größtenteils Literatursatire.

Das Junge Deutschland pflegt die politisch-soziale Satire in Form des Reisebildes, besonders zynisch in Heines „Deutschland – ein Wintermärchen“.

Der Naturalismus und Expressionismus vermitteln satirische Darstellungen in der Komödie. Satire in Gedichtform findet sich bei Morgenstern, Kraus, Kästner, Roth. Eine besondere Form der Satire etabliert sich um die Jahrhundertwende im literarischen und journalistischen Kabarett.

In der Weltliteratur der Gegenwart erscheint die Satire in den vielfältigsten Formen: teils als Angriff auf herrschende Mißstände, teils als nihilistische Verachtung alles menschlichen Strebens im Guten wie im Bösen.

So etwas wie eine eigene Tradition hat der satirische Roman entwickelt. Zu nennen sind in dieser Reihe schon die Volksbücher des deutschen Mittelalters, Eulenspiegel und das Lalebuch (Schildbürger). Der erste große satirische Roman der Weltliteratur ist wohl Rabelais' „Gargantua und Pantagruel“, 1532. Unter dem Deckmantel der unterhaltsamen Geschichte – Gargantua und Pantagruel sind Riesen – kritisiert er die Zeitlaster, politische, soziale, religiöse, wissenschaftliche, literarische.

Von kaum einem anderen Werk der Weltliteratur ging eine so nachhaltige Wirkung aus wie vom „Don Quichote“ des Miguel de Cervantes, 1605. Der Autor verstand seinen Roman als parodistischen Angriff auf die beliebten Ritterromane. Der „Don Quichote“ ist aber weit mehr als eine Literatur- und Kultursatire. Er nimmt die verschiedensten Elemente der spanischen Literatur auf und wird zur Spiegelung zweier grundlegender Geisteshaltungen, der des weltfremden Idealismus (Don Quichote) und der des drastischen Realismus (Sancho Pansa). Die außerordentliche literarische Wirkung des Romans besteht vor allem darin, daß zahlreiche andere Autoren neue Donquichoterien erfanden, in denen die Mißstände der jeweiligen Zeit satirisch angeprangert wurden.

Der große deutsche Abkömmling des spanischen Schelmenromans ist „Der abenteuerliche Simplizissimus“ des Christoffel von Grimmelshausen, 1668. In ihm verbindet sich satirische Zeitkritik mit der übergreifenden Funktion, den Gegensatz von sündhafter Welt und lauterem Individuum erkennbar werden zu lassen. In England ging es weiter mit „Gullivers Reisen“ von Jonathan Swift, 1726, einem utopisch-satirischen Reiseroman. In surrealistischer Verfremdung stellt er die Abgründigkeit des Welt- und Menschenbildes und die Relativität aller menschlichen Werte dar. Direkte politische Anspielungen sind stark verschlüsselt. Auch in Voltaires „Candide“, 1759, einem satirisch-philosophischen Roman, wird nicht nur das politische und soziale Gefüge der Zeit angegriffen, sondern der Sinn des Lebens an sich in Frage gestellt. Der junge Candide muß erkennen, daß diese Welt ganz und gar nicht die beste aller möglichen ist, wie es ihn gelehrt wird, sondern das genaue Gegenteil.

Zeitsatiren in der Nachfolge des Cervantes finden sich bei Wieland mit „Don Silvio von Rosalva“ und den „Abderiten“. Für den zeitkritisch satirischen Roman der Romantik steht vor allem E. T. A. Hoffmann. Bewußt satirisch ist der Zeitroman des Jungen Deutschland bei Laube und Gutzkow. Die Reihe reicht bis zu Heinrich Mann, Carl Sternheim und Max

Brod. Weltliterarisch wird der „Ulysses" von James Joyce, 1922, „als bisher letzte Summe der menippeischen Tradition" (Sühnel) gesehen, d. h. des satirisch-parodistischen Romans, der in einer Fülle von Formen und Inhalten die „condition humaine", die Schwächen und Verfehlungen des Menschseins verfremdet vor Augen führt.

Eine *Didaktik der Satire* gibt es allenfalls in Ansätzen. Bis in die sechziger Jahre hinein hatte die Satire in der Schule einen schweren Stand. Denn ihre aggressive Struktur widersprach dem traditionellen Literaturunterricht, der sich am sprachlichen Kunstwerk und der gesinnungsmäßigen Vorbildlichkeit der dargebotenen Texte orientierte. Zu Beginn der siebziger Jahre trat mit der Propagierung des kritischen Lesens und einer ideologiekritischen Literaturdidaktik ein entscheidender Wandel ein. Nun wurde gerade die Literatur bevorzugt, die unmittelbar, vor allem gesellschaftlich und politisch, wirken und verändern will. Satirische Texte mußten für den Literaturunterricht interessant werden. Die derzeitige Situation ist durch eine Relativierung der Extrempositionen gekennzeichnet. Satirische Texte als eine spezifische Spielart der literarischen Verfremdung sollten einen besonderen Beitrag zu der Einsicht leisten, wie sehr Kunst und Wirklichkeit, Literatur und Erfahrung aufeinander bezogen sind. In Anlehnung an Gerth seien die folgenden allgemeinen Lernziele zum Umgang mit der Satire und mit satirischen Texten formuliert:

- ▷ Mit dem kritischen Blick der Satire auf Mängel und Schwächen der Wirklichkeit blicken.
- ▷ Wesen und Merkmale der Satire (Angriff – Norm – Indirektheit) kennenlernen und die Satire mit ihrer Hilfe von anderen Texten unterscheiden können.
- ▷ Mittel satirischer Wirklichkeitsdarstellung (Komik, Ironie, Parodie, Karikatur, Übertreibung, Verzerrung, Groteske) kennen und in ihrer Funktion verstehen lernen.
- ▷ Satire als exemplarischen Fall für die Wirkungsabsichten von Literatur und für die Wechselwirkung von Literatur und Realität begreifen lernen.
- ▷ Satiren selbst wieder kritisch lesen können, um sich ihrem Normengefüge nicht vorbehaltlos auszuliefern.
- ▷ Die Notwendigkeit historischen Verstehens erkennen und das erforderliche Kontextwissen erweitern.
- ▷ Spaß und ästhetisches Vergnügen an der Satire und an satirischen Texten haben.

Literatur

Arntzen, Helmut: Deutsche Satire im 20. Jahrhundert. In: Literatur im Zeitalter der Information. Frankfurt 1971.

Brummack, Jürgen: Zu Begriff und Theorie der Satire. Deutsche Vierteljahresschrift für Literaturwissenschaft und Geistesgeschichte, Sonderheft (1971).

Feinäugle, Norbert (Hrsg.): Satirische Texte. Stuttgart 1976 (= Reclams Arbeitstexte für den Unterricht).

Gerth, Klaus: Satire. Praxis Deutsch (1977), H. 22.

Müller Udo (Hrsg): Satire. Textbücher Deutsch. Freiburg 1975.

Preisendanz, Wolfgang; Warning, Rainer (Hrsg.): Das Komische. München 1977 (darin Kapitel 3: Das Satirische).

Riha, Karl (Hrsg): Deutsche Satiren, 3 Bde. Steinbach 1971.

Werner Ziesenis

Schwank

Das mittelhochdeutsche Wort „swanc“ bedeutet „Schwung, schwingende Bewegung, Schlag, Streich“ und ist wie die beiden letzten Worte („Schlag, Schlager“) oder der witzige „Streich“, den man jemandem spielt, eine Nominalbildung, die das schwungvolle, kurze und schlagkräftig pointierte Wesen des Schwanks ausdrücken soll.

Die Textart „Schwank“ erscheint in dreifacher Ausprägung:

(1) *epischer Schwank*, eine kurze Prosa- oder Verserzählung, die eine Begebenheit auf komische (drastische, derbe) Weise pointiert schildert,

(2) *dramatischer Schwank*, eine unterhaltende dramatisierte komische Handlung oder Episode, wie etwa die Fastnachtsschwänke von Hans Sachs,

(3) *Schwankmärchen*, eine breiter ausgemalte märchenhafte Handlung, in der die märchenhaften Elemente zugunsten der komischen zurücktreten.

Mit „Schwank“ ist also zunächst der lustige, in der Frühzeit oft obszöne und derbe Streich gemeint; später wird darunter die epische Fixierung, d. h. die Erzählung eines solchen Streiches verstanden. Das Wesen des Schwanks liegt in der Überlistung oder Übertrumpfung eines anderen, in der überraschenden Lösung eines komischen Konflikts oder einfach in der Komik einer Situation oder eines Charakters. Oft werden (negative) Charaktere oder soziale Typen: der buhlerische Pfaffe, der betrügerische Advokat, der dumme Bauer, der geldgierige Arzt, dargestellt. In der Bloßstellung ihrer Schwächen, die häufig ins Groteske übertrieben werden, und in der schließlichen Übertrumpfung durch einen oft schwächeren oder sozial niedriger stehenden Gegner liegt die Pointe.

Häufig besteht die Komik auch in der witzigen Replik, in der schlagfertigen Antwort des Schwächeren, der sich als der intellektuell Überlegene zeigt. Meist ist der Schwank jedoch durch Handlungen bestimmt, die sich, wie bei Eulenspiegel oder den Schildbürgern, zu Zyklen zusammenschließen können. Die einepisodige Handlung des Schwanks zielt immer auf eine Pointe. Sie wird in anschaulichen Bildern realitätsnah dargeboten, wobei diese „Realität“ nicht unbedingt die Wirklichkeit der entsprechenden Epoche wiedergeben muß. „Die 'Wirklichkeit' des Schwankes ist literarischer Art; seine Stoffe sind zeittypisch, wie seine Gestalten typisch sind, aber sie vermitteln keine Realität.“

Neben der Unterhaltungsfunktion besitzt der Schwank auch eine starke didaktisch-moralische Komponente: Dem Leser oder Zuhörer wird ein Spiegel vorgehalten, er soll aus dem Vorgetragenen lernen und sich bessern. Viele Schwanksammlungen beziehen ihre Berechtigung aus dieser Funktion, auch wenn sie häufig als Vorwand erkennbar ist und die angehängte Moral aufgesetzt erscheint.

Die didaktische Komponente, wie sie z. B. in den Versschwänken des Hans Sachs sehr deutlich zum Ausdruck kommt, erleichtert die Behandlung des Schwanks in der Schule. Im Vordergrund sollte zunächst jedoch die Freude an der Komik des Schwanks stehen; diese zu erkennen und im weiteren Verlauf der Beschäftigung mit dem Schwank zu analysieren bzw. zu reflektieren muß als wesentliche Aufgabe gesehen werden. Erst nach dieser mehr affektiven Annäherung wird die Aussage des Schwanks zu ergründen sein. Die dramatisch-dialogische Struktur des Schwanks ermöglicht auch die szenische Darstellung und die Herausarbeitung der Komik im Spiel. Der „Narr" oder der närrische Mensch als Typus und Träger der komischen Handlung steht dabei im Mittelpunkt. In der Interaktion mit den anderen wird das Wesen der Komik sichtbar, zugleich entsteht eine Frage, der nachzugehen ist: Wer ist der Narr und wer der Genarrte?

Literatur

Bausinger, Hermann: Schwank und Witz. Studium Generale 11 (1958).

Bausinger, Hermann: Schildbürgergeschichten. Betrachtungen zum Schwank. Der Deutschunterricht (1957), H. 1.

Hildebrand, Hans-Hagen: Sozialkritik in der List Till Eulenspiegels. In: projekt deutschunterricht 1. Ide, Heinz (Hrsg). Stuttgart [4]1974.

Petzoldt, Leander: Eulenspiegel, der paradoxe Held. Eulenspiegel-Jahrbuch 13 (1973).

Petzoldt, Leander: Deutsche Schwänke. Stuttgart 1979.

Petzoldt, Leander: Komik der Lebenswelt und „volkstümliche" Komik vom ausgehenden Mittelalter bis zur Reformation. Der Deutschunterricht (1984), H. 1.

Petzoldt, Leander: Der Antipode des Bürgers. Vom Wandel des Eulenspiegelbildes in der literarischen und volkstümlichen Tradition. In: Märchen, Mythos, Sage. Beiträge zur Literatur und Volksdichtung. Petzoldt, Leander. Marburg 1989.

Röcke, Werner: Ulenspiegel. Spätmittelalterliche Literatur im Übergang zur Neuzeit. Düsseldorf 1978.

Rupp, Heinz: Schwank und Schwankdichtung in der deutschen Literatur des Mittelalters. Der Deutschunterricht (1962), H. 2.

Straßner, Erich: Schwank. Stuttgart [2]1978 (= SM 77).

Leander Petzoldt

Science-fiction

Der Begriff Science-fiction wurde in den zwanziger Jahren von dem Deutschamerikaner Hugo Gernsback (Gernsbach), dem Begründer des ersten Science-fiction-Magazins, geprägt und erst in den fünfziger Jahren durch eine Studie zur amerikanischen Science-fiction von Gotthard Günther in Deutschland etabliert. Schwierigkeiten bereitet seine Definition. „Bisher kann noch keine Science-fiction-Definition Anspruch darauf erheben, dem monströsen Gegenstand in seiner ganzen Ausdehnung kritisch-präzise gerecht zu werden." (Barmeyer)

In der Bezeichung Science-fiction werden zwei Begriffe zusammengebunden, die in unserem Bewußtsein in grundsätzlicher Spannung zueinander stehen: „Science" signalisiert Wissenschaft, Rationalität, technische Planung und Sachlichkeit, während „fiction" auf das Nicht-Rationale, Emotionale, Imaginative, auf die Phantasie verweist.

Den Ursprung der Science-fiction sehen manche Wissenschaftler in der Tradition der Utopie, die als literarische Gattung den von historischen Verhältnissen her gedachten Idealzustand menschlichen Lebens fiktional gestaltet, während andere ihn in der phantastischen Unterhaltungsliteratur des 18. und 19. Jahrhunderts, den Schauerromanen der Romantik, vermuten. Sicherlich reichen diese beiden Grundlagen nicht aus, um die Herkunft der Science-fiction zu beschreiben, denn in ihr finden sich neben den genannten Zügen auch solche des Märchens, der Helden- und Ritterromane, des Bildungsromans, des Krimis, der Abenteuerliteratur und des Western. Ihre Motive und Inhalte umfassen technische Spekulationen und Entwürfe, phantastische Reiseabenteuer bis hin zu Weltraumabenteuern, okkulte, mystische Geschehnisse, naturwissenschaftlich-biologische Experimente, pseudowissenschaftliche Erklärungsversuche für Unerklärbares, spiritistisch orientierte Theorien sowie Mystifizierungen technischer Vorgänge und Zusammenhänge, Begegnungen mit fremden Lebewesen, Bedrohung der Menschen durch irdische und außerirdische Vorgänge und Mächte, Staats- und Gesellschaftsentwürfe als Vorbild oder Abschreckung, tiefenpsychologische und psychologische Versuche, Auseinandersetzung mit dem Menschen als vernunftbegabtem und triebbestimmten Wesen. Diese Reihe ließe sich noch um einiges erweitern.

Als literarische Formen werden von den Autoren Romane und Kurzgeschichten bevorzugt; seit der Nachkriegszeit haben aber auch Comics erheblich an Verbreitung gewonnen.

Ist man sich auch über die Ursprünge dieser Gattung uneins, so herrscht doch über die Klassiker und Begründer dieser Literatur allgemeine Übereinstimmung: Jules Verne (1828–1905) und Herbert George Wells (1866–1946). Bei Vernes Romanen handelt es sich in erster Linie um abenteuerliche Reisebeschreibungen oft mit technisch interessanten und zukunftsspekulativen Fortbewegungsmitteln (Rakete, U-Boot u. a.). Wells teilt dieses technische Interesse Vernes nicht, das zeigt sich, wenn man die Mondromane beider Autoren miteinander vergleicht. Bei Verne steht das technische „Wie“ im Vordergrund, bei Wells spielt es nur am Rande eine Rolle. Ihm geht es um die Mondbewohner, ihr soziales und gesellschaftliches Zusammenleben, betrachtet unter dem Aspekt ihrer Bedeutung für den Menschen.

Diese beiden Klassiker entwickelten in ihrem Werk wesentliche Züge der Science-fiction, die für alle Nachfolger richtungsweisend wurden:

- naturwissenschaftlich-technische Prognostik,
- Zukunftsoptimismus,
- das Ausgreifen des Menschen über die Erde hinaus in den Weltraum,
- die Begegnung mit fremden Intelligenzen, die dem Menschen positiv oder negativ gegenüberstehen,
- die Auseinandersetzung mit Problemen gesellschaftlicher, philosophischer und metaphysischer Art,
- Neigung zu klischeehafter Darstellung und Einbindung des bisher Benannten in abenteuerliche, spannende Sujets.

Neue Akzente erhielt die Science-fiction-Literatur durch Autoren wie Samjatin, Orwell, Huxley und Bradbury. Kultur-

und Technikpessimismus sowie Angst vor gesellschaftlicher Entfremdung bilden die zentralen Aussagen ihrer Dystopien (Antiutopien).

Seit dem Ende des 2. Weltkriegs hat sich in der Bundesrepublik Deutschland ein breites Spektrum der Science-fiction-Literatur entwickelt, das von ernstzunehmenden gesellschaftskritischen Texten bis zu abenteuerlichen Heftromanen im Stile Perry Rhodans reicht.

Über die Leserschaft von Science-fiction-Literatur und deren Lesemotivationen gibt es bisher keine genaue Analyse. Man konstatiert, daß der Markt außerordentlich aufnahmebereit ist. Neben der ernstzunehmenden Science-fiction-Literatur, den Heftromanen und Comics gibt es inzwischen auch ein recht breites Angebot von Science-fiction-Jugendliteratur. Jährlich erscheinen ca. 150 neue Science-fiction-Titel auf dem Markt, die Wachstumsrate beträgt 14 bis 15 %. Film und Fernsehen haben sich mit ihren Science-fiction-Produkten dem Boom angeschlossen, sie sind zugleich wichtige Multiplikatoren dieses Genres. Gründe für diese Entwicklung und damit auch für die Lesermotivation könnten sein:

- das Abenteuerliche-Spannende dieser Literatur,
- die wissenschaftlich-technische Entwicklung der Gegenwart mit Raumfahrt und Mondlandung,
- das Interesse an phantastischen, außerhalb unserer realen Welt liegenden Erlebnissen, die aber denkmöglich sind,
- das Interesse an technischen und wissenschaftlichen Phantasien,
- der Ablenkungscharakter dieser Literatur,
- der Fortschrittsglaube und Wissenschaftsoptimismus, den Science-fiction-Texte zum größten Teil verbreiten,
- das anthropozentrische Denken und die Demonstration menschlicher Überlegenheit im Vergleich zu den Außerirdischen,
- das Happy-End der meisten Science-fiction-Geschichten und der gewaltige Lösungs- und Bewältigungsoptimismus, den diese Geschichten dem Leser demonstrieren.

Untersuchungen zur Science-fiction-Literatur gibt es von den verschiedensten Wissenschaften: von der Soziologie, der Psychologie und Tiefenpsychologie, der Literaturwissenschaft. Wichtige neue Anstöße kamen in den letzten zwanzig Jahren von der Ideologiekritik, die den Verschleierungscharakter und die Ideologisierungsabsicht dieser Literatur herausgearbeitet hat.

Seit Beginn der siebziger Jahre hat sich die Literaturdidaktik im Zuge der Diskussion um die Trivialliteratur im Unterricht auch um eine didaktische Reflexion der Science-fiction-Literatur bemüht. Einigkeit wurde in der Diskussion darüber erzielt, daß Science-fiction-Literatur als Lektüre der Schüler unbedingt in den Unterricht gehört. Ein Problem stellt nach wie vor die Frage dar, wie eine Verschulung der häuslichen Lektüre der Schüler verhindert, wie vom Lehrer das Wertungsdilemma vermieden werden kann, das darin besteht, mit den Schülern zwar Wertmaßstäbe für diese Literatur – vor allem auch für die Heftchen – zu erarbeiten, zugleich aber zu verhindern, daß den Schülern ihre Literatur mies gemacht wird.

Als Lernziele für den Unterricht mit Science-fiction-Literatur können formuliert werden: die Schüler sollen durch den Unterricht in die Lage versetzt werden, die gesellschaftliche Bedeutung und Funktion dieses Genres einzuschätzen, ihre Lektüre von Science-fiction-Texten in Textauswahl und Rezeptionshaltung bewußt zu steuern. Voraussetzung für diese Ziele ist die Kenntnis von Science-fiction-Literatur unterschiedlichster Art und Qualität, das Erlernen von Lese-, Analyse- und Beurteilungstechniken, das Durchschauen des eigenen Rezeptionsvorgangs und seiner Steuerungselemente.

Als besonderes Verfahren wird seit einigen Jahren der produktive Umgang mit diesen Texten empfohlen, d.h. Texte zu Ende schreiben, verändern, umschreiben, selbst produzieren und dabei sich schreibend mit dieser Textart auseinandersetzen.

Die Science-fiction-Jugendliteratur bietet inzwischen ein breites Spektrum von lesenswerten Texten an. Dieses Angebot sollte der Lehrer für seinen Unterricht und als Lektürevorschläge für seine Schüler nutzen.

Literatur

Barmeyer, Eike (Hrsg.): Science Fiction. Theorie und Geschichte. München 1972.

Franke, Herbert W.: Science Fiction – Grenzen und Möglichkeiten. In: Phantasie und Realität in der Jugendliteratur. Arbeitskreis für Jugendliteratur (Hrsg.). Bad Heilbrunn 1976.

Gottwald, Ulrike: Science Fiction (SF) als Literatur in der Bundesrepublik der siebziger und achtziger Jahre. Frankfurt am Main u. a. 1990.

Klein, Klaus-Peter: Zukunft zwischen Traum und Mythos: Science Fiction. Zur Wirkungsästhetik, Sozialpsychologie und Didaktik eines literarischen Massenphänomens. Stuttgart 1976.

Lange, Günter (Hrsg.): Erwachen im 20. Jahrtausend und andere Science-fiction-Geschichten. Klett Leseheft mit Materialien und Lehrerband. Stuttgart 1987.

Lange, Günter: Science Fiction im Unterricht. In: Taschenbuch des Deutschunterrichts, Bd. 2. Lange, Günter; Neumann, Karl; Ziesenis, Werner (Hrsg.). Baltmannsweiler [4]1990.

Nusser, Peter (Hrsg.): Science Fiction. Stuttgart 1989 (= Reclams Arbeitstexte für den Unterricht).

Pehlke, Michael; Lingfeld, Norbert: Roboter und Gartenlaube – Ideologie und Unterhaltung in der Science-Fiction-Literatur. München 1970.

Schulz, Hans-Joachim: Science Fiction. Stuttgart 1986 (= SM 226).

Suerbaum, Ulrich; Broich, Ulrich; Borgmeier, Raimund: Science Fiction. Theorie und Geschichte, Themen und Typen, Form und Weltbild. Stuttgart 1981.

Waldmann, Günter: literatur zur unterhaltung, Bd. 1: unterrichtsmodelle zur analyse und eigenproduktion von trivialliteratur, Bd. 2: texte, gegentexte und materialien zum produktiven lesen. Reinbek 1980.

Günter Lange

Spieltexte

Die Bezeichnung „Spieltexte“ ist von vornherein didaktisch geprägt. Sie hat in der Literaturwissenschaft kein Äquivalent, da Spieltexte und Drama nicht identische Textarten sind. Das Drama ist eine reich organisierte Großform, zu deren Merkmalen die Gliederung in Szene und Akt, Bühnenbildhinweise, Regieanweisungen, straffe Handlungsführung oder, im epischen Theater, die Weiträumigkeit der Handlungsteile oder disparate Zeitgestaltung sowie die Vielfalt der episch-vermittelnden Elemente, auf alle Fälle aber die Tendenz zur Aufführungspraxis gehören, während sich als Spieltexte auch erzählende Texte eignen können. Gemeinsam ist ihnen allerdings die dialogische Struktur: Verteilung des Textes auf verschiedene Sprecher (Rollen), Aufgliederung in Rede und Gegenrede (Dialog), Entwicklung von Konflikt und Handlung im antagonistischen Sprechen.

Solche Voraussetzungen finden sich in Texten unterschiedlicher Komplexität und Textartenzugehörigkeit: Spielanstöße, Fastnachtsspiel, Hörspiel, Sketch, Kindertheater, Dramenauschnitt, aber auch die Anekdote und andere dialogische Erzähltexte mit überwiegend dramatischer Tendenz können dazu gerechnet werden.

Die Bezeichnung „Spieltexte“ verweist auf ihre Eignung, eine spezielle Art der Textrezeption zu wecken, indem aus dem Leser ein Spieler wird. Dabei steht das hier zu entwickelnde Spiel nicht unter dem Zwang, sich mit der Perfektion professioneller Theateraufführungen messen zu wollen; nicht das aufführungsreife Endprodukt, sondern das spielerische Tun ist der Zweck.

Szenisches Spielen im Rahmen der Schule und des Deutschunterrichts hat eine lange, je nach den damit verbundenen Zielvorstellungen sich wandelnde und nicht auf einen Nenner zu bringende Tradition. Schon das barocke Schulspiel (Jesuitendrama) der Gegenreformation stand im Dienste pädagogisch-didaktischer Zwekke – Schulung rhetorischer und gesellschaftlicher Gewandtheit – wie religiöspropagandistischer Absichten. Mit ganz anderen, aber ebenfalls propagandistischen Leitvorstellungen arbeitet das in der UdSSR entwickelte und im Deutschland der Vorkriegszeit von den Theatergruppen der KPD übernommene proletarische Kindertheater, das nun Formen erprobt, die Grenze zwischen Spielern und Zuschauern zu überspringen. In Deutschland war es das Laienspiel der Jugendbewegung, das dem Spielgedanken neue Impulse gab. Es verstand sich als zweckfreie musische Betätigung des im Alltag einseitig beanspruchten Menschen, als eine Möglichkeit, individuelle Kräfte im Rahmen der Gemeinschaft der Spielenden zu entdecken und zu entfalten, und wollte bewußt ein Gegenentwurf zum professionellen Theater sein. Hier liegen Berührungspunkte mit der Reformpädagogik vor, die jedoch den sozialen Aspekt des Spiels in den Vordergrund rückte. In neuerer Zeit hat der Spielgedanke Anstöße aus den Rollenspiel-Konzepten empfangen, wie sie Soziologie und Psychotherapie entwickelt haben. Die Beziehung zum Drama / Theater ist völlig gekappt, das Spiel ist eine Methode, Wirklichkeit in der Simulation zu erkennen, Verhaltensweisen zu erproben und einzuüben, mit denen soziale Situationen sich bewältigen lassen.

Es ist verständlich, daß aus so heterogenen Quellen keine eindeutige Ableitung heutiger Spielpraxis zu gewinnen ist. Je nach Unterrichtsintention werden die Akzente verschieden gesetzt, so daß einmal mehr die ästhetisch-musische Komponente dominiert, ein andermal Erkenntnis und Lernen im engeren Sinne im Vordergrund stehen – wobei in jedem Fall das eine das andere nicht ausschließt.

Die Ziele des szenischen Spielens und des Umgangs mit Spieltexten nach allgemein pädagogischen von den speziell literaturdidaktischen zu sondern wäre müßig, da die besondere Chance des Spiels gerade in der Vielfalt der ausgelösten Kräfte liegt. Die Textgrundlage dient dabei als Partitur, die Phantasie und Erkenntnis freisetzt. An der spielerischen Nach-, Weiter-, Umgestaltung oder am Gegenentwurf sind genaue Wahrnehmung des Textes, Vorstellungsvermögen, phantasievolle Realisation der „Leerstellen", mimisch-gestische Ausdrucksfähigkeit beteiligt, ebenso wie soziale Beziehungen in hohem Maße hergestellt und geübt werden müssen.

Spieltexte bieten dem Deutschunterricht ein reiches und lustvolles Betätigungs- und Erfahrungsfeld. Sie greifen die Bedürfnisse der Schüler nach Selbst- und Fremddarstellung auf und geben der in Gang gebrachten Phantasie zugleich einen Orientierungsrahmen. Die Elemente szenischen Spiels lassen sich isolieren, so daß von der Pantomime über den Dialog (gelesen, gesprochen, erfunden) bis zur ausgebauten Handlung alle Stufen durchlaufen werden können. So besteht die Hoffnung, daß Schüler neben dem partiellen und aktuellen Gewinn in der Beschäftigung mit einem Text darüber hinaus die Fähigkeit erwerben, dramatische Texte größeren Umfangs später lesend besser zu bewältigen, und einen Zugang auch zur Aufführungspraxis der Medien (Funk, Fernsehen, Theater) erlangen.

Für den Deutschunterricht ergeben sich zahlreiche lohnende Arbeitsformen. So sei auf das Umschreiben erzählender Texte zu dialogischen, das Weiterschreiben und Selbsterfinden von Spielen, die Herstellung von Hörszenen und -spielen, das aufgeführte Spiel vor Mitschülern oder Gästen verwiesen.

Literatur

Denk, Rudolf: Spieltexte 8.–10. Schuljahr. Stuttgart 1985 (=Reclams Arbeitstexte für den Unterricht).

Grömminger, Arnold: Spieltexte 2.–4. Schuljahr. Stuttgart 1981 (=Reclams Arbeitstexte für den Unterricht).

Grömminger, Arnold: Spieltexte 5.–7. Schuljahr. Stuttgart 1983 (= Reclams Arbeitstexte für den Unterricht).

Haas, Ingeborg: Kindertheater und Theater für Kinder. In: Kinder- und Jugendliteratur. Haas, Gerhard (Hrsg.). Stuttgart 1974.

Ingendahl, Werner: Szenische Spiele im Deutschunterricht. Düsseldorf 1981.

Kochan, Barbara: Szenisches Spielen. Praxis Deutsch (1976), H. 20 und (1986), H. 76.

Krause, Siegfried: Darstellendes Spiel. Paderborn 1976.

Müller-Michaels, Harro: Drama. Praxis Deutsch (1978), H. 31.

Doris Marquardt

Szene / Sketch

Mit dem Begriff *Szene* ist hier nicht die Handlungseinheit zwischen dem Auf- und Abtreten der Schauspieler im Drama gemeint, sondern das kleine, in sich geschlossene Stück, das im Kabarett oder auf Kleinkunstbühnen zu sehen ist und auch als *Sketch* bezeichnet wird: ein dramatisches, unterhaltsames, witziges, in sich geschlossenes Bühnenstück von wenigen Minuten Dauer, das seine dramatischen Handlungsmöglichkeiten nicht voll entfaltet oder ausnützt, sondern sie nur in den für die Aussage wichtigen Umrissen skizziert und das auf eine wirkungsvolle, scharf zugespitzte und überraschende Pointe hin angelegt ist. Inhaltlich geht es in Szenen / Sketchen oft um Anspielungen auf aktuelle Ereignisse, aber auch um allgemein menschliche Verhaltens- und Denkweisen. Längere Stücke dieser Art werden bisweilen als Einakter bezeichnet. In der Bezeichnung, die vor allem für die Monologe und Dialoge Karl Valentins üblich ist, spiegelt sich die Tradition der Volkstheater und Volkssänger. In München vor dem Ersten Weltkrieg gab es in über 80 Gaststätten und Restaurants solche Volkssängerensembles, die regelmäßig Theater spielten.

Ein solcher Einakter sollte in den Rahmen eines unterhaltsamen Abends passen und deshalb nicht allzu lang sein, damit ein abwechslungsreiches, buntes Programm möglich war. Zudem sollte er einfach und übersichtlich gebaut sein, ohne Neben- oder Parallelhandlung, um das Publikum zu unterhalten. Brecht hat in seinem Aufsatz „Anmerkungen zum Volksstück“ diese Art Theater folgendermaßen beschrieben: „Ihre Situationen sind grotesk“; diese Stücke verzichten auf eine „einheitliche und durchgehende Fabel, bringen vielmehr ‘Nummern’, d.h. lose miteinander verknüpfte Sketche“. Dieses Theater „hat Humor, Phantasie und Weisheit, um das Häßliche zu meistern“. Das Publikum waren vor allem Kleinbürger, Leute aus dem Mittelstand, die biertrinkend, rauchend und essend den Darbietungen der Volksschauspieler folgten und sich in den Pausen durch Blasmusik unterhalten ließen. „Der Saal war voll von Rauch, gleichmäßigem, langsamem Geräusch, Dunst von Bier, Schweiß, Menschen“, so beschreibt Lion Feuchtwanger eine solche Situation.

Hier begann Valentin seine Karriere, entwickelte sich aber bald über diese Anfänge und dieses Niveau hinaus.

Das Volkstheater ist der eine Ursprung für Szenen und Sketche; der andere ist im Kabarett und seiner Tradition zu sehen. Auch beim Kabarett liegt die Herkunft in Kneipen und Gaststätten, hier Frankreichs, von wo aus es um 1900 seinen Siegeszug nach Deutschland antrat.

Das Kabarett wurde zu einer Kleinkunstbühne, auf der von Schauspielern oder von den Verfassern selbst Chansons, Gedichte, Balladen, aber auch Pantomimen und vor allem Sketche als Monologe oder Dialoge vorgetragen werden. Charakteristisch sind auch hier – wie im Volksstück – die kleinen Formen der darstellenden Kunst, die als „Nummern“ locker aneinandergereiht werden. Die Intention des

Kabaretts ist neben der Unterhaltung die Kritik, die Kritik an politischen Verhältnissen, die Entlarvung von Autorität, die Bloßstellung und Karikatur von Personen der Öffentlichkeit, ihres Redens und Handelns, von Behörden und Institutionen, von zwischenmenschlichem Verhalten und tagtäglichen Situationen.

Wie die Schauspieler der Volksstücke kommen auch die Kabarettisten mit einem Minimum an Dekoration und Requisiten aus. Die Andeutung reicht aus, um das Gemeinte, das Angegriffene erkennbar zu machen; die Handlungssituation wird in kurzen Zügen als Rahmen entworfen, so daß der Zuschauer sofort weiß, worum es geht.

Oft sind die Nummern des Kabaretts und damit auch der Sketch auf das Vorwissen angewiesen, das die Zuschauer von der angesprochenen Person, dem Gegenstand oder Sachverhalt mitbringen. Ohne dieses Vorwissen kann die Pointe nicht zünden. Andere Sketche hingegen – wie die von Valentin, Hallervorden, Otto oder Emil – wirken durch ihre Struktur-, Handlungs- oder Situationskomik.

Das Entstehungsjahr des Kabaretts in Deutschland ist mit dem Jahr 1901 genau zu datieren, als Ernst von Wolzogen in Berlin sein „Überbrettl“ gründete, das bahnbrechend wirkte. In schneller Folge entstanden weitere Kabaretts, und bekannte Schriftsteller schrieben für die neuen Kleinkunstbühnen: Wedekind, Morgenstern, Fridell und Polgar, in den zwanziger und dreißiger Jahren Finck, Klabund, Mehring, Tucholsky, Ringelnatz und Kästner, um nur die bekanntesten zu nennen. Nach 1945 wurde diese Tradition in den bekannten Kabaretts „Kom(m)ödchen“, „Insulaner“, „Stachelschweine“ und „Münchner Lach- und Schießgesellschaft“ fortgesetzt. Neben diesem vor allem politischen Kabarett entwickelte sich im Laufe der sechziger und siebziger Jahre auch das mehr unterhaltende Kabarett und die Show, wie sie von Hallervorden, Otto, Emil u. a. dem Publikum geboten werden, obwohl bei Hallervorden und Emil Steinberger auch das politische Kabarett zum Repertoire gehört. Aber viele ihrer Szenen und Sketche sind gespielte Witze, satirische Unterhaltung bis hin zum Nonsens. Ihre Absicht ist die humorvolle Unterhaltung ihres Publikums. Deswegen ist nicht mehr nur die Bühne der Ort ihrer Betätigung; aufgrund der großen Publikumsresonanz haben sie sich das Fernsehen und den Hörfunk erobert. Ihre Szenen und Sketche finden aber auch als Kassetten- und Schallplattenaufnahmen guten Absatz oder erscheinen als gedruckte Texte in Buchform. Als allgemeine Charakteristika von Szene und Sketch können zusammenfassend folgende Merkmale gelten:

- ▷ Diese kurze dramatische Form ist nicht auf Entwicklung von Handlung und Charakteren angelegt, sondern auf das Vorhandensein und die Ironisierung von Fakten.
- ▷ Sie ist einepisodig, gut überschaubar, auf einen kurzen Dialog oder Monolog beschränkt und läuft auf eine Pointe zu.
- ▷ In vielen Fällen ist der Gesprächspartner in Szene / Sketch nur da, um witzige Wendungen oder Pointen hervorzulokken. Er kann aber auch als echter Gegenpart fungieren, so daß sich eine dramatische Situation aufbaut, die dann in der Schlußpointe zugunsten einer Seite entschieden wird.
- ▷ In Szene / Sketch herrschen Einheit von Zeit, Ort und Handlung.

- ▷ Die Spannung liegt nicht in dem Verknüpfen von Handlungen, sondern in der Art, wie Einfälle „durchexerziert“ werden.
- ▷ Die Grenzen von Szene und Sketch zum Klamauk, zur Clownerie und zum gespielten Witz sind fließend.
- ▷ Die Intention von Szene / Sketch ist auf Unterhaltung, Kritik und humorvolle Belehrung gerichet.

Szene und Sketch arbeiten mit besonderen Methoden und Mitteln, um beim Zuschauer, Hörer oder Leser ihre spezifische Wirkung zu erzielen. Henningsen unterscheidet für das Kabarett allgemein die satirischen Methoden der Travestie, Parodie, Karikatur und Entlarvung, die aber auch für Sketch und Szene im besonderen in Anspruch genommen werden können.

Travestie und *Parodie* sind zwei satirische Formen, in denen ein ernstes Vorbild z. B. der Literatur durch „Verkleidung“ oder „überdrehtes Nachmachen“ verspottet wird. In der *Travestie* wird der Inhalt des Vorbildes beibehalten, aber die Form verändert, so daß in der Diskrepanz zwischen Form und Inhalte die Verspottung zu erkennen ist. Henningsen erweitert diese Definition von Travestie insofern, daß er den Begriff „Verkleidung“ wörtlich nimmt und diese Methode als einen Zusammenstoß üblicherweise voneinander geschiedener Vorstellungsbereiche deutet, der Erstaunen, Befremden oder Lachen hervorruft: eine Frau in Männerkleidern; ein Spirituosenhersteller, der eine Rede auf die Abstinenz hält; oder Otto als Führerscheinprüfling, der in bühnenreifen Blankversen spricht.

In der *Parodie* hingegen wird die äußere Form beibehalten und der Inhalt verändert; in der Form der verzerrenden oder übertreibenden Imitation liegt hier das Komische: Otto ahmt Versmaß und Sprachstil des klassischen Dramas nach, wählt aber einen ganz trivialen Stoff.

Die *Karikatur* ist die Verzerrung, die durch Überbetonung einzelner, dennoch erkennbarer Charakterzüge hervorgerufen wird, die dadurch dem Gelächter preisgegeben werden. Sie dient dem Spott oder auch der Kritik von verurteilenswerten Schwächen oder Mißständen auf politischem, sozialem oder moralischem Gebiet. Der Sketch „Fernsehabend“ von Loriot ist in diesem Sinn eine Karikatur.

Unter der *Entlarvung* als Methode des Kabaretts versteht Henningsen das Verfahren, jemanden, der sich Autorität, Würde, Verdienst o.ä. anmaßt, durch Verdeutlichung seiner Abhängigkeiten und Unzulänglichkeiten auf ein menschliches Normalmaß zurückzustutzen. Dieses Verfahren ist nicht nur auf Personen, sondern auch auf Meinungen und Einstellungen anwendbar.

Ergänzen könnte man diese vier Methoden von Szene und Sketch durch eine fünfte: die *Komik*. Bei ihr handelt es sich um eine zum Lachen reizende, harmlose Situation, hervorgerufen durch irgendeine Ungereimtheit, durch Mißverständnisse, durch den Gegensatz von Sein und Schein, durch Widersprüche, die plötzlich zutage treten. Die Absicht der Komik ist es, Gelächter hervorzurufen und zu unterhalten. Häufig kann die Komik mit der Tragik verschränkt sein, wie z.B. in Hallervordens „Kuh Elsa“.

Diese fünf Methoden können jeweils für sich eine Szene oder einen Sketch bestimmen oder aber in Verbindung miteinander wirken. So kann man Ottos „mündliche Führerscheinprüfung“ der Travestie oder

Parodie zurechnen, aber auch der Komik. Alle fünf Methoden besitzen etwas *Satirisches*: Sie wollen etwas angreifen, eine Person, eine Position, eine Meinung, ein Verhalten; sie zeigen ihren Angriffspunkt eingekleidet in einer Szene (Indirektheit) und beziehen sich auf eine Norm, die sie dem Angegriffenen indirekt oder direkt gegenüberstellen.

Als Mittel der Darstellung werden Wortwitz, Verfremdung, Sprachspielerei Schwarzer Humor, Ironie, Verzerrung, Herabsetzung, Über- und Untertreibung, Kontrast u. ä. verwendet. Ziel dieser Mittel ist es immer, die Zuschauer, Zuhörer oder Leser auf humorvolle Weise zu unterhalten, sie zugleich aber zu informieren, aufzuklären, zu belehren.

In der didaktischen Diskussion um dramatische Texte im Deutschunterricht sucht man Aussagen zu Volksstücken, Kabarett, Szene oder Sketch nahezu vergebens. Wenigstens am Rande werden sie bei Didaktikern wie Harro Müller-Michaels oder Karl Stocker erwähnt; dagegen hat z. B. Helmut Schwimmer ein eigenes Curriculum für die Einakter von Karl Valentin entwickelt.

Der günstige didaktische Ort dieser kurzen dramatischen Texte ist das Lesebuch, das ja aus ökonomischen Gründen, wenn es überhaupt dramatische Texte aufnehmen will, sonst nur zu einzelnen, aus Dramen herausgelösten Szenen greifen kann.

Die Vorteile der kurzen dramatischen Texte für das Lesebuch liegen vor allem in ihrer Kürze und Abgeschlossenheit. Aber auch ihre Unterhaltungsfunktion und ihr oftmaliger aktueller gesellschaftlicher Bezug lassen sie als Bereicherung des Lesebuchs erscheinen. Besonders in einem handlungsorientierten Dramenunterricht, wie ihn z. B. Harro Müller-Michaels vertritt, hat das kurze, in sich geschlossene dramatische Stück seinen Platz. Diesem didaktischen Ansatz geht es nicht nur um ein besseres Verständnis um die theatralische Realsituation oder die gesellschaftliche Tradition dramatischer Texte, sondern um die „Entfaltung selbstbestimmter, kenntnisreicher kultureller Handlungsfähigkeit" der Schüler, so daß Literatur, Geschichte, Gesellschaft und Publikum „dann nicht mehr nur Objekt, sondern Medium lernender Rezipienten" sind.

Die Schüler erleben Szene und Sketch nicht als abgehobene Literatur, sondern als einen unterhaltsamen, kritischen, auf eine Pointe hin entworfenen dialogischen oder monologischen Text, der seinen Sitz im Leben hat. An ihm können sie verschiedene Zugangsarten wie Erlesen mit verteilten Rollen, Erspielen und für eine Aufführung Vorbereiten, Inszenieren, Kritisieren und Umschreiben ausprobieren. Sie lernen an einem gut überschaubaren Text die Rollen von Schauspieler, Regisseur, Dramaturg, Rezensent und Autor kennen. Sie probieren die Aktionsformen von der Sinn-Gestaltung, der darstellerischen Gestaltung über den Text- und Spielentwurf bis zur Text-Deutung aus. Sie lernen schließlich das Rollensprechen, das Darstellen, das Regiebuch in seiner Funktion, das Selbstverfassen oder Umarbeiten von Texten, die Interpretation und die Rezension kennen und gehen aktiv damit um. Zugleich eröffnen Szene und Sketch einen Einblick in Kabarett, Show und Volkstheater mit ihren gegenwärtigen Vermarktungsformen durch Fernsehen, Hörfunk und Speichermedien.

Literatur

Denk, Rudolf: Spieltexte 8.–10. Schuljahr. Stuttgart 1985 (= Reclams Arbeitstexte für den Unterricht).

Geiger, Heinz; Haarmann, Hermann: Aspekte des Dramas. Opladen 1978.

Grömminger, Arnold: Spieltexte 2.–4. Schuljahr. Stuttgart 1981. (= Reclams Arbeitstexte für den Unterricht).

Grömminger, Arnold: Spieltexte 5.–7. Schuljahr. Stuttgart 1983. (= Reclams Arbeitstexte für den Unterricht).

Henningsen, Jürgen: Theorie des Kabaretts. Ratingen 1967.

Höllerer, Walter: Spiele in einem Akt. Nachwort: Warum dieses Buch gemacht worden ist. Frankfurt 1961.

Müller-Michaels, Harro: Dramatische Werke im Deutschunterricht. Stuttgart [2]1975.

Müller-Michaels, Harro: Drama. Praxis Deutsch (1978), H. 31.

Nayhauss, Hans Christoph Graf von: Von der Pantomime zum kleinen Stück. Bochum 1977.

Praxis Deutsch (1976), H. 20: Szenisches Spiel.

Praxis Deutsch (1986), H. 76: Szenisches Spielen – Spielprozesse.

Schwimmer, Helmut: Karl Valentin. Eine Analyse seines Werkes mit einem Curriculum und Modellen für den Deutschunterricht. München 1977.

Stocker, Karl: Dramatische Texte im Unterricht. In: Taschenbuch des Deutschunterrichts, Bd. 2. Lange, Günter; Neumann, Karl; Ziesenis, Werner (Hrsg.). Baltmannsweiler [4]1990.

Wilpert, Gero von: Sachwörterbuch der Literatur. Stuttgart [7]1989.

Günter Lange

Tagebuch

In der gegenwärtigen Literatur zeigt sich eine deutliche Tendenz zum Privaten und Subjektiven. In diesen Zusammenhang gehören auch die zahlreichen Veröffentlichungen von Tagebüchern und tagebuchähnlichen Aufzeichnungen. Diese Textart zählt zum traditionellen Bestand „nicht vergesellschafteter Äußerungsmöglichkeiten der Subjektivität“ (Graf) und findet relativ großes Leserinteresse. Trotz dieses Sachverhalts wird das Phänomen des Tagebuchs in der literaturwissenschaftlichen Forschung bisher wenig beachtet. Die Didaktik beginnt gerade, das Tagebuch als relevanten Gegenstand zu erkennen bzw. seine didaktische Dimension wiederzuentdecken.

Das Tagebuch als Textart nach festen Merkmalen bestimmen zu wollen verbietet sich sowohl aufgrund der Offenheit seiner Inhalte wie seiner Form. Eine Umschreibung lautet: „So enthält ein Tagebuch vornehmlich Aufzeichnungen eines einzelnen Schreibers über Dinge, die er im Laufe eines Tages mit eigenen Augen beobachtete oder die ihn innerlich beschäftigten. Private Erlebnisse oder öffentliche Vorfälle, Gedanken oder Empfindungen, nahezu alle menschlichen Tätigkeiten oder Erfahrungen bieten sich gleicherweise zur täglichen Fixierung an“ (Boerner). Immerhin lassen sich aus dieser Charakterisierung einige allgemeine Kriterien ableiten, die für den Schreiber eines Tagesbuchs von funktionaler Bedeutung sind: der datierte Einzelaufschrieb, die Stoffauswahl (es wird sich immer nur um bestimmte Erfahrungen usw.

handeln, die im Tagebuch ihren Niederschlag finden), die Aktualität, der autobiographische Bezug, der Sammelcharakter, der Wunsch nach Regelmäßigkeit.

Man hat versucht, das Tagebuch von anderen Formen des privaten Schreibens abzugrenzen, insbesondere vom Brief und der Autobiographie. Der Unterschied zwischen Tagebuch und Brief ergibt sich demnach aus der Präsenz des Gegenüber. Während das Tagebuch für den Schreiber selbst bestimmt ist, richtet sich der Brief an ein Du. Der Unterschied zwischen Tagebuch und Autobiographie resultiert aus dem jeweiligen Stellenwert von Aktualität und Distanz. Während der Tagebuchschreiber unter dem unmittelbaren Eindruck dessen steht, was er erfahren und gedacht hat, überschaut der Autobiograph die Fakten seines Lebens in ihrer zeitlichen Entwicklung.

Aber die Übergänge sind fließend. Tagebücher zeigen immer wieder die Tendenz zu breiter rückschauender Selbstdarstellung, weil der Schreiber letztlich um eine artikulierte Auffassung seiner selbst bemüht ist. Andererseits hat der Tagebuchaufschrieb sehr oft Briefcharakter: Der Schreiber wendet sich im Briefstil an sein Tagebuch. Das Tagebuch enthält nicht abgeschickte oder nicht tatsächlich zum Absenden bestimmte Briefe. Aus Briefen, die ursprünglich vielleicht abgeschickt werden sollten, entwickelt sich das Tagebuch. Das Tagebuch enthält fiktive Briefe an sich selbst.

Diesem Befund entspricht eine Äußerung Elias Canettis über das Tagebuchschreiben. Nachdem er einerseits den „konsequent dialogischen Charakter“ des Selbstgesprächs im Tagebuch hervorgehoben hat, formuliert er andererseits: „Im Tagebuch spricht man nicht nur zu sich selbst, man spricht auch zu anderen. Alle die Gespräche, die man in der Wirklichkeit nie zu Ende führen kann, weil sie in Gewalttätigkeiten enden würden, alle die absoluten, schonungslosen, vernichtenden Worte, die man anderen oft zu sagen hätte, schlagen sich hier nieder.“

Versuche einer Systematisierung von Tagebüchern gelten entweder der Funktion oder richten sich nach speziellen Gegenstandsbereichen. Man unterscheidet etwa zwischen dem Notiztagebuch (in dem lediglich Fakten festgehalten werden), dem Reflexionstagebuch (in dem Ereignisse und Probleme allgemeineren Charakters bedacht werden) und dem existentiellen Tagebuch (das ganz auf das schreibende Ich konzentriert ist). Im Hinblick auf spezielle Gegenstandsbereiche werden z. B. das politische, das wissenschaftliche, das religiöse, das Lektüretagebuch voneinander abgehoben. Von besonderer didaktischer Bedeutung ist die Unterscheidung zwischen dem privaten Tagebuch, vor allem dem Tagebuch Jugendlicher, und dem literarischen Tagebuch, das Anspruch auf ästhetische Gestaltung erhebt und zur Veröffentlichung tendiert.

Die grundlegenden *Funktionen* des Tagebuchs oder des Tagebuchschreibens lassen sich idealtypisch mit den Kategorien „Erinnerung“ auf der einen Seite und „Entlastung“ und „Spiegelung“ auf der anderen erfassen. Im einen Fall will der Verfasser sein Gedächtnis entlasten und etwas aufbewahren; im anderen sucht er, geradezu mit umgekehrten Vorzeichen, nach Befreiung von momentanen Spannungen. Im Tagebuch findet er einen heimlichen Partner, der ihm bei der Klärung seiner Probleme helfen kann; das Tagebuch wird zum Spiegel seiner selbst.

Das sogenannte Erinnerungsjournal, das seinen historischen Ursprung wohl in der Praxis der Haushaltungs- und Geschäftsjournale der frühen Neuzeit hat, ist vornehmlich auf die Fakten des äußeren Lebens gerichtet. Als Erinnerungsjournale dieser Art sind auch Goethes Tagebücher aus der zweiten Hälfte seines Lebens zu bezeichnen, in denen er seine vielfältigen Beschäftigungen stichwortartig vermerkte: seine Lektüre, eingegangene und abgesandte Briefe, Gesprächsgegenstände, naturwissenschaftliche Studien, Gesellschaften, Theaterbesuche usw.

Dem Tagebuch im engeren Sinn, das Medium eines geistigen Dialogs und Mittel der Selbsterfahrung ist, gelten die weiteren Ausführungen.

Werner Graf spricht die Funktionen des Tagebuchschreibens zunächst in der folgenden Reihe an:

- Im Tagebuch werden Gedanken, Empfinden, Wissen lokalisiert. Zum Phänomen der Lokalisierung gehört auch der – geheime – Schreibort.
- Das Tagebuch ist ein Forum der Opposition, zumal der Jugendlichen gegen die Welt der Erwachsenen.
- Es eröffnet einen Weg, den Prozeß des Sichselbstbewußtwerdens – heimlich – zu betreiben.
- Es bietet den Freiraum, eigene Interpretationsansätze der Welt geschützt zu sammeln und auszubauen.
- Aber auch Übereinstimmung und Harmonie können das abgeschirmte Tagebuch notwendig machen.

Das bedeutet: Das Tagebuch ist „nicht nur Ort der Subjektivität, nicht nur Medium der Reflexion oder Mittel, Emotionen zu agieren“, es ist „eine Sammlung gelebten Lebens“, „Teil und Vergegenständlichung des Autors“.

Diese Wesensbestimmung verfolgt Graf weiter unter Aspekten wie „Trost“, „kleines Glück“, „Vervollständigung“, „Utopie“ und „literarische Erfahrung“ und kommt so zu einer Funktionsbeschreibung, die sich geradezu als didaktisches Programm lesen läßt.

Luise Rinsers Gefängnistagebuch ist ein eindringliches Beispiel dafür, wie privates Schreiben wirklichen Trost spenden kann, mehr noch, es bedeutete für sie Selbstbehauptung und hatte unmittelbare Überlebensfunktion. Graf nennt die Gefängnissituation eine paradigmatische Tagebuchsituation. Zumal im Hinblick auf die Aufzeichnungen zahlreicher Jugendlicher dürfte die krasse Charakterisierung nicht verfehlt sein. Karin Q. z. B. („Wahnsinn, das ganze Leben ist Wahnsinn“. Ein Schülertagebuch) ist sowohl eine Gefangene ihrer Familie wie ihres Alters und ihres Geschlechts.

Wie das Tagebuch Distanz vermittelt zur Realität, die zu nahe geht, so kann es auch näher heranholen, was sich in der Wirklichkeit entzieht. „Die Erregung, die zum Schreiben nötigt, geht von einem angefangenen Erlebnis aus, das im Tagebuch fortgesetzt wird, weil es in Wirklichkeit nicht weiter geht.“ So gewährt das Schreiben eines Tagebuchs – durch Sublimierung und ästhetische Erfahrung – ein kleines Glück.

Um das Prinzip zu erfassen, nach dem Wirklichkeit ins Tagebuch hineinkommt, muß man davon ausgehen, daß die Wirklichkeit immer etwas Unwirkliches hat, und die erlebte Realität als unvollständig begreifen. Auf Defizite seiner Wirklichkeit reagiert unermüdlich der Tagebuchschreiber, „als ob er sie ausgleichen oder beheben könnte, als ob er die Welt vervollständigen könnte".

Der Tagebuchschreiber, der so auf Vervollständigung aus ist, hat sich in einen Erfahrungsprozeß eingelassen, der ihn und seine Sicht der Außenwelt verändert. Insofern stärkt das Tagebuch „eine scheinbare zweite Wirklichkeit, eine ästhetische Utopie, die die faktische Realität Lügen straft".

Daß der Verfasser eines Tagebuchs schreibend auf sich und seine Welt zugeht, vermittelt in zweifacher Weise *literarische Erfahrung*. Er erkennt, daß die Realität und die Vorstellung, daß Alltagswirklichkeit und Schreibentwurf wechselseitig aufeinander bezogen sind. Da seine Orientierungssuche als sprachlicher Prozeß stattfindet, erprobt er unterschiedliche Formen des Schreibens; Tagebuchschreiben führt ganz praktisch zur Erweiterung der individuellen Schriftsprache und bereitet so literarische Sprachwahrnehmung vor.

An den Funktionen des Tagebuchschreibens läßt sich ablesen, daß eine besondere Affinität zwischen dem Tagebuch als Medium der Orientierung und Erkenntnis und der Sinn- und Wegsuche Jugendlicher besteht. So sollte nicht überraschen, daß mehr Heranwachsende, als man anzunehmen geneigt ist, ein Tagebuch führen. Das *Adoleszententagebuch* kann mit Recht als elementare Erscheinungsform der Textart bezeichnet werden.

Das Tagebuch ist der Ort, an dem die Jugendlichen sanktionsfrei ihre Lebensvorstellungen entwickeln, ihre Erfahrungen mit der Realität verarbeiten, ihre Verletzungen und Enttäuschungen wie ihre Glückserlebnisse ansprechen können. Im Tagebuch fragen sie nach dem Sinn des Lebens und der Welt, schreibend sind sie auf der Suche nach sich selbst. Das Tagebuch kann einen wesentlichen Beitrag zur Ichfindung des Jugendlichen leisten. „Tagebuchschreiben erscheint als ein vorzüglich geeignetes handlungsbegleitendes, -reflektierendes und -vorbereitendes Medium der Identitätssuche." (Heuser)

Das Adoleszententagebuch der zwanziger Jahre und zu Beginn dieses Jahrhunderts, das, durch Schule und Elternhaus gefördert, eine breite Tradition hatte, beschrieb Bernfeld als „bedeutsames kulturpsychologisches Problem", nämlich der Vermittlung individueller Bedürfnisse des Jugendlichen mit den Formen der Kultur seiner Zeit. Tagebuchschreiben war inhaltlich und formal ein Prozeß der Anpassung an die gesellschaftlichen Normen und an literarische Vorbilder. Beides kann für Tagebücher heutiger Jugendlicher nicht mehr angenommen werden. An die Stelle der Anpassung sind Widerspruch und Opposition getreten, und die Jugendlichen folgen nicht einem vorgeformten „literarischen Brauch", sondern erproben Möglichkeiten des Schreibens, indem sie die unterschiedlichsten Stilelemente wie auch ihre Alltagssprache nutzen.

Das *literarische Tagebuch* ist insofern mit dem Adoleszententagebuch vergleichbar, als auch hier, allerdings in einer anderen ästhetischen Dimension, die Subjektivität der Äußerungen letztlich um existentielle Fragen kreist. Das literarische Tagebuch ist das Tagebuch des Schriftstellers, das sein Leben und Schaffen begleitet und nicht selten zur Werkstatt des Autors wird.

Sein Tagebuch fungiert als Speicher von

Einfällen, Reflexionen und Stimmungsbildern und dient zur Vorbereitung und Ausarbeitung künftiger Werke. So betrachtet Marie Luise Kaschnitz ihr Tagebuch als Instrument der schriftstellerischen Arbeit; was im Tagebuch fragmentarisch stehe, könne noch einmal eine andere Gestalt annehmen, „im Roman, in der kurzen Prosa der Geschichte, im Dialog des Hörspiels oder in Geschichten wiederkehren". Für Musil war das Tagebuch der Platz, wo er an seinen Einfällen feilen konnte. Max Frischs Tagebücher präsentieren sich als ein komponiertes Mosaik von biographischen Erfahrungen, allgemeinen Reflexionen und literarischen Skizzen, die in einigen prägnanten Fällen zum Kern seiner Romane, Hörspiele und Theaterstücke wurden („Stiller", „Biedermann und die Brandstifter", „Andorra").

Die *Geschichte des Tagebuchs* beginnt mit den privaten Chroniken von Kaufherren und Gelehrten im Zeitalter der Renaissance und des Humanismus. Diese Tagebücher entwickeln sich aus den Gebrauchsformen der Haushaltungs- und Geschäftsjournale. Die Aufzeichnungen sind völlig dem Objekt zugewandt. Das Tagebuch hatte die Funktion der Zeitung, der „zitunge", worin „Neuigkeiten" festgehalten wurden – das französische Wort „Journal", das sowohl für die Bezeichnung von Tagebuch wie Zeitung gebraucht wird, verweist auf diesen Zusammenhang.

Später erweitert sich die Auswahl der Aufzeichnungen um eine neue Dimension, um die auf das eigene Leben bezogenen „Zeitungen". Impulse gingen zunächst von individuellen Reisen aus, es entstanden zahlreiche Reisetagebücher. Einen deutlichen Höhepunkt des Tagebuchschreibens brachten der Pietismus und die Empfindsamkeitsbewegung des 18. Jahrhunderts. Die Aufzeichnungen hatten den Charakter der moralischen Rechtfertigung und des Tugendregisters und wurden schließlich zum Medium konsequenter Selbstreflexion, die der Geheimhaltung unterworfen war. Als exemplarisches Beispiel dafür gilt Lavaters „Geheimes Tagebuch von einem Beobachter seiner selbst" aus dem Jahr 1769.

Inmitten dieser sentimentalen Tagebuchkultur finden sich dann schon ganz unabhängige Formen, sich täglich Rechenschaft abzulegen: bei Hamann, Herder und Goethe. In Goethes Tagebüchern seiner ersten zehn Weimarer Jahre zeigt sich ein Mensch, der in dauerndem Ringen mit sich selbst die Maßstäbe seines Denkens und Handelns formte. Die Aufzeichnungen dieser Autoren markieren den „Beginn der modernen Tagebuchliteratur in deutscher Sprache" (Grenzmann).

Während das Interesse für das Tagebuch zu Beginn des 19. Jahrhunderts in Deutschland nachließ, bildete sich in Frankreich eine neue Form mit weitreichender Wirkung heraus, das „Journal intime". Der Tagebuchschreiber konzentrierte sich dort fast ausschießlich auf das Wohl und Wehe der eigenen Psyche, oft steigerte sich das Interesse am eigenen Seelenleben in selbstquälerische Askese und schonungslose Exhibition.

Die Expansion des (veröffentlichten) Tagebuchs zu Ende des 19. und im 20. Jahrhundert geht sowohl auf das zunehmende Interesse an psychischen Vorgängen wie auf die Emanzipation der Tagebuchform als literarisches Medium zurück.

Diese Literarisierung des Tagebuchs beginnt bei Defoe und Richardson, englischen Erzählern, die einen großen Einfluß auf die deutsche Literatur ausübten, mit fiktiven Tagebucheinlagen im erzählerischen Werk. Seit Raabes „Chronik der Sperlingsgasse" gibt es den Roman, in dem die Fiktion eines Tagebuchs vom Anfang bis zum Ende aufrechterhalten wird. Spätere Beispiele sind Rilkes „Aufzeichnungen des Malte Laurids Brigge", Bernanos' „Tagebuch eines Landpfarrers", Frischs „Stiller". Eine andere Entwicklungslinie der Literarisierung zeigt sich darin, daß Charakteristika des modernen Tagebuchs – Sachlichkeit, Mangel an Pathos, Augenblicksgebundenheit und im ganzen die Tendenz zum Fragmentarischen – zu Strukturelementen der zeitgenössischen Literatur werden. Indem sich poetische Strukturen auflösen, um „die schönen Täuschungen der kausalen Verknüpfung" und „der fortlaufenden Erzählung" aufzubrechen (Horst Rüdiger), nimmt die Literatur als Ganzes gewissermaßen tagebuchartige Züge an.

Aspekte einer *Didaktik des Tagesbuch* sind in historischer Sicht und im Zusammenhang mit neueren Tendenzen des Deutschunterrichts zu sehen.

Schon zu Beginn des 20. Jahrhunderts bekundete die Psychologie ihr Interesse an Tagebüchern von Jugendlichen. 1925 und 1927 gab Charlotte Bühler „Zwei Knabentagebücher" und „Zwei Mädchentagebücher" mit Einleitungen über die Bedeutung des Tagebuchs für die Jugendpsychologie heraus. Sie formulierte die Affinität zwischen Reifungsalter und Tagebuchschreiben; das Tagebuch Jugendlicher determiniere das Bedürfnis, sich mit sich selbst auszusprechen. Diesen Ansatz Bühlers hielt Bernfeld für zu eng. Er verfuhr deshalb interdisziplinär, indem er in seinen „Kulturpsychologischen Studien an Tagebüchern" (1931) von der Frage ausging, was die jeweiligen Jugendlichen veranlasse, den „kulturellen Brauch Tagebuch" für sich anzunehmen. Psychologische und literaturpädagogische Fragestellungen sind nun aufeinander bezogen.

Das damalige Interesse der Wissenschaft am Tagebuch Jugendlicher korrespondiert mit der starken Ausbreitung des privaten Tagebuchschreibens seit der Jahrhundertwende, die wiederum auf die Praxis zurückzuführen ist, daß in die Lesebücher für die Oberklassen der Gymnasien zahlreiche Auszüge aus Tagebüchern vom Typ des Journal intime aufgenommen wurden. Diese Texte, als Muster des antiken Erkenne-dich-selbst gepriesen, fungierten lange Zeit als inhaltliche und formale Vorbilder des Adoleszententagebuchs. Zumal über Bernfeld, dessen Buch 1978 im Nachdruck erschien, hat die gegenwärtige Didaktik das Tagebuch als Forschungsgegenstand wiederentdeckt. Die Analyse und Deutung heutiger Adoleszententagebücher erfolgt unter Berufung auf die psychologischen Veröffentlichungen der zwanziger und dreißiger Jahre und in kritischer Auseinandersetzung mit ihnen.

Die neuerliche Hinwendung zum Tagebuch steht in direktem Zusammenhang mit derzeitigen didaktischen Zielvorstellungen, wie sie sich etwa in den Formulierungen „Subjektivität im Deutschunterricht" und „produktionsorientiertes Lesen / Lernen" niederschlagen. Darin folgt die Fachdidaktik ebenso der Tendenz zum Subjektiven und Privaten in neueren literarischen Publikationen wie den allgemeinen pädagogischen Maximen eines schülerzentrierten Unterrichts. „Subjektives Schreiben“ wird zu einem zentralen didaktischen Postulat, „Identitätsgewinnung als Aspekt des Aufsatzunterrichts“ (Spinner) zur Alternative der kommunikativen Aufsatzdidaktik. Schülertexte sollen zum Gegenstand des Literaturunterrichts werden, und Tagebücher könnten „eine Art zweiter Schreibkultur neben der offiziellen des Aufsatzunterrichts“ darstellen – allerdings nur dann, wenn für Tagebuchaufzeichnungen Freiräume des Unterrichts bereitstehen, so daß die entstehenden Texte nicht wieder schulisch vereinnahmt werden (Heuser).

Eine explizite Didaktik des Tagebuchs wäre erst noch zu entwickeln. Aus den Ausführungen dieses Artikels lassen sich folgende richtungsweisende *Intentionen* ableiten, die in engem Wechselbezug gesehen werden müssen:

- ▷ Die Schüler sollten private Tagebuchaufzeichnungen, und zwar von Jugendlichen und Autoren, kennenlernen und ihre vielfältigen Funktionen erkennen.
- ▷ Sie sollten das Tagebuch als literarisches Phänomen und Formelemente des Tagebuchs in der Literatur sehen und verstehen lernen.
- ▷ Sie sollten dazu angeregt werden, selbst Tagebuch zu schreiben, und die Gelegenheit haben, das Tagebuch als eine besondere Möglichkeit der Selbstaussage und Selbstfindung zu erfahren – was auch eine Entscheidung gegen das eigene Tagebuch einschließt.

Literatur

Bernfeld, Siegfried: Trieb und Tradition im Jugendalter. Kulturpsychologische Studien an Tagebüchern. Leipzig 1931, Reprint Frankfurt am Main 1978.

Boerner, Peter: Tagebuch. Stuttgart 1969.

Graf, Werner: Literarisches Gedächtnis. Das Tagebuch als Medium der literarischen Sozialisation. Literatur & Erfahrung (1982), H. 8/9.

Heuser, Magdalene: Tagebuchschreiben und Adoleszenz. Diskussion Deutsch (1982), H. 68.

Hocke, Gustav René: Europäische Tagebücher aus vier Jahrhunderten. Motive und Anthologie. Wiesbaden 1978.

Schreiben für sich und über sich. Praxis Deutsch (1977), H. 26.

Schülertexte als Unterrichtstexte. Praxis Deutsch (1981), H. 45.

Schultz, Uwe (Hrsg.): Das Tagebuch und der moderne Autor. München 1965.

Spinner, Kaspar H.: Identitätsgewinnung als Aspekt des Aufsatzunterrichts. In: Identität und Deutschunterricht. Spinner, Kaspar H. (Hrsg.). Göttingen 1980.

Tagebücher. Literatur & Erfahrung (1982), H. 8/9.

Werner Ziesenis

Utopie

Das Wort „Utopie“ leitet sich aus dem Griechischen ab, ist aber im klassischen Griechisch nicht belegt: „u“ steht im Griechischen für die Verneinung, „topos“ für „Ort“, „Land“. Die Kombination „Utopie“ bedeutet also „Nicht-Ort“, „Nirgendland“. Dieses griechische Kunstwort taucht zum erstenmal im Titel von Thomas Morus' Roman „Utopia“ auf und ist seitdem gebräuchlich geworden für alle literarischen Entwürfe einer anderen Welt, eines idealen Staates, einer idealen Gesellschaft. Heute bezeichnet dieser Begriff aber nicht mehr nur die Entwürfe des Ideals, sondern zugleich die eines Schreck- oder Warnbildes. Für diese negativen Utopien sind die Begriffe „Anti-Utopie“ oder „Dystopie“ üblich geworden.

Merkmale der Utopien sind ihre Idealität (im positiven wie im negativen Sinn), ihr Entwurf- und Modellcharakter, ihre Fiktivität. Es gehört zum Kennzeichnen dieser Literatur, daß die Autoren versuchen, ihre Leser von der Realität, von der tatsächlichen Existenz ihrer Utopie zu überzeugen. Deswegen benennen sie Gewährsleute, berufen sich auf Quellen und Überlieferungen, bisweilen auf ihre eigene Anschauung. Ein anderer Wahrheitsbeleg ist in der realitätsgetreuen Schilderung zu sehen. Auch das Präteritum als Erzähltempus – selbst für Utopien der Zukunft – unterstützt diesen Eindruck.

Die utopischen Staaten werden grundsätzlich in räumlicher oder zeitlicher Ferne angesiedelt; bisweilen werden beide Komponenten miteinander verbunden. Der ideale Staat muß dem Lebens- und Erfahrungsraum des Lesers entzogen sein, wenn er überzeugend wirken soll. Der räumliche oder zeitliche Abstand kommt zudem der Glaubwürdigkeit zugute. Bis ins 19. Jahrhundert siedelten die Autoren ihre utopischen Staaten überwiegend auf weit entfernten Inseln an, auf die sie selbst oder ihre Gewährsleute verschlagen wurden. Die Lage der Inselstaaten wird von den Autoren so gewählt, daß sie von der bekannten Welt aus nicht erreichbar sind; zudem leben die Inselbewohner in einer meist gewollten Isolation. Solange die Weltmeere noch wenig befahren und die Kontinente noch wenig erforscht waren, reichte die geographische Ferne als Distanzierungsmittel aus; seitdem aber gewann die zeitliche Distanz mehr und mehr an Bedeutung. Als eine andere überzeugende Distanzierungsmöglichkeit bot sich den Autoren der Weltraum an: der Mond, die weiter entfernten Planeten, schließlich andere Sonnensysteme.

Ferne zum Lebens- und Erfahrungsraum des Lesers ist aber nur ein Grund für die raum-zeitliche Distanz; damit verbindet sich zugleich die Absicht, zu verfremden und über die Verfremdung den Leser zum Nachdenken über den idealen Staat zu bringen. Denn die literarische Utopie hat immer auch eine lehrhafte Intention. Die Autoren wollen nicht einfach ein Idealbild entwerfen, sondern das Idealbild soll zum Vorbild, im Fall der Anti-Utopie zum Warnbild für den Leser werden. Der ideale Staat besitzt folglich einen konkreten

Bezug zur Realität des Lesers; er ist quasi ihr Spiegelbild. Anhand des Modells wird der Leser zum Vergleichen herausgefordert; kritische Seiten oder negative Entwicklungen seines Staates und seiner Gesellschaft sollen ihm bewußt werden. Zugleich ergeht an ihn die Aufforderung, seine Welt im Sinn der Utopie oder entgegen dem anti-utopischen Modell zu verändern.

Ihre didaktische Intention verdeutlichen die Autoren oft durch direkte Hinweise; bisweilen ergibt sie sich aber auch zwingend aus der Parallelität von literarischem Modell und Gegenwart des Autors und Lesers. Zur Verstärkung ihrer didaktischen Absicht und als Erkenntnishilfe für den Leser verwenden Autoren gern die erzählerischen Mittel der Über- und Untertreibung, der Satire, Ironie oder Parodie.

Die literarische Utopie besitzt eine relativ starre Typologie, da es ihr stets um die Beschreibung einer idealen Staats- oder Gesellschaftsform geht. Deshalb tritt – vor allem bei älteren Texten – die Fiktionalität oft zugunsten der Deskription zurück. Die Anti-Utopien des 20. Jahrhunderts verfahren hier allerdings anders: Sie verknüpfen sehr bewußt das fiktionale Erleben eines Helden mit der Darstellung von Staat und Gesellschaft. Die Konstituenten, auf die die Autoren in ihren Utopien besonderen Wert legen, hat Biesterfeld herausgearbeitet:

(1) die geographische Lage und die natürlichen Voraussetzungen,
(2) die Kontakte zur Außenwelt (Autarkie, Handel, Abgrenzung),
(3) die politische Organisation (Demokratie, Oligarchie, Diktatur),
(4) die Form des Familienlebens und die Moralauffassungen,
(5) die Erziehungskonzepte,
(6) die Arbeitsverhältnisse,
(7) die Bedeutung und Funktion der Wissenschaften,
(8) das Alltagsleben und die Kommunikationsbedingungen und
(9) die Bedeutung von Sprache, Kunst und Religion.

Hinsichtlich der Bedeutung dieser Konstituenten setzen die einzelnen Autoren allerdings ihre individuellen und historisch bedingten Akzente, denn die Utopien sind deutliche Spiegelbilder ihrer jeweiligen Entstehungszeit und damit der Vorstellungen, Einstellungen, Wünsche und Ängste ihrer Menschen.

Nicht ganz leicht fällt in der literaturwissenschaftlichen Forschung die Abgrenzung von Utopie und Science-fiction, die oft als „naturwissenschaftlich-technische Utopie" (Gero von Wilpert) bezeichnet wird. Auch der aus dem Russischen entlehnte Begriff der „Wissenschaftlichen Fantastik" findet bisweilen Verwendung. Allerdings läßt sich sagen, daß die Science-fiction-Literatur (vgl. den Textartenartikel) ihren Akzent deutlich auf Naturwissenschaft und Technik und deren Prognostik legt und weniger die Absicht verfolgt, Staats- und Gesellschaftsentwürfe zu liefern. Zudem steht in der Science-fiction-Literatur das spannende, abenteuerliche Geschehen deutlich im Vordergrund, deshalb die Adaptionen von Zügen der Heldenromane, Krimis, Liebesromane, Abenteuer- und Kriegsliteratur. Bei ihr überwiegt also das Fiktionale im Vergleich zum Deskriptiven der Utopie. Trotz dieser Akzentuierung sind aber die Grenzen zwischen beiden Textarten nicht scharf zu ziehen und die Übergänge fließend. Das wird bei der Betrachtung konkreter Beispiele deutlich. So ordnen die meisten Literaturwissenschaftler die modernen Anti-Utopien von Samjatin, Huxley und Orwell sowohl der Utopie wie der Science-fiction zu: Es sind Staats- und Gesellschaftsentwürfe, aber sie handeln ganz konkret von naturwissenschaftlich-technischer Zukunft.

Weit älter als der Begriff „Utopie" ist die Geschichte dieser Textart. Frühe Verkörperungen dessen, was wir als Utopie bezeichnen können, finden sich schon im Mythos und im Märchen, in den wunderbaren Reiseberichten über fremde Länder, außergewöhnliche Städte und Landschaften und andersartige Gesellschaften. Derartig Utopisches zeigt sich in der „Odyssee", im „Herzog Ernst", im „Tannhäuser", in religiösen Vorstellungen von Paradies und Jenseits oder in dem bekannten Märchen vom „Schlaraffenland".

Die ersten rational durchgeformten Utopien gibt es schon in der Antike: Platon schildert seine Vorstellungen von einem idealen Staat in der „Politeia", den „Nomoi" und im „Kritias". Die Entwicklungslinien laufen über Aristoteles, Lukian, Augustin bis hin in die Neuzeit. Am bedeutungsvollsten und folgenreichsten ist wohl der Roman „Utopia" (1516) von Thomas Morus gewesen. Er gab dieser Textart ihren Namen. Er steht am Beginn der Neuzeit, spiegelt die Gelehrsamkeit des Humanismus und die sich langsam vollziehende Loslösung des Menschen aus der Vormundschaft der Kirche wider. Morus übt in seinem Roman deutlich Kritik an den Mißständen in Staat und Gesellschaft seiner Zeit, vor allem Englands. Seinem Beispiel folgen die bekannten Utopien von Campanella „Civitas Solis" („Der Sonnenstaat" – 1602–23), von Francis Bacon „Nova Atlantis" (1624), von Cyrano de Bergerac und vielen anderen: Staatsentwürfe, Modelle, Kritiken, Satiren.

Das 18. Jahrhundert bringt zahlreiche Utopien und viele neue Formen hervor. Das Zeitalter der Aufklärung begünstigt diese Literatur, in der Autoren rational an die Probleme ihrer Zeit herangehen können. Als besondere Formen können Daniel Defoes „Robinson" (1719, deutsch 1720), Jonathan Swift „Gullivers Reisen" (1726) und Gottfried Schnabels „Insel Felsenburg" (1731–43) gelten, die als phantastische Reiseberichte eine außerordentliche Wirkung erzielten und vielfältige Nachahmer fanden: Inseldasein, religiöse Belehrung und Bekehrung, Zurück zur Natur, Kulturkritik und -pessimismus, Leben unter neuen Gesetzen und in neuen Formen, bürgerliche Tugenden, der edle Wilde, Entwicklung geistiger Eliten und Gelehrtenrepubliken sind Themen von Utopien dieser Zeit.

Die utopische Literatur des 19. Jahrhunderts bewegt sich in größeren Dimensionen; immer stärker wird die Hinwendung zu wirtschaftlichen und sozialen Problemen. An die Stelle literarischer Texte treten häufiger nüchterne politische Programme (Marx, Engels), an die Stelle des einzelnen oder der kleinen überschaubaren Gruppe treten Angehörige sozialer Schichten, die Bevölkerung ganzer Staaten oder der Welt (Biesterfeld). Da die Erde immer mehr erforscht wird, müssen die Autoren ihre Utopien in ferne Zeiten verlegen: in die Zukunft oder die Vergangenheit. Durch diese historische Sichtweise wie durch die Entwicklung der Geschichts- und Sozialwissenschaften werden mehr und mehr geschichtsphilosophische, gesellschaftspolitische und soziale Fragestellungen zu Themen der Utopie.

Als Kind des wissenschaftlichen Optimismus und des Glaubens an die Segnungen des Fortschritts entsteht in der zweiten Hälfte des 19. Jahrhunderts die Science-fiction-Literatur, als deren Urväter Jules Verne, H. G. Wells und Kurd Laßwitz gelten. In ihren Werken überschneiden sich die Züge der Utopie und die der Science-fiction, so z. B. in Wells' Roman „Die Zeitmaschine“ (1895). In seinem Roman „Die ersten Menschen auf dem Mond“ (1901) zeichnet Wells das erste bedrückende Bild eines totalitären Staates. In seinem Werk gerät der naturwissenschaftliche und technische Optimismus des 19. Jahrhunderts erstmals ins Stocken. In seiner Nachfolge stehen die großen Anti-Utopien des 20. Jahrhunderts: Der Russe Samjatin schreibt 1920 seinen Roman „Wir“, Aldous Huxley seine „Schöne neue Welt“ (1932) und schließlich 1949 George Orwell seinen Roman „1984“: Totalitäre Herrschaft, Manipulation der Menschen, Mißbrauch des wissenschaftlichen Fortschritts und der wissenschaftlichen Erkenntnisse sind die Kennzeichen dieser Literatur; Warnung vor zukünftigen Entwicklungen ist ihre Intention. Die Zeit der großen Staatsutopien ist vorbei. Pessimismus, Kulturkritik und Zukunftsangst bestimmen die Utopien unseres Jahrhunderts. Eine Ausnahme bildet scheinbar Hermann Hesses „Glasperlenspiel“ (1943), die Darstellung einer Pädagogischen Provinz, einer Gelehrtenrepublik, ein Roman, der in seiner Entstehung und möglichen Wirkung als Flucht vor der Realität und aus der Realität gelesen werden kann. In dem Tod Joseph Knechts, des „Magister Ludi“, zeigt sich aber auch Kultur- und Epochenkritik, zeigt sich das Scheitern dieses Modells.

Zu der Gruppe von Utopien, die das Scheitern ihrer Ideen aufzeigen, gehören ebenfalls Franz Werfels „Stern der Ungeborenen“ (1946) und Ernst Jüngers „Heliopolis“ (1949). Mehr denn je sind nach dem Zweiten Weltkrieg die Furcht vor der Zerstörung der gesamten Welt, der Vernichtung der Natur und die Angst vor einer atomaren Katastrophe gewachsen. Die Utopien der Gegenwart können daher keine positiven mehr sein, sondern nur noch Anti-Utopien.

Eine *Didaktik der Utopie* gibt es bisher nicht; lediglich einige Ansätze sind vorhanden. Das hängt einmal mit der fachwissenschaftlichen Forschung zur Utopie zusammen, die erst in den siebziger Jahren deutlichere Konturen annimmt; das hat seinen Grund zum anderen darin, daß Utopien kaum zur Lektüre der Schüler gehören und deswegen nur selten im Literaturunterricht behandelt werden. Die bekannten Anti-Utopien des 20. Jahrhunderts bilden hier allerdings eine Ausnahme ebenso wie die Science-fiction-Literatur, die – vor allem in ihren trivialen Formen – sogar zur bevorzugten Freizeitlektüre der Schüler gehört. Aufgrund der Nähe von Utopie und Science-fiction können einige Argumente ihrer Didaktik im Rahmen einer Didaktik der Utopie durchaus Verwendung finden.

Die Utopie ist immer didaktische Literatur; ihre Autoren wollen dem Leser etwas zeigen und ihn zum Nachdenken anregen. Utopische Modelle sind Verfremdungen im Sinne Brechts; die Staats- und Gesellschaftsentwürfe sind in geographische oder historische Ferne gerückt, um die Wirkung zu erhöhen, um durch den Abstand die emotionale Betroffenheit des Lesers zu verringern und so nüchterne Reflexion möglich zu machen. Mit Hilfe von Leseanweisungen lernt der Leser, das Utopische Modell auf seine Zeit zu beziehen und über den eigenen Staat, die eigene Gesellschaft und sich selbst nachzudenken. Hierbei bleibt aber die Utopie nicht stehen; oft fordert sie sogar das aktive Handeln des Lesers heraus: Er soll seine am Modell gewonnenen Einsichten konkret in seiner Wirklichkeit umsetzen, er soll verändern, er soll Alternativen entwickeln.

Ein weiteres didaktisches Moment ist darin zu sehen, daß der Leser in der Utopie mit möglichen alternativen Gesellschaftsmodellen konfrontiert wird – seien sie nun positiv als Ideal oder negativ als Warnbilder gemeint. Der Leser erfährt so, daß Wirklichkeit, wie sie ist, nicht notwendigerweise so sein muß, sondern anders denkbar und damit veränderbar ist. Durch die utopischen Modelle wird der Leser für Fragen seiner Gegenwart sensibilisiert; er lernt seinen „Möglichkeitssinn" (Musil) zu entwickeln; er lernt, sich seiner Phantasie zu bedienen, um Staat und Gesellschaft zu verändern. Insofern ist diese Literatur eine im höchsten Grad politische Literatur.

Spuren des utopischen Denkens sind auch in anderen Textarten vorhanden, und die Schüler haben sie schon in Märchen, Lügengeschichten und -gedichten sowie Sprachspielen erfahren. Deren didaktische Intention ist es, bei den Schülern die Fähigkeit zu entwickeln, in der Phantasie und mit Hilfe der Literatur die Grenzen der Realität, die Grenzen von Raum und Zeit zu überwinden. Diese Intentionen sollen mit Hilfe der utopischen Literatur weiter verfolgt und auf einer höheren Stufe differenziert werden: das spielerische, humorvolle, auch satirische und parodistische Umgehen mit der Realität, mit gesellschaftlichen und staatlichen Formen und Normen, verwirklicht in idealen Zukunftsentwürfen oder in Warn- und Schreckbildern.

Notwendiger Bestandteil einer solchen Didaktik der Utopie sind kreative, produktionsorientierte Verfahren im Unterricht. Die Schüler sollen nicht nur rezipieren, sondern ihre eigenen Wünsche, Vorstellungen, ihre Kritik, ihre Ängste literarisch darstellen lernen. Damit erhalten sie sich ihre Phantasie und entfalten ihren „Möglichkeitssinn", beides Motoren der gesellschaftlichen, politischen und wissenschaftlichen Entwicklung.

Literatur

Biesterfeld, Wolfgang: Die literarische Utopie. Stuttgart [2]1982.

Biesterfeld, Wolfgang (Hrsg.): Utopie. Stuttgart 1985 (= Reclams Arbeitstexte für den Unterricht).

Enninger, Werner: Zur Didaktik der literarischen Utopie. Eine erste Orientierung an englischsprachigen Beispielen. In: Literaturdidaktik. Ansichten und Aufgaben. Vogt, Jochen (Hrsg.). Düsseldorf 1972.

Gutsch, Jürgen: Literarische Systeme für den Möglichkeitssinn. Einige Aspekte der Science-fiction-Literatur. Diskussion Deutsch (1971), H. 6.

Haas, Gerhard: Phantasie und Phantastik. Phantastische Literatur als didaktische Herausforderung. Praxis Deutsch (1982), H. 54.

Lange, Günter: Science Fiction im Unterricht. In: Taschenbuch des Deutschunterrichts, 2. Bd. Lange, Günter; Neumann, Karl; Ziesenis, Werner (Hrsg.). Baltmannsweiler [4]1990.

Müller, Götz: Gegenwelten. Die Utopie in der deutschen Literatur. Stuttgart 1989.

Richter, Dieter: „Schlaraffenland". Geschichte einer populären Phantasie. Köln 1984.

Villgradter, Rudolf; Krey, Friedrich (Hrsg.): Der utopische Roman. Darmstadt 1973.

Günter Lange

Werbetext

Werbetexte sind Teil des umfangreichen Gebiets der Gebrauchstexte. Ihre Erscheinungsform in allen öffentlichen Medien (Zeitungen, Zeitschriften, Rundfunk, Fernsehen, Plakatwänden, Postwurfsendungen usw.) ist von großer Vielfalt, jeweils mitbestimmt von den Möglichkeiten des als Werbeträger benutzten Mediums (Bild- und Tonbestandteile). Allen gemeinsam ist die Dominanz der appellativen Funktion im Gebrauch der Sprache. Dies ergibt sich aus der Wirkungsabsicht aller dieser Texte: Informationsvermittlung, Bewußtseins- und Verhaltenssteuerung.

„Werben" ist ein Verhalten, das in das Repertoire sozialer Kommunikation gehört und älter und fundamentaler ist als das daraus abgeleitete und von uns heute vorwiegend so bezeichnete Vorgehen der Wirtschaftswerbung. „Werben" hat im normalen Sprachgebrauch die Bedeutung: „jemanden auf möglichst angenehme Weise überreden, für etwas gewinnen".

Auch das Phänomen der Wirtschaftswerbung kann auf eine lange Tradition zurückblicken; es ist so alt wie der Güterhandel. Neben mündlicher Werbung (Marktschreier z.B.) belegen Zeugnisse (z.B. Funde in Pompeji), daß schon früh auch geschriebene Sprache und Bilder in Dienst genommen wurden. Neben der Wirtschaftswerbung (älterer Begriff: Reklame) hat sich die ideelle – politische oder religiöse – Werbung als eigener Zweig entwickelt (Propaganda). Werbung im heutigen Sinne wird jedoch erst seit etwa hundert Jahren betrieben und hat ihren Ausgang als Inseratenwerbung von Amerika genommen.

Werbetexte präsentieren sich in den gedruckten Medien in der Regel als Text-Bild-Kompositionen, bei denen auch ästhetische Gesichtspunkte eine Rolle spielen: Klang, Rhythmus, Wortspiel, rhetorische Figuren u.ä. Nicht selten erzählen Werbetexte „Geschichten", und fast immer wird auf die Weckung von Emotionen gezielt. Allerdings sind die ästhetischen Elemente nicht Selbstzweck, sondern dienen, wie alle anderen Bestandteile des Werbetextes, *einer* Intention: den Adressaten für sich einzunehmen, ihn womöglich zum Käufer zu machen. Dieser Absicht gemäß erscheint der Werbetext als leicht verständlich, muß er doch mit höchst unterschiedlichen, oft auch unaufmerksamen Adressaten rechnen. Durch die Ästhetisierung unterscheiden sich Werbetexte von anderen Gebrauchstexten (Verträgen, Gebrauchsanweisungen, Zeitungstexten usw.), mit denen sie im übrigen die pragmatische Dimension teilen.

Es ist für die Fachdidaktik heute kein Streitpunkt mehr, daß Gebrauchstexte als Gegenstände der Alltagskommunikation auch Gegenstände des Deutschunterrichts sind. Eher stellt sich die Frage, ob sie mehr in den Bereich „Reflexion über Sprache" oder „Literaturunterricht" gehören. Doch wird hier eine strenge Abgrenzung nicht möglich sein, wie sie ja auch für die eigentlich literarischen Texte nicht mehr aufrechterhalten oder sogar negativ beurteilt wird.

Da niemand heute dem Einfluß der Wirtschaftswerbung entgehen kann, die in kaum noch wahrgenommenem Ausmaß das öffentliche und private Leben durchsetzt, ergibt sich für den Unterricht die Aufgabe, Vorgehens- und Wirkungsweisen der Werbung durchschaubar zu machen, um die Schüler rechtzeitig instandzusetzen, resistent zu werden und nicht entgegen eigenen Interessen dem manipulativen Druck zu erliegen. In der Verfolgung dieses Zieles sind genaues Lesen und differenzierte Analyseverfahren erforderlich – Fähigkeiten, die der Literaturunterricht auch sonst zu wecken trachtet. Für die methodischen Zugänge findet sich in der Fachliteratur inzwischen ein vielfältiges Angebot, das sozioökonomische, rhetorische, kommunikativ-pragmatische wie sozial- und tiefenspychologische Aspekte umfaßt.

So wird deutlich, daß die an der Oberfläche leicht zugänglich erscheinenden Texte eine höchst komplexe Tiefenstruktur besitzen, von der die eigentliche Wirkung ausgeht, und daß es nötig ist, dieser auf die Spur zu kommen. Bei Ingrid Hantsch heißt es in diesem Zusammenhang: „Die 'denotative' Genauigkeit weicht dabei in den Texten einer konnotativen Dichte und einem Reichtum an Assoziationen. Die Betrachtung der informationsträchtigen Daten in den Texten – Schlagwörter, Stichwörter – zeigt, daß diese nur zum geringsten Teil objektivierbar sind, dafür aber eine intensive konnotative Wertigkeit besitzen, d. h. ihre Wirkung auf assoziativer Ausstrahlung und Gefühlswerten gruppenverbindlicher Gültigkeit aufbauen ... Die Unbestimmtheit der Texte verleiht dem Produkt Eigenschaften, die nichts mit seinem Gebrauchswert zu tun haben. Es wird stilisiert, ästhetisiert, manipuliert." (Ingrid Hantsch, in: Nusser).

Ein Lesebuch enthält aus didaktischen und thematischen Gründen nur eine spezielle Auswahl von Werbetexten. Ohnehin ist es günstiger, für dieses Arbeitsgebiet aktuelle Beispiele aus der Tagespresse zu wählen.

Wesentliche Faktoren der Werbung lassen sich u.a. an Verlagsprospekten erarbeiten. Es fehlen zwar die für Markenartikelwerbung kennzeichnenden Bildanteile und die meist im Zusammenhang mit ihnen stehenden narrativen Elemente, die zur Überhöhung des Produkts wesentlich beitragen (z. B. Versprechen von Familien- und Lebensglück, ewiger Jugend, erotischer Attraktivität). Trotzdem ist auch an den Prospekttexten das werbetypische Gemisch von Selbstdarstellung des Werbenden, Information über den Gegenstand und Appell an den Adressaten zu beobachten. Vor allem sollen die Schüler lernen, die von den Texten auf sie ausgehenden Wirkungen zu kontrollieren und die Selbstbeobachtung als methodischen Bestandteil der Analyse einzusetzen. Der Vorzug dieses speziellen Textangebots besteht in seiner relativ leichten Überprüfbarkeit: Die Lektüre des Buches wird schnell erweisen, ob die Versprechen stichhaltig sind.

Literatur

Bronsema, Gerhard: Werbung als Thema des Deutschunterrichts. In: Taschenbuch des Deutschunterrichts, Bd. 2. Lange, Günter; Neumann, Karl; Ziesenis, Werner (Hrsg.). Baltmannsweiler [4]1990.

Koszyk, Kurt; Pruys, Karl Hugo (Hrsg.): dtv Wörterbuch zur Publizistik. München 1969.

Nusser, Peter (Hrsg.): Anzeigenwerbung. München 1975.

Römer, Ruth: Die Sprache der Anzeigenwerbung. Düsseldorf [5]1976.

Sowinski, Bernhard: Werbeanzeigen und Werbesendungen. München 1979.

Doris Marquardt

Zeitungstexte

Trotz Hörfunk und Fernsehen erfreut sich die Zeitung nach wie vor großer Beliebtheit; das ist ablesbar an den hohen Auflageziffern, die nicht nur die Boulevardzeitungen in der Bundesrepublik erreichen. Es gibt kaum einen Haushalt, in dem nicht regelmäßig wenigstens eine Zeitung gelesen wird. Man hat ermittelt, daß in der Bundesrepublik eine Zeitungsdichte von rund 350 Zeitungen pro tausend Einwohnern besteht. Die Gründe dafür sind wohl in den Wesensmerkmalen zu suchen, die die Zeitungen von den Funkmedien unterscheiden und die sie nach wie vor attraktiv machen:

▷ Der Zeitungsleser ist unabhängig von Zeit und Ort; er bestimmt, wann und wie er lesen will. Hörfunk und Fernsehen dagegen besitzen ein festes Programmschema, außerdem ist der Rezipient an einen Apparat und, beim Fernsehen, auch an dessen Ort gebunden.

▷ Der Zeitungsleser ist frei in der Auswahl seiner Lesetexte; er kann die Zeitung fortlaufend lesen oder in Auswahl, während der Funkmedienbenutzer in einer Sendung nur durch Abschalten des Apparats reagieren kann.

▷ Der Zeitungsleser kann die Intensität seiner Beschäftigung mit dem Text selbst festlegen.

▷ Der Zeitungsleser selbst bestimmt die Geschwindigkeit seines Lesens, bzw. er geht seinen Möglichkeiten und Fähigkeiten entsprechend vor. Er kann das, was er nicht verstanden hat oder was er sich merken will, wiederholt lesen; er kann seine Lektüre beliebig unterbrechen und wieder fortsetzen.

▷ Die Zeitungen, besonders die regionalen, berichten auch über das den Leser unmittelbar betreffende Geschehen seines Lebensbereichs, seiner Region (Lokalteil und Regionalteil der Zeitung mit Nachrichten, Berichten und Anzeigen).

▷ Die Zeitungen liefern zu allen Geschehnissen Hintergrundinformationen und Erklärungen, die in den Sendungen der Funkmedien aus Zeitgründen oft auf eine Minimum reduziert sind.

▷ Die Sprache der Zeitungen ist ihren Lesern und deren Aufnahmefähigkeit stärker angepaßt, bzw. der Leser sucht sich *seine* Zeitung aus, während die Funkmedien in ihren Nachrichtensendungen und Berichten einen relativ hohen Sprachstandard mit zahlreichen Fachbegriffen verwenden. Das Programmschema und die Zeitbeschränkung lassen hier kaum zu, die gebrauchten Fachbegriffe und Fremdwörter zu erklären.

Trotz des Vorsprungs der Funkmedien an Aktualität haben die Zeitungen ihren festen Platz in der Gesellschaft behauptet. Die unterschiedlichen Zeitungsformen, Boulevard-, Regional- und Überregionalzeitungen mit ihren unterschiedlichen Standards, haben sich den verschiedenen Leserschichten mit ihren unterschiedlichen Leseniveaus und -interessen angepaßt; insofern gibt es für jeden Leser die adäquate Zeitung.

Die Bedeutung der Zeitung in unserer Gesellschaft legt nahe, journalistische Texte auch in den Unterricht einzubeziehen, um den Schülern den Zugang zu diesen Texten zu vermitteln. Sollen sie in unserer Gesellschaft kommunikativ handlungsfähig sein, müssen sie die wichtigsten Textarten kennen, lesen und verstehen lernen.

Aber auch der reale Umgang der Kinder und Jugendlichen mit diesem Medium legt dies nahe. Mit ansteigendem Alter wächst die Bedeutung der Rezeption von Zeitungen, Zeitschriften und Illustrierten bei Jugendlichen.

Zur Mediennutzung der Kinder und Jugendlichen insgesamt kann festgehalten werden, daß das Fernsehen als wichtigste Informationsquelle genutzt wird. Ca. 50% der verfügbaren Freizeit von etwa 4 Stunden verbringen die 9–15jährigen vor dem Bildschirm. Die Shell-Studie von 1985 macht aber auch deutlich, daß daneben vor allem die lokalen und regionalen Tageszeitungen von Jugendlichen genutzt werden: ca. 45% von ihnen gaben an, täglich in einer regionalen Zeitung zu lesen, 35% wenigstens ab und an. Überregionale Zeitungen dagegen werden nur von 7% regelmäßig rezipiert. Die Benutzung der Zeitungen ist allerdings sehr stark schichtenspezifisch bestimmt, während die Nutzung bestimmter Sparten der Zeitung altersbedingt ist. So dominiert bei den 10–13jährigen die Unterhaltung, und erst vom 16.–18. Lebensjahr interessieren sich die jugendlichen Leser auch stärker für die politischen Informationen der Tageszeitung (Hannig). Nach den Medienforschungen von ARD/ZDF belegt das Zeitungslesen bei den 6–13jährigen einen sehr niedrigen Rangplatz; bei den 14–19jährigen gaben etwa 10% an, am liebsten die Zeitung zu lesen, dagegen bevorzugen 50% das Fernsehen und fast 30% den Hörfunk als Informationsmedium (nach Kügler u. Melenk).

Ein Literaturunterricht, der mit einem weiten Literaturbegriff arbeitet, muß auf Grund dieser Fakten neben Hörfunk und Fernsehen auch die verschiedenen Zeitungen, Zeitschriften und Illustrierten sowie die verschiedenen journalistischen Textarten in sein Arbeitsfeld einbeziehen. Aufgabe des Unterrichts ist es, in Einzelanalysen, Vergleichen und auch Eigenproduktionen die Funktion der Presse bewußtzumachen. Neben dem Einblick in journalistische Techniken sollen Fertigkeiten vermittelt werden, Zeitungen wertend zu rezipieren, d.h. die Schüler sollen Textarten, Darbietungsformen, Gliederungsprinzipien, Gestaltungen und Intentionen der seriösen wie der Boulevardpresse kennen- und unterscheiden lernen und die für eine kritische Distanz nötigen Lesetechniken erwerben.

Da ein Zeitungstext aber nicht für sich allein steht, sondern im Kontext seiner Herstellung und Verwendung erfahren werden muß, sollte auch das Umfeld des Zeitungstextes wenigstens ansatzweise erschlossen werden. Es empfiehlt sich, für den Unterricht folgende weiterführende Gesichtspunkte zu verfolgen:

- ▷ Kennenlernen des Aufbaus einer Zeitung und ihrer Sparten: Politik, Wirtschaft, Kultur, Unterhaltung, Sport, Vermischtes, Regional- und Lokalteil, Anzeigen.
- ▷ Kennenlernen der verschiedenen Arten von Zeitungen: Tageszeitungen (Boulevard-, Regional- und Überregionalzeitungen), Wochenzeitungen, Zeitschriften, Magazine, Illustrierte.
- ▷ Kennenlernen der verschiedenen Textarten und Stilformen im Journalismus.
- ▷ Kennenlernen der Bedingungen der Produktion: der Weg der Nachricht bis zum Leser, Selektion und Reduktion der Nachrichten durch die Nachrichten- und Zeitungsmacher sowie die damit verbundenen Probleme und institutionellen Zwänge.
- ▷ Kennenlernen der Probleme der Zeitungskonzentration in der Bundesrepublik.
- ▷ Besuch einer Zeitungsredaktion.
- ▷ Herstellen einer eigenen Schüler- oder Klassenzeitung.
- ▷ Verfolgen und Besprechen der täglichen Zeitungsmeldungen im Unterricht.

Im Journalismus werden drei verschiedene Darstellungsformen oder Textarten unterschieden:

(1) die tatsachenbezogene: Nachricht, Meldung, Bericht, Human-Interest-Story, Reportage, Interview, Dokumentation.

(2) die meinungsbetonte: Leitartikel, Kommentar, Glosse, Kolumne, Portrait, Kritik.

(3) die phantasiebetonte: Zeitungsroman, Kurzgeschichte, Gedicht, Comics, Witzzeichnung.

Von diesen drei Textarten ist besonders die tatsachenbezogene wichtig, weil gerade Texte dieser Art den Zeitungslesern die Neuigkeiten mitteilen. Zudem sind es diese Texte, die von den Schülern dieses Alters gelesen werden: Nachrichten über Unglücksfälle, über große Ereignisse, über Stars und bekannte Persönlichkeiten sowie über Sportwettkämpfe. Die phantasiebetonten Formen finden die Schüler als literarische Texte im Lesebuch, so daß sie nicht besonders beachtet werden müssen. Die meinungsbetonten Formen dagegen sind kaum Lesestoff der Schüler der Sek. I; sie bedürfen zudem der Tatsachenkenntnis und des Hintergrundwissens, um als Meinung verstanden und richtig eingeschätzt zu werden – das macht Texte dieser Stilform sehr schwer verständlich.

Die tatsachenbezogenen Textarten sind unter dem übergeordneten Begriff „Nachrichten“ zusammenzufassen. Zwar wird „Nachricht“ bisweilen auch im engeren Sinn als Textart verstanden; wir verwenden den Begriff aber aus didaktischen Gründen nur im weiten Sinn.

Die Nachricht ist eine nach bestimmten Regeln gestaltete Neuigkeit über Ereignisse oder Sachverhalte. Im Journalismus werden zwei Arten von Nachrichten unterschieden: Die harte oder gewichtige Nachricht (hard news) und die weiche oder leichte Nachricht (soft news). Diese Unterscheidung ist auch didaktisch sinnvoll; das soll im folgenden gezeigt werden.

„Harte“ Nachrichten“ werden knapp und prägnant formuliert. Sie informieren sachlich und unpersönlich und sind an den W-Fragen orientiert: Was (Vorgang), Wer

(Beteiligte), Wann (Zeitpunkt), Wo (Ort). Möglichst sollen die Nachrichten auch darüber hinaus Zusatzinformationen liefern über das Wie, Warum und die Folgen. Am Beispiel demonstriert, heißt das:

Wer: zwei Tanker.

Was: stießen zusammen.

Wann: in der Nacht zum Freitag.

Wo: auf der Nordsee.

Zusatzinformationen: bei Nebel, ein Schiff fing Feuer, ein Matrose verbrannte, zehn Tonnen Altöl liefen aus.

„Harte" Nachrichten befassen sich hauptsächlich mit öffentlichen Angelegenheiten aus dem politischen, wirtschaftlichen sozialen, wissenschaftlichen und kulturellen Bereich. Die „harte" Nachricht besitzt meistens ein festes zweiteiliges Bauschema: Zuerst steht der Nachrichtenkopf (lead) mit einer Kurzinformation über das Was, Wer, Wo, Wann; dann folgt der Nachrichtenkörper (body) mit detaillierten Informationen (Ausführungen zum lead und Hintergrundsinformation). Ein solcher Aufbau entspricht den Bedürfnissen des Lesers: Durch den Nachrichtenkopf kann er schnell das Wesentliche einer Nachricht erfassen und sich dann entschließen, ob er weiterlesen will oder nicht.

Das Beispiel eines Textes über die Raumfähre Columbia zeigt: Der Nachrichtenkopf ist der erste Satz im fettgedruckten Teil; er teilt mit: Raumfähre Columbia (Wer) ist am Dienstagabend um 20.22 Uhr MEZ (Wann) auf dem kalifornischen Luftwaffenstützpunkt (Wo) gelandet (Was). Zusatzinformationen: nach Plan, nach erfolgreichem 24stündigem Jungfernflug.

Der Nachrichtenkörper bietet in den folgenden Sätzen Zusatzinformationen für den Leser, dessen Interesse durch den Leitsatz geweckt worden ist.

Für die Zeitungsredakteure bedeutet dieser Aufbau, daß eine Nachricht von hinten her, ohne daß wichtige Informationen verlorengehen, je nach dem zur Verfügung stehenden Platz gekürzt werden kann.

Trotz aller Sachlichkeit geben aber auch „harte" Nachrichten kein ganz objektives Bild eines Sachverhalts. Neben der Plazierung eines Artikels in der Zeitung, der Aufmachung (Überschrift, Bild) wird der Leser vor allem durch die Sprache in seiner Einschätzung des Sachverhaltes gelenkt. In der „Columbia"-Nachricht werden z. B. Wörter verwendet wie „Bilderbuchlandung", „von begeisterter Menschenmenge empfangen", „mehr als 170000 Menschen" (Wer hat sie nachgezählt?), „Beobachter (hatten) gewarnt", „neue Ära der bemannten Raumfahrt". Alle diese Aussagen erhalten eine emotionale Einfärbung durch die Sprache des Journalisten und geben dessen Meinung, Einschätzung oder Urteil wieder.

„Leichte" Nachrichten sind nicht sachlich formuliert, sondern in einem persönlichen, emotionalen und unterhaltenden Ton geschrieben. Sie werden nicht nach der Wichtigkeit der mitzuteilenden Informationen aufgebaut und sind nicht an den W-Fragen orientiert. Sie beginnen oft mit einer ansprechenden, Aufmerksamkeit erregenden Einzelheit. Intime Informationen, Zitate, Gags und Stimmungsbilder beleben diese Art von Nachrichten. Thematisch befassen sich „leichte" Nachrichten meistens mit Unglücksfällen, Verbrechen, gesellschaftlichen Ereignissen, Inti-

mitäten von bekannten oder auch unbekannten Personen – die Hauptsache ist, die Nachricht ist für den Leser reizvoll, anregend, spannend, unterhaltend.

Die Übergänge zwischen „leichten" und „harten" Nachrichten sind bisweilen fließend. Die Art der Nachrichtengebung ist aber durchaus das Kennzeichen der Zeitungen: Die Boulevard-Zeitung bringt ihre Informationen fast ausschließlich als „leichte" Nachrichten, während seriöse Zeitungen die Form der „harten" Nachrichten vorziehen. In Regionalzeitungen mischen sich diese Nachrichtenformen. Die Art der Nachrichtendarstellung richtet sich nach den Gewohnheiten und Interessen des Lesepublikums.

Mit der Unterscheidung von „harten" und „leichten" Nachrichten im Unterricht zu arbeiten ist didaktisch sinnvoll, da sie den Schülern die Möglichkeit gibt, Nachrichten nach ihrem Inhalt, ihrer Machart, ihrer Sprache und ihrer Funktion für den Leser zu begreifen. Damit gewinnen die Schüler Kriterien zu ihrer Unterscheidung und lernen die Wirkung journalistischen Schreibens einschätzen und durchschauen. Zudem sollen die Schüler ganz elementar lernen, mit Zeitungstexten umzugehen und die in ihnen enthaltenen Informationen aufzunehmen.

Die Auseinandersetzung mit der Zeitung und ihrem Umfeld kann aber nicht vom Literaturunterricht allein geleistet werden. Hier haben auch andere Schulfächer wie Sozialkunde, Politik und Geschichte ihre Aufgaben. Die Notwendigkeit einer Auseinandersetzung mit der Presse und ihren Produkten im Literaturunterricht ist vor allem darin begründet, daß Zeitungen eine ähnliche Funktion besitzen wie Literatur, nämlich spannend zu unterhalten, zu informieren usw. Sie gründet zum anderen aber auch in der inhaltlichen Einflußnahme der Zeitungen. Die Presse prägt in hohem Maße die Vorstellung ihrer Leser von der Wirklichkeit, die politische Willensbildung und die Einstellung im Bereich der Anschauungen, Werte und Normen. Ziel des Unterrichts ist es daher auch, den aufgeklärten, reflektierenden Leser heranzubilden, der in der Lage ist, dem gedruckten Wort gegenüber kritisch zu sein.

Bei allen unterrichtlichen Vorgehensweisen sollte sich der Lehrer am Interesse seiner Schüler orientieren, d.h. er sollte im Unterricht bei interessanten Ereignisberichten oder Sportnachrichten ansetzen, um die Schüler nicht abzuschrecken und der Sprache der Zeitung gegenüber nicht ängstlich zu machen. Es bedarf eines behutsamen Heranführens an die Fachsprache der Politik und Wirtschaft; denn sie setzt ein hohes Maß an Sachkompetenz voraus, das erst im Lauf der Zeit und durch fachgerechten Unterricht auch in den sozialkundlichen Fächern erworben werden kann.

In produktionsorientierten Verfahren können die Schüler auch den aktiven Umgang mit journalistischen Formen erlernen. Sie sollten selbst Nachrichten verfassen und sich dabei an den journalistischen Regeln orientieren, denn erst der selbsttätige Umgang führt zu einer verstärkten Sensibilität und zu einer erhöhten Fähigkeit der Analyse und Kritik.

Literatur

Baacke, Dieter (Hrsg.): Mediendidaktische Modelle: Zeitung und Zeitschrift. München [2]1977.

Brand, Peter; Schulze, Volker (Hrsg.): Medienkundliches Handbuch: Die Zeitung, 1. Teil:

Zeitungssystematischer Teil. Braunschweig [2]1991, 2. Teil: Die Zeitung im Unterricht. Braunschweig [2]1990, 3. Teil: Die Zeitungsanzeige. Braunschweig [3]1990.

Fröchling, Jürgen: Zeitungen von Schülern. In: Handbuch für Deutschlehrer. Baurmann, Jürgen; Hoppe, Otfried (Hrsg.). Stuttgart u.a. 1984.

Hanning, Jürgen: Lokalpresse im Deutschunterricht. Mediendidaktische Überlegungen. Der Deutschunterricht (1987), H. 5.

Hoppenkamps, Hermann: Medium Zeitung. Modelle für den Deutsch- und Politikunterricht. Düsseldorf 1979.

Horn, Imme: Kinder und Medien. Ergebisse der neuen ARD/ZDF-Studie. In: ZDF Jahrbuch 1991. Mainz 1992.

Kübler, Hans-Dieter: Umgang mit Medien. In: Handbuch Deutsch Sekundarstufe I. Hopster, Norbert (Hrsg.). Paderborn u.a. 1984.

Kügler, Hans; Melenk, Hartmut: Die flüchtige Lektüre. Zum Umgang mit der Zeitung im Deutschunterricht. Praxis Deutsch (1986), H. 79.

Lüger, Heinz H.: Pressesprache. Tübingen 1983.

Noelle-Neumann, Elisabeth; Schulz, Winfried; Wilke, Jürgen (Hrsg.): Fischer Lexikon Publizistik / Massenkommunikation. Frankfurt am Main 1989 (Nachdruck 1993).

Praxis Deutsch (1986), H. 79: Zeitung.

Schaarschmidt, Peter: Die Besprechung der Zeitung in einer 5./6. Klasse. Der Deutschunterricht (1976), H. 3.

Schulte-Willekes, Hans: Schlagzeile. Ein Zeitungsreporter berichtet. Reinbek 1977.

Ziesenis, Werner: Zeitung und Zeitschrift. In: Taschenbuch des Deutschunterrichts. Lange, Günter; Neumann, Karl; Ziesenis, Werner (Hrsg.). Baltmannsweiler [4]1990.

Günter Lange